主编 郑艳群

汉语国际教育研究论集

数据资源卷

商务印书馆
The Commercial Press

图书在版编目（CIP）数据

汉语国际教育研究论集. 数据资源卷 / 郑艳群主编. —北京：商务印书馆，2021（2023.4重印）
ISBN 978 - 7 - 100 - 19275 - 0

Ⅰ. ①汉… Ⅱ. ①郑… Ⅲ. ①汉语—对外汉语教学　教学研究—文集　Ⅳ. ① H195.3-53

中国版本图书馆CIP数据核字(2020)第257265号

权利保留，侵权必究。

汉语国际教育研究论集·数据资源卷
郑艳群　主编

商 务 印 书 馆 出 版
（北京王府井大街36号 邮政编码 100710）
商 务 印 书 馆 发 行
北京虎彩文化传播有限公司印刷
ISBN 978 - 7 - 100 - 19275 - 0

2021年6月第1版　　　　开本 880×1230　1/32
2023年4月北京第2次印刷　印张 11⅞
定价：72.00元

《汉语国际教育研究论集》编委会

主　任：崔希亮

委　员：姜丽萍　梁彦民　吴应辉

　　　　张　博　郑艳群

《汉语国际教育研究论集·数据资源卷》

主　编：郑艳群

目 录

中国语言资源的理念与实践……………………李宇明	1
对外汉语教学数字化研究的文献计量分析………黄 月	28
基于CNKI的商务汉语研究可视化分析…………曹彩虹	42
"全球汉语中介语语料库"的平衡性考虑…………李桂梅	57
关于汉语中介语语料库标注规范研究的新思考	
——兼谈"全球汉语中介语语料库"标注规范的设计	
……………………………………张宝林 崔希亮	70
汉语中介语语音库的文本设计………………王 玮 张劲松	88
词频分布参数可以细分汉语新闻语体吗?……黄 伟 刘海涛	113
语体标注对语体语法和叙事、论说体的考察与	
发现………………………………冯胜利 王永娜	127
"应然"与"实然":初级汉语语法教学结构和	
过程研究……………………………郑艳群 袁 萍	152
基于多元化信息参照的汉语教学分级测试体系构建……郭修敏	172
学生视角的远程汉语教师特质结构模型研究………张润芝	193
基于语料库统计的"音—形"激活概率	
及加工机制…………李梅秀 Daniel S. Worlton 邢红兵	216

面向书写教学的手写汉字图像笔画还原
　　…………………… 苟恩东　吕晓晨　安维华　孙燕南　236
汉语作为第二语言作文句法错误自动诊断技术评测
　　综述………………………………………… 饶高琦　258
基于微信平台的汉语听力教学模式设计与应用… 李靖华　王鸿滨　272
翻转课堂模式下的汉语课堂活动设计…………………… 于　淼　285
基于移动端生词卡片的"微翻转"课堂教学………… 管延增　297
"北语模课"下初级汉语阅读教学模式的构建………… 王　磊　309
商务汉语翻转课堂教学模型设计与实践……………… 朱世芳　322
基于北语模课平台的微课设计与应用研究
　　——以高级商务汉语综合课为例………………… 冯传强　335
"翻转课堂"方法在海外本土教师培训
　　"口语训练与教法"案例中的运用……… 王治敏　王小梦　347
慕课（MOOC）背景下三种常见混合式
　　教学模式的比较研究………………………………… 李　炜　360

中国语言资源的理念与实践 *

李宇明

中国有 100 多种语言，汉语的方言灿若星空，汉语文献有数千年积累，汗牛充栋，是世界上语言资源十分丰富的国度①。同时，语言信息处理的重要基础是语言数据库，中国的语言信息处理事业发展一直在努力追赶世界先进水平，有些技术及应用已经处在世界第一方阵，这也促使中国学人能够从信息化的时代高度来认识语言资源。中国在历史上也比较重视对语言资源的保护和开发利用，如汉灵帝熹平年间的"熹平石经"、三国时魏齐王正始年间的"三体石经"，是通过勒石立碑来保护、展示经书和文字的范本，历代的韵书、字典就更是直接的语言资源保护产品。中国传统重视书面语，对于经典和文字的敬重保护做得十分到位；但

---

* 原文发表于《语言战略研究》2019 年第 3 期。

① 中国有多少种语言，还是一个需要讨论的学术问题。周庆生（2015：43—50）讨论"少数民族语言文字景观"时，认为我国的语言有七八十种，并指出："政府发布数据为 70 多种，《中国大百科全书》认为有 80 多种，国内一些专家学者认为有 100 多种，一些国外学者认为有 200 多种。"其实，现在国内外学者又有 300 余种之说。例如黄行（2018：113）认为："中国是世界上保持语言多样性最丰富的国家之一，分布着 300 余种分属东方的汉藏语系，西方的印欧语系，北方的阿尔泰语系和南方的南亚语系、南岛语系的语言。中国语言的地域和语系分布之广，大概在世界上也是绝无仅有的。"

对于口语相对轻视，历代口语资源的记录保护工作做得不好，虽然也有汉代扬雄的《方言》，历代的方志中也多有词语俗谚的内容。中国历史上的语言资源意识及其保护利用等，有许多经验值得总结和继承。

但是，真正理性地认识到语言的资源意义，特别是把语言资源作为国家语言规划的重要理念，并在国家层面、在全国范围采取语言资源保护行动，还是近十几年来的事情。语言作为社会资源，也是近些年来才得到社会的认可和重视的。

一、语言是资源

认识语言的资源性质，十分不易，语言必然不如煤炭、石油、电力、水力那样直接作用于人类的物质生活。这也是符合人类的资源认识规律的。

1.1 资源的认知路径：由自然资源到社会资源

资源是人类生产、生活所凭借的资料。某种资料能否成为社会认可的资源，取决于两个条件：

第一，资源的"有用性"。

科学技术的发展可以将过去不能使用的资料用于生产和生活，将不能这样或那样使用的资料这样地或那样地用于生产和生活。比如，电和石油，古来存在，但是人类的科学技术发展到可以把电、石油作为能源的时代，电和石油才成为人类的资源。如此说来，资源与科技进步密切相关。我们既要全面认识、充分利用现代科技状态下的"可用资源"，也要对那些随着科技发展将来能用的"潜在资源"保持关注，特别是要对前沿科技所可能产生的资源效益密切关注,从而使资源建设具有预见性。

第二,资源"有用性"的被认识。

有些资料本来是生产生活所凭借的、不可或缺的,但是由于某种原因,人们没有认识到它的资源性质,或者忽视了它的资源性质。例如,当雾霾不严重时,人们认识不到清新空气的资源性质;当污染不严重时,人们认识不到清洁水的资源性质。如此说来,资源有"被认识资源"和"未被认识资源"。我们要特别关注那些"未被认识资源",包括已在我们的生产生活中使用的"可用资源",也包括将来可能会进入我们生产生活的"潜在资源"。

资源的"有用性"能否被认识,可从四方面来看:第一,社会有无科学的资源观,作为一门学科的资源科学是否发达;第二,对某种资源与人类关系的研究达到何种水平;第三,对科技的敏感性;第四,稀缺性。最易被社会感知到的资源是稀缺资源,有用而稀缺的资源,必然会具有昂贵的价格。因此,"稀缺性"也几乎成为资源的一种附加属性。

资源有自然资源和社会资源两大类。在人类的资源意识中,首先被认识的是自然资源,然后是社会资源。《现代汉语词典》是反映"公民常识"的词典,从第1版到第6版,对"资源"词条的解释,一直强调是生产资料和生活资料的"天然来源",所举的例子共涉及"地下资源""水力资源""人力资源""旅游资源"4种。2016年第7版对"资源"的解释有了较大发展:

【资源】名生产资料或生活资料的来源,包括自然资源和社会资源:地下~|水力~|旅游~|人力~|信息~。(第1732页)

第 7 版的释义，不再强调资源的"天然性"，明确把资源分为自然资源和社会资源，举例中增加了"信息资源"，这些都是信息时代新资源意识的反映。

《辞海》是一部带有百科性质的工具书，第 1 版到第 4 版都把"资源"解释为"资财的来源。一般指天然的财源"，显然其对"资源"的认识比同时的《现代汉语词典》还狭窄。到 1999 年第 5 版，《辞海》为"资源"增加了一个新义项：

一国或一定地区内拥有的物力、财力、人力等物质要素的总称。分为自然资源和社会资源两大类。前者如阳光、空气、水、土地、森林、草原、动物、矿藏等；后者包括人力资源、信息资源以及劳动创造的物质财富。（第 3881 页）

这个认识应该说已比较到位，不仅不再强调资源的"天然性"，不仅把资源分为自然资源和社会资源，而且认为社会资源包括"劳动创造的物质财富"。当然，如果更进一步看，社会资源不仅包括"劳动创造的物质财富"，也许还应包括"劳动创造的精神财富"。

1.2 语言资源意识的建立

回看《现代汉语词典》和《辞海》关于资源的定义，会发现它们在举例中都没有提及"语言资源"。这不大可能是因为举例的缘故而没有列出语言资源，而更可能是当时的社会和辞书编纂者还没有认识到语言的资源性质。

人类对语言资源的认识也的确是比较晚近的事情。国外语言规划学界也有提及语言资源问题的，但其研究并不系统。费什曼开始提及"语言资源"："语言跟农业、工业、劳力、水电等资源不同……显然只是从其具有价值的意义上讲，语言才是一种资源。……无论怎么说,语言都是一种特殊资源,很难用现有的成本—效益理论来管理。原因是我们很难对语言进行度量,也很难把它同其他资源分割开来。然而,我们仍有足够的理由探讨语言与其他资源以及资源规划之间的异同。"(见周庆生,2001:422—423)

王辉(2007)指出,Ruiz 于 1984 年曾提出影响语言规划的 3 种取向:语言作为问题、语言作为权利、语言作为资源。语言资源取向可以缓解前两种取向带来的语言冲突,有助于重新树立人们对语言和语言群体的态度。语言是一种需要管理、发展和保护的资源,双语和多语能力是语言资源,少数族群的语言是一种专门的重要资源。Kaplan & Baldauf(1997)、Grin(2003)把语言看作重要的"人力资源",还看作重要的"人力资本",语言规划应是国家规划的一个方面。

在国家语言规划实践上,澳大利亚在 20 世纪 70 年代至 80 年代末,提倡文化多元政策,在《Grassby 报告》(*Grassby Report*,1973)、《Galbally 报告》(*Galbally Report*,1978)、《迈向国家语言政策报告》(*Towards a National Language Policy*,1982)、《一项国家语言政策》(*A National Language Policy*,1984)等"四报告"基础上,1987 年出台了《国家语言政策》(*National Policy on Languages*)。《国家语言政策》提出了指导澳大利亚语言政策的 4 条战略:第一,保护澳大利亚的语言资源;第二,开发、扩展这些语言资源;第三,将澳大利亚语言教学与语言使用的举措同国家经济、社会与文化政策结合起来;第四,为用客户能理解的语言提供信息和服务。这是将语言资源理念变为国家语言政策的不多案例。不过令人遗憾的是,进入 20 世纪

90年代，随着《绿皮书》（1990）①、《白皮书》（1991）②的出台，澳大利亚的语言政策衍变为英语读写能力优先，这相对削弱了语言资源在语言政策中的比重③。

中国最早使用"语言资源"概念是在20世纪80年代。邱质朴（1981）从信息化、语言教学、语言规划等角度讨论语言资源的开发问题，尤为关注"语言工程"和汉语国际传播这两个领域的语言资源开发问题。《语文建设》1988年发表了楼必安可（Lo Bianco）的《澳大利亚的国家语言政策》。楼必安可是澳大利亚著名的语言规划学家，是澳大利亚《国家语言政策》（1987）的撰稿人。《语文建设》发表的楼必安可（1988）的这篇文章，是《国家语言政策》（1987）的摘要，虽然是摘要，但对于澳大利亚语言资源理念及相关措施的介绍已经较为详细，如："但仍有许多人的母语却是英语以外的其他语言。这是很宝贵的语言资源，充分利用这些语言资源有很重要的意义。""国家语言政策的主要目标就是使澳大利亚因能善加利用丰富的语言资源而获最大利益。""总而言之，只有细致周密的计划才能收到利用澳大利亚语言资源的最大效果。""语言资源的计划需要各级政府……的合作和协调。"

20世纪90年代，邱质朴、楼必安可的语言资源概念似乎并没有在语言学界产生反响，只有陶原珂（1996）提出要注意开发

---

① 《澳大利亚的语言：20世纪90年代澳大利亚读写能力与语言政策讨论》（*The Language of Australia:Discussion Paper on an Australian Literacy and Language Policy for the 1990s*）。

② 《澳大利亚的语言：澳大利亚语言与读写能力政策》（*Australia's Language:The Australian Language and Literacy Policy*）。

③ 关于澳大利亚的语言政策，详见王辉（2010）。

利用澳门社会的语言资源,邱质朴(2000)再次申明他1981年的观点,张政飚(2000)例举西部方言在语言研究中的价值。不过据王世凯(2009:25—28)研究,中国文学界倒是在讨论如何发掘、利用语言资源(旧白话、方言、民间语言等)搞好创作的问题,讨论西方语言资源与中国文学创作的关系。在中国,语言与文学虽然同在一个"语言文学"学科里,有"中国语言文学"和"外国语言文学"两个一级学科,但是语言与文学之间却很少发生学术互动,仿佛是"鸡犬之声相闻,老死不相往来"。在语言资源等问题上,直到今天,语言、文学两家也没有对话。

进入21世纪,语言资源的讨论逐渐增多,语言资源意识开始在中国建立。2004年前后,张普教授常与李宇明、王铁琨等教育部语言文字信息管理司的同人讨论语言资源问题。大家认识到:语言是资源;语言资源是信息社会最重要的资源,是与矿产资源、土地资源、海洋资源、水资源、森林资源一样的国家资源,国家应当对语言资源立法管理,进行监测、保护和开发利用。这些讨论的学术成果反映在张普的重要论文《论国家语言资源》(2007),其实践成果就是国家语委组建"国家语言资源监测与研究中心"。国家语言资源监测与研究中心2004年6月正式挂牌,并逐渐建立了平面媒体(北京语言大学)、有声媒体(中国传媒大学)、网络媒体(华中师范大学)、民族语言(中央民族大学)、教育教材(厦门大学)、海外华语(暨南大学)6个分中心和中国语言资源开发应用中心(商务印书馆)。

2005年7月,教育部、国家语委在乌鲁木齐市召开"民族语言文字规范标准建设及信息化工作会议",时任国家语委主任袁贵仁做了《树立科学发展观,开创民族语言文字规范标准建设及信息化工作的新局面》的书面讲话，提出要"保护文化多样性，开发民族语言资源"，认为"语言资源是重要的信息资源和文化资源"。国家语言资源监测与研究中心的建立、国家语委主任袁贵仁的这一讲话，标志着中国的语言资源意识逐渐明晰，语言资源理念在国家语言规划中得到确立[①]。

二、中国有关语言资源的实践活动

中国的语言资源理念及其学术发展，是由语言规划的实践带动的。了解21世纪中国有关语言资源的实践活动，可以从一个侧面更好地了解中国的语言规划，也可以更好地了解中国的语言资源研究。

2.1 国家语言资源监测与研究中心

国家语言资源监测与研究中心的工作，是通过它的分中心完成的。各分中心依照共同的理念和技术规范，采录、经营着"平面媒体、有声媒体、网络媒体、民族语言、教育教材、海外华语"的语料库。采录、维护这些语料库就是对语言资源的保存。中心还通过语料库发现语言使用特点、新的语言现象和一些重要的"实

---

① 袁贵仁主任在讲话中提出"语言资源"的理念之后，国家语委有关部门也在不断申明、积极探索"语言资源观"。例如：2006年5月，语信司司长李宇明在教育部2006年第11次新闻发布会上介绍2005年中国语言生活状况时，强调了"语言资源"理念；副司长王铁琨在发言中对"语言资源"做了进一步阐发。2007年7月在荷兰莱顿大学召开的"欧洲和中国工业化：语言的接触和认同"大会上，李宇明做了题为《中国的语言规划》的学术报告，明确提出要"树立语言资源观念，珍爱语言资源"。2007年8月的"中国语言生活状况"新闻发布会，李宇明又阐述了语言资源观。具体情况可参见王世凯（2009：19—22）。

态"统计数据，比如每年的汉字使用频率、词汇使用频率、新词语、流行语、网络语言状况等，许多数据常通过教育部新闻发布会和"汉语盘点"活动向社会发布，并成为每年的《中国语言生活状况报告》（绿皮书）的重要篇章。这些数据对于《通用规范汉字表》的研制、中小学语文课标和汉语国际教育有关标准的制定、语文教材的编写等，都发挥了一定作用[①]。

2007年9月，语信司与北京语言大学共同主办了"国家语言资源与应用语言学"的高峰论坛，这也是国家语言资源监测与研究中心的几个分中心共同邀请国内外学者参加的学术会议。这是国内首次召开的语言资源的大型学术会议，讨论议题除"国家语言资源建设、监测与研究"之外，还有国家语言资源与语言服务、语言规划、语言文字规范、语言文字社会应用、母语教学、国际汉语传播、民族地区汉语教学、语言信息处理的关系，研究范围比较广泛。会议收到论文50篇，择28篇结集为《中国语言资源论丛》，由商务印书馆出版。这也是中国第一部讨论语言资源问题的论文集，至今仍发挥着学术影响。

2.2 中国语言资源有声数据库

2006年前后，不少学者认为，要保护国家语言资源，就需要了解语言资源的国情，语言普查是了解语言资源国情的最好举措。1956年，根据国务院指示进行了汉语和少数民族语言调查。1999年，教育部等11部委联合开展了中国语言文字使用情况调查。这两次调查对于了解语言国情起了较大作用，但都没有达到"语

---

① 详情可见2005年以来的《中国语言生活状况报告》和张普、王铁琨主编（2009）。

言普查"的水平,特别是没有采录语料,不能了解语言及方言的话语情况。这一时期,还有学者专门了解国际上某些国家语言普查的情况,着手设计我国语言普查的方案[①]。

后与有关部门协商,被告知在全国进行语言普查的时机尚不成熟,于是国家语委另辟蹊径,组织课题组研究"中国语言资源有声数据库"的建设问题。名为"有声数据库",就是要强调口语与音频,强调数据库技术;嵌入"语言资源"四字,是要彰显、传播语言资源理念;将语言普查的一些内容体现在调查项目中。

参加研究的专家主要有曹志耘、戴庆厦、郭龙生、何瑞、黄行、李如龙、刘丹青、潘悟云、乔全生、魏晖、谢俊英、徐大明、张振兴等。中国语言资源有声数据库建设领导小组办公室,根据这些研究成果编写了《中国语言资源有声数据库调查手册》的汉语方言部分,曹志耘执笔,顾黔、侯精一、刘俐李、孙茂松、汪平、杨尔弘、赵晓群等也参与了讨论。这些研究成果反映在手册中,也反映在李宇明的《论中国语言资源有声数据库的建设》(2010)论文中。

根据《中国语言资源有声数据库调查手册》规定的管理规范和技术要求,2008年国家语委正式启动中国语言资源有声数据库建设。先试点,后铺开,江苏承担了有声数据库建设的试点工作,历时年余。2009年江苏正式启动有声数据库建设,之后上海、北京、辽宁、广西、山东、河北、福建、湖北等地,也陆续开展调研、建库工作。中国语言资源有声数据库建设,在学界和社会上普及了语言资源理念,培养了一支骨干队伍,形成了一套管理规程和技术标准,积累了一批语言资源数据。

---

① 参见李宇明(2008a)。

2.3 中国语言资源保护工程[①]

在中国语言资源有声数据库建设的基础上,2015年,教育部、国家语委印发了《关于启动中国语言资源保护工程的通知》,开启了中国乃至世界最宏大的语言保护工程(以下简称语保工程)。到2018年底,语保工程在全国34个省域全面展开,参与高校和科研院所超过350所,参与专业人员达4500余名,进行了1495个调查点的调查,所获数据包括所有汉语方言和120多个语种。

语保工程在《中国语言资源有声数据库调查手册》汉语方言部分的基础上,制定了《中国语言资源调查手册·汉语方言》,同时又制定了《中国语言资源调查手册·民族语言》(按语族分册,共计8册)、《中国方言文化典藏调查手册》等,设计了"语保摄录机""语保标注软件"等语言调查加工软件,陆续推出"中国语言文化典藏"(20册)、"中国濒危语言志"(30册)等标志性成果。

2018年9月,中国政府与联合国教科文组织在长沙联合召开首届"世界语言资源保护大会"。会上,联合国教科文组织及各国政府、相关学术机构代表和与会专家学者讨论并通过了《保护和促进世界语言多样性岳麓宣言(草案)》。会后,联合国教科文组织按照程序广泛征求意见并形成宣言的最终文本,于2019年1月18日通过其官网正式公布。2019年2月21日,中国教育部、联合国教科文组织驻华代表处、中国联合国教科文组织全国委员会、中国国家语委在中国共同举行发布会,正式发布《岳麓宣言》。首届"世界语言资源保护大会"能够在长沙召开,是因

[①] 感谢王莉宁教授提供了一些关于语保工程的数据。

为中国语保工作得到了国际社会的认可；《岳麓宣言》能够制定，是得到了中国语言资源有声数据库和中国语保工程的理念及经验的支撑①。

2.4 中文语言资源联盟②

大规模的语言资源是计算机进行语言信息处理的基础。根据徐波、孙茂松、靳光瑾（2003：218—224）的介绍，2003年，在"973计划"的特别专项"中文语料库建设"支持下，中国科学院自动化所、清华大学、北京大学、中国科学院计算所、山西大学、上海交通大学、教育部语言文字应用研究所等单位，共同承担了"中文语言资源联盟"（Chinese Linguistic Data Consortium，缩写为CLDC）的首批资源建设。之后，中国中文信息学会专门成立"语言资源建设和管理工作委员会"，负责CLDC的资源建设及数据库的运行。

中文语言资源联盟的建立，是借鉴美国"语言资源联盟"（Linguistic Data Consortium，缩写为LDC）③的经验，目的是共

---

① 2014年6月，中国政府与联合国教科文组织在苏州共同举办"世界语言大会"，来自100多个国家和地区的官员、学者，就语言能力与社会可持续发展、语言能力与教育创新、语言能力与国际交流合作等议题进行讨论，达成了《苏州共识》。《苏州共识》融入了中国语言规划界数年来关于语言能力的研究成果和实践经验。如果说《苏州共识》是中国语言规划成果首次促成的国际共识的话，那么《岳麓宣言》就是中国语言规划成果第二次促成的国际共识。

② 感谢孙乐、杨尔弘、饶高琦三位提供相关信息。

③ LDC由Advanced Research Projects Agency和美国国家自然科学基金资助，由宾夕法尼亚大学主持，目的是建造、收集和分发语言资源，用于语言信息处理领域的研究、教学和开发。据徐波、孙茂松、靳光瑾（2003：218）介绍，在2003年，LDC就有共计100多个大学、公司政府部门加盟，拥有英文、德文、法文、西班牙文、中文、日文、阿拉伯文等多种语言的220种资源，并向700多个单位提供了资源。LDC在语言资源大规模建设和广泛分享等方面提供了全新的机制，促进了相关领域的研究和开发水平的提高。

建共享中文资源、促进语言信息处理的技术进步。提供资源者计有 36 家。中文语言资源联盟的成立与发展，是面向语言信息处理的语言资源汇聚实践，是语言资源共建共享模式在中国的实践，反映着语言信息化的科学需求。

2.5 语言资源高精尖创新中心

2015 年 10 月，"北京高等学校高精尖创新中心建设计划"正式启动。2016 年 5 月，北京语言大学语言资源高精尖创新中心成立。这是中国第一家以世界语言资源的收集整理、开发利用为目的的研究机构，其主要学术目标是：让全世界的语言（7000 余种）都在中国有一份保有本，帮助机器理解人类语言。

语言资源高精尖创新中心重点收集 A、B 两类语言资源：A 类是面向语言库藏和展示的语言资源，主要是自然语言资源；B 类是面向语言智能的语言资源，包括各种生语料、经过加工标注的熟语料、语言知识、社会常识等。就 A 类语言资源来说，目前语言资源高精尖创新中心正在实施"第三圈"战略，即在中国语言资源有声数据库和语保工程的基础上，在中国基本完成了方言圈（第一圈）、民族语言圈（第二圈）语料采集的情况下，集中精力采集中国跨境语言和边境语言（第三圈）语料，并期望在不久的将来，完成"一带一路"60 余国的 200 余种主要语言的采集。

除了以上介绍的 5 项重大语言资源实践活动之外，中国还有许多语言资源库的建设项目。例如，20 世纪末侯精一先生主持的《现代汉语方言音库》，收录了 40 种现代汉语方言音档[①]，由上海教育出版社于 1995—1999 年出版。钱乃荣（1995）评价说："现代汉语方言音库的建立结束了我国汉语方言的出版物仅停留于书面描写各地方言现象的历史。"再如内蒙古也建有蒙古语和鄂温克语、鄂伦春语、达斡尔语的语言资源库。例了难以一一枚举，可以说时至今日，中国已经成为世界上推进语言资源建设的最重要的国度。

三、中国有关语言资源的学术研究

关于语言资源的学术研究，前面已有多处涉及。下面就几个问题做些专门讨论。

3.1 语言规划实践与语言资源研究

知网是一个很好的科技文献数据库，利用知网做文献分析是当前可选的一条路径，尽管知网的文献检索也可能有缺陷，比如有些文献未必被收录，有些文献因关键词标注也未必适合检索。在知网中用"语言资源"作为主题和关键词精确匹配检索，截至 2019 年 3 月 31 日，检索到文献 403 篇[②]，涉及作者 370 余人。

---

① 这 40 种方言都是具有代表性的：北京、天津、济南、青岛、南京、合肥、郑州、武汉、成都、贵阳、昆明、哈尔滨、西安、银川、兰州、西宁、乌鲁木齐、太原、平遥、呼和浩特、上海、苏州、杭州、温州、歙县、屯溪、长沙、湘潭、南昌、厦门、福州、建瓯、汕头、海口、台北、广州、南宁、香港、梅县、桃园。每种音档含 100 多页小 32 开的文本及约 60 分钟的配套胶带录音。

② 本检索是梁京涛在知网上操作的，梁京涛还帮助做了数据分析，并为本文提供了一些文献支持。主题与关键词双匹配检索，比只用关键词检索要严格一些，所得文章数量与同类报告的数据比，可能偏精偏少。本查询一开始检索到文献 405 篇，但在点击生成检索报告时，总文献数减为 403 篇，原因不详。也许是排除了某两篇文章重复计数的情况。

从图 1 看，1981 年最早有文献出现，到 2003 年论文年发表量还在 5 篇以下，22 年来总共发表论文只有 17 篇，这是学人较少涉足之地。2004 年出现一个研究的小高峰，年发表论文达到 7 篇。2007 年研究热度明显升高，年发表论文达到 16 篇；这一趋势持续到 2011 年，年发表论文达到 26 篇；2007—2011 年形成第二个高峰区；2015—2017 年出现第三个高峰区，峰巅在 2016 年，年发表论文达到 55 篇。

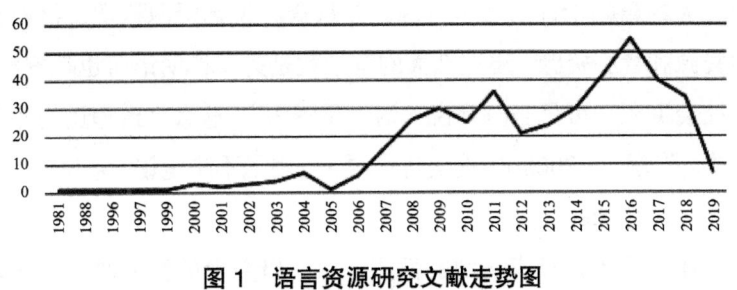

图 1　语言资源研究文献走势图

这种情况表明：第一，在 20 世纪，"语言资源"领域几乎还是一片处女地，它是 21 世纪才开始开发的学术领域。第二，语言资源研究与语言规划实践密切相关。2004 年的小高峰，对应于国家语言资源监测与研究中心成立；2007 年到 2011 年，正是"中国语言资源有声数据库"从酝酿到正式建设的时期；2015 年到 2017 年，是语保工程开始建设的时期，也是语言资源高精尖创新中心的创立时期。研究高峰与实践活动的关节点大致对应，是因为实践活动开始前总要做些研究，开始后又能带动研究。在中国，的确是语言规划的实践在推动语言资源的研究，为研究提供需求、材料和用场；语言资源研究也为实践提供了学术支撑；学术与实践相互推动，是因为在政界、社会、学界之间建造有一个现代化的"智力旋转门"。可以预测，2019 年也会是语言资源研究的大年，因为 2018 年在长沙召开了首届"世界语言资源保护大会"，2019 年春季正式发布了《岳麓宣言》。

3.2 语言的资源性质与语言资源类型

我国早期的语言资源研究，主要是论证语言是否具有资源的性质，确立语言资源的合理性。张普《论国家语言资源》（2007）用较大的篇幅论证语言是资源。先从资源说到资源科学，再谈自然资源和社会资源，绕这么大的弯子就是为了说明语言也是资源，是社会资源。可见当时要说"语言是资源"这么个道理还是多么困难。陈章太（2008）《论语言资源》也用了不少笔墨，来说明"语言是一种特殊的社会资源"。

在论证语言具有资源的性质之后，研究者的精力便集中在列举语言资源、为语言资源分类上。陈章太（2008）从广狭两个方面来看待语言资源：狭义的语言资源是指"语言信息处理用的各种语料库和语言数据库，以及各种语言词典等"；广义的语言资源是指"语言本体及其社会、文化等价值"。而他要讨论的是广义的语言资源，这可能说明两个问题：第一，"语言资源"这一概念在当时语言信息处理学界有较多使用；第二，把语言资源推及语言本体，还具有较大新意。

张普（2007：204）把语言资源分为三类[①]：语言资源类、

[①] 张普说"语言资源可以分成如下四类"，而下文只有三类。"四类"可能是笔误。

言语资源类、语言学习资源类。把语言学习资源划出一类，是考虑到了语言资源的用途。从学界开始关注语言资源，如邱质朴（1981），就比较关注语言资源在教学中的应用。张普先生又是数字化教学的研究者、提倡者，语言学习资源更易进入他的研究视野。但是他把语言资源分为"语言资源类、言语资源类"表面上符合"语言、言语"的"抽象—具体"这一学界思维习惯，特别是慧眼独到地强调了语言运用所产生的语言资源，但实际上就语言数据库建设来说，不可能拿"语言"来建库，文字的或音频的材料都只能是具体的"言语"。

王世凯的《语言资源与语言研究》（2009）是中国第一部论述语言资源的专著，在提出建立"语言资源学"的同时，在着力探讨语言资源的多种性质的同时，还把语言资源看作由底层资源（语音资源、词汇资源、语法资源、语义资源、文字资源）和高层资源（修辞、语体、风格）构成的体系。这基本上是根据语言的结构要素来划分语言资源，同时考虑到文字和修辞、语体、风格等。

魏晖（2015）认为语言资源包括四大类：（1）语言本体（知识）资源，由语音、词汇、语法和语义等构成；（2）语言应用资源，包括各种通用的、专用的、静态的、动态的、多语的、平行的语料库，还包括与语料的加工处理相关的知识库、数据库、规范标准（库）等；（3）语言学习资源；（4）人力资源，即掌握不同语种（包括外语）的人才。魏晖（2016）重申这一观点，并再次强调"人力资源是最核心的语言资源，也是最具能动性的语言资源"。

很显然，在语言资源的认定和分类方面，学界意见至今并不一致，甚至还没有建立语言资源的认定标准，也没有找到一个较为合适的分类体系。本文认为，语言资源基本属性是其"有用性"，语言及其相关的事物有哪些作用，亦即哪些东西可以成为语言资源，还是一个需要探索的问题，特别是语言智能的发展一日千里，很多我们意识不到的东西都可能进入语言资源的行列。综合时贤的研究，就当前的认识水平看，语言资源可以包括3类[①]：（1）口头语言资源；（2）书面语言资源；（3）语言衍生资源，包括语言知识、语言技术、语言艺术、语言人才等。

自然语言的存在形态主要是口语和书面语，它们是最为基本的语言资源。就资源的收集、整理、建库、保护而言，不存在语言和言语的对立，接触到的都是言语类的语言资源。"言语"是现实存在，"语言"存在于语言学中，存在于语言学家的大脑里和学术抽绎的操作中。就此而言，没有必要区分"语言资源"和"言语资源"，或者说，只有"言语资源"没有"语言资源"。

"口头语言资源"和"书面语言资源"是对自然语言资源的再分类。在许多文献中语言资源也就只指这两类资源。其实"语言衍生资源"也非常重要：其一，语言知识、语言技术、语言人才等，在语言资源的收集整理、标注入库、分析研究、开发应用

[①] 李宇明（2009）曾经把语言资源分为3类：第一类是自然语言及其文字，包括汉语、汉字及汉语方言，各少数民族语言文字及其方言，外国语言文字等；第二类是自然语言的衍生品，如辞书、各种检字法、利用语言文字进行的信息检索法、语言文字教科书、语言文字的各种规范标准、语料库、语言知识库、计算机字库、各种键盘输入法、处理语言文字（包括语言翻译）的各种软件技术等；第三类是语言能力，包括母语能力和外族语能力。语言能力优秀者便是各种语言人才。本文是对2009年划分的"三类"的优化，即把2009年的第一类语言资源分为两类，把其后两类整合为"语言衍生资源"，"语言能力"可在第三类中单列，或可与"语言人才"归为一个次类。

等各个环节都在发挥作用；其二，语言艺术（包括书法、文学，还有主要凭借语言的艺术，如话剧、相声、小品、笑话）本身就是很有价值的语言资源。故而，语言资源应当包括语言衍生资源。

3.3 语言资源的功能视角

语言资源的社会意义在于功能。看待语言资源必须建立"功能视角"，应从功能的角度去认识语言资源，去评价语言资源的建设工作，去开发利用语言资源。语言资源的功能是随着社会的进步而逐渐被开发、被认识的。在我们的文化传统中，文字和书面语比口语更受重视。但在近来以语言保护为首要任务的语言资源研究与实践中，口语的语言资源意义得到了较多关注，而书面语的语言资源意义则反而关注较少，研究较少，至于语言知识、语言技术、语言艺术、语言人才等衍生性的语言资源，虽不同程度地被涉及，但尚缺乏认真梳理。

就当前语言资源利用的实践来看，语言资源的功能域主要有3个方面：语言保护、语言信息处理和语言学习。

3.3.1 语言保护

语言保护是当今全球的热点话题，据专家预测，21世纪末90%的语言将濒危甚至消亡。若从交际的角度看，这些语言的濒危或消亡也许并不是严重问题；但是若从文化的角度看，语言的濒危或消亡却是文化的灾难，因为每种语言都记载着某民族（部族）的历史、经验及世界观，而这些精神财富绝大多数还没有被现代人类社会所了解，没有成为现代人类知识的一部分。语言保护就是与时间赛跑，抢救失而不可复得的人类精神资财。中国的百余种语言以及大量的汉语方言，也有许多处在濒危状态或是出现濒危态势，语言保护的任务也是急迫而沉重的。

语言保护有 3 个层次：第一个层次是"语言保存"。即通过书面记录方式和录音录像方式，将语言（包括方言）记录下来，并建立起数据库、博物馆，把这些"语言标本"保存下来。当前学者进行的多是语言保存层面的工作。语言保存所涉及的语言资源，主要是口语资源，特别是濒危语言的口语资源。其实古代书面文献、民间语言艺术等，也具有重要的语言保存价值。进一步研究会发现，作为"语言样本"的语言资源可以再分为两种，一种是"展示本"，一种是"全息本"。展示本主要用于语言展示、语言教学、基本研究等，要求语言资源能够反映出某语言的基本特征，比如基本的结构特征、交际运用特征和文化特征。全息本要求尽可能多地保存某语言的语言信息和文化信息，一旦有需要，可以在虚拟技术的帮助下利用这些信息"复活"该语言。这是语言保护最为浪漫的理想。

第二个层次是"语言活态保护"。即通过各种措施来延长语言的生命，维护语言的活力。由于语言活态保护必然会对语言使用者的生存、生活方式及生活环境进行不同程度的干预，伦理学上的要求很高，工作的难度很大。国内外在语言活态保护方面都做了一些探索，积累了一些经验，比如北美地区对印第安语的活态保护，大洋洲对毛利语的活态保护，中国对裕固语、贵州苗语的活态保护等。但总体上看成效并不明显，前景并不清晰。

第三个层次是"语言资源的开发利用"。即对语言保存、语言活态保护的成果进一步开发，获取语言保护的社会"红利"。"红利"意识十分重要，它可激发语言保护的动力，及时发挥语言保护的效力，不断增加语言保护的实力，保证语言保护事业可持续发展。需要注意的是，语言保护"红利"的获取者，首先应考虑语言资源的提供者，包括发音合作人及其所属社团。

3.3.2 语言信息处理

语言信息处理是当前语言资源的最大用户，也是当下语言资源理念的积极提倡者和语言资源的积极建设者。在中国，中文语言资源联盟的建立便是上述认识的最佳"背书"。语言信息处理绝不只是科学技术之事，而是推进社会进步的重要力量；正是它的发展进步，使当今社会正在向"智能时代"迈进。人工智能是智能时代最主要的技术力量，其核心是语言智能。机器获取语言智能主要靠语言大数据的训练。语言大数据也就是语言资源，从语言智能的视角看，语言资源是生产资料的范畴，对人类的意义就更加不一般了。

语言保护所涉及的语言资源，主要保存的是以往的人类世界，是人类的历史，是人类已有的经验及世界观；而语言信息处理所涉及的语言资源，是用于创造新的知识、发现新的世界的。语言保护是面向过去的，语言信息处理是面向未来的，但是认识既有世界对发现新世界会有帮助。

用于语言信息处理的语言资源，还可以进一步划分为两种：一种是帮助解决"语言通"的，一种是帮助解决"信息通"的。语言通是让机器能够理解和使用语言，包括机器翻译、机器写作等。信息通是让机器对各领域信息能够加工处理，包括"社会计算"、科技文献的二次加工等。当然，语言通也需要机器有一定的专业知识和社会常识，亦即需要信息通的支持，信息通更需要在语言通的基础上来进行。用于语言通的语言资源和用于信息通的语言资源是有不同要求的，因此可以把用于语言信息处理的语言资源再行划分。

3.3.3 语言学习

语言学习是人类最为重要的语言生活之一。随着社会的发展，语言学习的任务越来越重，不仅要学习母语（特别是书面语），还要学习外语，甚至是多门外语。即使语言智能发展到相当的高度，机器翻译可以满足基本的翻译需求，外语学习仍然是需要的，因为它是人类全面发展的素养。

语言学习必须依靠语言资源才能进行，语言学习资源是语言资源研究者较早进入的学术领域。传统的语言学习资源有教科书、工具书、课外读物、语言教师、必要的语言环境等。而今进入信息化的时代，智能学习、智慧学习、慕课、微课等新概念炫人耳目，构建适合于"互联网+"的语言学习资源，成为教育改革的时代命题。语言知识、语言技术、语言人才、语言课程、语言学习环境等，是新时代语言学习资源中的重要组块。这方面的实践已经很多，但是真正的研究和应用还是比较有限的。

3.4 语言知识观

语言资源的功能还有很多，但是有此三者，已经足以说明语言资源的重大价值，足以说明语言资源建设的意义及其急迫性，足以说明语言资源研究及建立语言资源学的意义。

自从索绪尔建立了现代语言学之后，"语言是一个符号系统"便成为公理性的学术常识。但是，从语言资源的视角，特别是语言资源功能的视角看"语言"，语言就不只是一个"符号系统"，而更是一个"知识系统"。比如语言保护，不应只是记录、保护语言符号，而是记录、保护人类的语言知识体系及文化体系。语言学家传统的语言调查，目的主要是揭示语言的符号系统，而在揭示语言的知识系统、文化体系方面明显不足。从"语言知识观"

的立场出发，词汇、语法、语用、篇章最为重要，人类的知识和思维运作主要贮存、表现在词汇、语法、语用和篇章之中。由此来看，语言保护工作必须在语言调查方法、语言调查内容等方面进行大幅度改进。

如果从语言信息处理的角度看语言，计算机理解人类语言，只理解语言的符号系统是完全不够的；计算机从语言大数据中学到的也不应该仅仅是语言的符号体系，而是语言的知识体系，甚至也包括文化体系。这也许就是计算机只学习语言学家给它的"规则"并不能够实现语言通的原因。语言信息处理也可以通俗地表述为"机器语言学习"，人类语言学习也是如此，现在人们强调外语学习要从"学外语"变成"用外语学"，也包含着这个道理。

四、结语

语言的社会资源性质，是人类从 20 世纪 70 年代才开始逐渐认识到的，澳大利亚在 20 世纪 80 年代率先把语言资源意识落实到国家语言规划中。中国的语言信息处理学界 2003 年开始筹建"中文语言资源联盟"，是语言资源建设最早的行动者。2004 年国家语委成立"国家语言资源监测与研究中心"，语言资源理念开始进入国家的语言规划。之后，随着"中国语言资源有声数据库"和"中国语言资源保护工程"的相继开展，中国成为世界上在国家层面大力提倡语言资源理念、开展语言保护的最为突出的国家。2018 年，中国与联合国教科文组织在长沙共同召开首届"世界语言资源保护大会"，并形成《岳麓宣言（草案）》，中国的语言规划又一次为国际社会提供了公共产品。

中国语言资源研究是在语言规划的实践推动下展开的，并与语言规划的实践形成了良性互动。1981年到2003年可以看作语言资源的学术酝酿期，2004年、2007—2011年、2015—2017年出现3次学术高峰或高峰区，语言资源已经发展为重要的具有魅力的学术领域，语言资源学的学科建设提上日程。

早期的研究主要确定语言的资源属性，之后较多地研究语言资源的类型。语言资源有哪些类型，学界认识还很不一致，本文尝试把语言资源分为口头语言资源、书面语言资源和语言衍生资源（语言知识、语言技术、语言艺术、语言人才等）三类，并认为要较好地解决语言资源分类问题，必须建立语言资源的功能观。当前语言资源最为重要的功能域是语言保护、语言信息处理和语言学习，应当根据这些功能来考虑语言资源的分类、建设规格和评价标准。

从语言资源的角度，特别是语言资源功能的角度来看语言，语言就不仅仅是一个符号系统，它更是一个"知识库"，里面贮存着人类的语言知识体系及文化体系。只有树立了"语言知识观"，语言资源建设才能满足语言保护和机器语言学习、人类语言学习的需要。

最后需要指出的是，语言资源的保护与集聚需要人类社会的合作，包括不同地区、不同国家、不同国际组织的合作，不同社会部门和不同学科的合作。为了保证这种合作的顺利开展，需要制定一系列国际标准，包括技术标准、工作标准和社会伦理标准。语言资源关涉人类的知识库存、精神家园和生产资料的集聚管理，必须加强学术研究，加大加快社会行动。

参考文献

[1] 陈章太（2008）论语言资源，《语言文字应用》第1期。

[2] 范俊军编译（2006）《联合国教科文组织关于保护语言与文化多样性文件汇编》，北京：民族出版社。

[3] 范俊军、肖自辉（2008）语言资源论纲，《南京社会科学》第4期。

[4] 费什曼（1973）《语言现代化和规划与国家现代化和规划的比较》，高建平译，见国家民委民族问题研究中心（2007）《欧安组织民族问题资料汇编》，北京：民族出版社。

[5] 黄行（2018）中国语言资源多样性及其创新与保护规划，见闫国华主编《语言科技与人类福祉——首届中国北京国际语言文化博览会论文集》，北京：外语教学与研究出版社。

[6] 李如龙（2008）汉语方言资源及其开发利用，《郑州大学学报（哲学社会科学版）》第1期。

[7] 李宇明（2006）关注语言生活（语言生活热点问题开栏寄语），《长江学术》第1期。

[8] 李宇明（2008a）语言资源观及中国语言普查，《郑州大学学报（哲学社会科学版）》第1期。

[9] 李宇明（2008b）当今人类三大语言话题，《云南师范大学学报（哲学社会科学版）》第4期。

[10] 李宇明（2009）公民语言能力是国家语言资源——序《母语·文章·教育》，《中国大学教学》第2期。

[11] 李宇明（2010）论中国语言资源有声数据库的建设，《中国语文》第4期。

[12] 楼必安可（Lo Bianco）（1988）澳大利亚的国家语言政策，《语文建设》第5期。

[13] 钱乃荣（1995）汉语方言研究中的新收获——祝贺现代汉语方言音库发行兼评《上海话音档》，《语文研究》第4期。

[14] 邱质朴（1981）试论语言资源的开发——兼论汉语面向世界问题，《语言教学与研究》第3期。

[15] 邱质朴（2000）应用语言学的新概念，《镇江师专学报（社会科学版）》第3期。

[16] 陶原珂（1996）应注意开发利用澳门社会的语言资源，《学术研究》第4期。

[17] 王辉（2007）语言规划的资源观，《北华大学学报（社会科学版）》第4期。

[18] 王辉（2010）《澳大利亚语言政策研究》，北京：中国社会科学出版社。

[19] 王世凯（2009）《语言资源与语言研究》，上海：学林出版社。

[20] 魏晖（2015）国家语言能力有关问题探讨，《语言文字应用》第4期。

[21] 魏晖（2016）文化强国视角的国家语言战略探讨，《文化软实力研究》第3期。

[22] 徐波、孙茂松、靳光瑾主编（2003）《中文信息处理若干重要问题》，北京：科学出版社。

[23] 徐大明（2008）《语言资源管理规划及语言资源议题》，《郑州大学学报（哲学社会科学版）》第1期。

[24] 袁贵仁（2005）树立科学发展观，开创民族语言文字规范标准建设及信息化工作的新局面，《教育部通报》第17期，教育部办公厅2005年9月2日印发。

[25] 张普（2007）论国家语言资源，见嘎日迪、吾守尔·斯拉木、德熙嘉措主编《民族语言文字信息技术研究——第十一届全国民族语言文字

信息学术研讨会论文集》，北京：西苑出版社。另见张普（2012）。

[26] 张普（2012）《张普应用语言学论文集》，北京：北京语言大学出版社。

[27] 张普、王铁琨主编（2009）《中国语言资源论丛》，北京：商务印书馆。

[28] 张政飚（2000）西部语言资源重要性刍议，《中国语文》第1期。

[29] 赵军、徐波、孙茂松等（2003）中文语言资源联盟的建设和发展，见徐波、孙茂松、靳光瑾主编《中文信息处理若干重要问题》，北京：科学出版社。

[30] 中国语言资源有声数据库建设领导小组办公室（2010）《中国语言资源有声数据库调查手册·汉语方言》，北京：商务印书馆。

[31] 中国社会科学院民族研究所"少数民族语言政策比较研究"课题组、国家语言文字工作委员会政策法规室编（2001）《国外语言政策与语言规划进程》，北京：语文出版社。

[32] 周庆生（2015）《语言生活与语言政策：中国少数民族研究》，北京：社会科学文献出版社。

[33] Grin，F. (2003) Language planning and economics. *Current Issues in Language Planning* 4 (1).

[34] Kaplan，R. B. & R. B. Baldauf (1997) *Language Planning from Practice to Theory.* Clevedon：Multilingual Matters Ltd.

对外汉语教学数字化研究的文献计量分析 *

黄 月

一、引言

随着"一带一路"倡议的提出和建设，对外汉语教学迎来了新的历史发展机遇和挑战。《国家中长期教育改革和发展规划纲要（2010—2020年）》指出，要重视信息技术对教育发展带来的影响。自20世纪80年代的中文电化教学至今，现代教育技术应用于对外汉语教学已有30余年的发展历程，技术和对外汉语教学的结合亦越来越紧密，已经形成了对外汉语教学数字化这一研究领域，并涌现了许多成果。

对外汉语教学数字化，是在汉语教学理论和学习理论的指导下，利用现代信息技术手段，通过信息技术与对外汉语教学课程的有效整合来实现理想的汉语学习环境和全新的、能充分体现汉语学习者主体作用的学习方式，从而全面提高学习者的汉语交际能力（刘晓海，2005）。

---

* 原文发表于李晓琪、孙建荣、徐娟主编（2018）《第十一届中文教学现代化国际研讨会论文集》，北京：清华大学出版社，第308—316页。

近十年来，随着云计算、物联网、大数据、互联网+等信息技术概念的先后广泛传播，"数字人文"已成为进行研究的新增长点。文献计量学（Bibliometrics），是集数学、统计学、文献学等方法为一体，用数理统计学的方法，定量地分析一切知识载体的交叉科学（庞景安，2002）。通过对某一领域的专题文献进行文献计量分析，能够探寻该领域的研究历史、研究现状及发展趋势，为该领域的相关人员提供借鉴参考，已经广泛应用于图书情报学（李武、董伟，2010）、医疗卫生（牟燕、焦倩、刘岩，2014）、社会科学（赵蓉英、戴亦舒，2012）、经济学（姜春林、杜维滨、李江波，2008）等领域，针对教育学领域亦有相关研究（汪建华、李森，2016；石薇，2014；陈巧云、李艺，2013；宋马林、张琳玲、李超，2012），但是鲜见针对对外汉语教学数字化的此类定量分析。

本文利用文献计量方法，对国内外汉语教学数字化领域的期刊论文和会议论文，从文献发文量、来源、作者及关键词四个角度进行统计分析，探寻对外汉语教学数字化的研究特点。

二、数据获取及研究方法

2.1 数据获取

综合考虑对外汉语教学数字化的研究体量及研究内涵，确定检索策略为以收录于中国知网（CNKI）的中国期刊全文数据库和国内外重要会议论文全文数据库的会议论文集为数据源，以"对外汉语教学""数字化"及其近义词为主题词进行分次检索（注："对外汉语教学"的近义词采用了"汉语+第二语言、汉语国际教育、国际汉语教育、汉语国际教学、国际汉语教学";"数字化"的近义词采用了"信息化、技术"），检索控制时间段为从"不限时间"到2017年12月31日，检索日期为2018年3月20日，共检出257条期刊论文记录和190条会议论文记录，作为原始数据，以待处理。

2.2 数据清理

为保证后续文献计量分析的准确，需要进行数据清理。首先，针对期刊论文和会议论文分别去重，得到不重复的期刊论文207篇、会议论文147篇，共计354篇。然后，根据作者、单位、摘要字段为空的记录，依据其"题名"等其他信息判断，进行"作者""单位"等关键字段的填补，然后去除会议或书籍的内容简介、征稿通知、前言等与对外汉语教学数字化研究无关的内容。最终得到实验数据316篇（期刊论文186篇、会议论文130篇）。

2.3 研究方法

为探寻对外汉语教学数字化的研究历程及主体，按照文献知识粒度的逐步细化程度，遵循"先宏观，再中观，最后微观"的思路，本研究从文献发文量、来源、作者及关键词四方面着手进行分析。其中，宏观层面针对文献整体进行计量，中观层面深入文献的来源及作者两个知识单元进行分析，微观层面深入表明文章内容的关键词知识单元进行分析。

（1）文献发文量分析，用来从宏观角度揭示对外汉语教学数字化研究的总体研究趋势。

（2）文献来源分析，用来从中观角度揭示对外汉语教学数字化研究的核心发文阵地。

（3）作者分析，用来从中观角度揭示对外汉语教学数字化研究代表性人物及所在机构。

（4）关键词分析，用来从微观角度揭示对外汉语教学数字化研究的研究热点及研究主题分布。

三、发文量分析

本文对实验数据以年为单位进行统计，结果表明，对外汉语教学数字化研究起始于 1990 年张普发表于"第三届国际汉语教学讨论会"的《论汉语信息处理技术与对外汉语教学》一文，对外汉语教学数字化研究发展可以分为以下 4 个阶段。如图 1 所示。

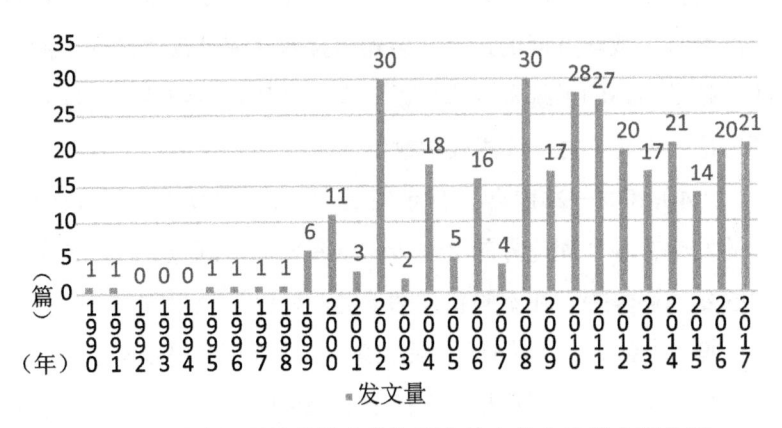

图 1 "对外汉语教学数字化"研究论文的年度发文量分析

（1）1990—1999 年，缓慢成长期。这十年间对外汉语教学数字化论文共计 12 篇，研究内容主要集中在论述应该利用多媒体技术等现代教育技术对对外汉语教学进行变革，分析其对对外汉语教学的内容、方法、手段的影响，但大部分研究尚未深入如何具体操作。

（2）2000—2003年，快速成长期。对外汉语教学数字化研究在2000年突破10篇，并在2002年达到峰值30篇，这一阶段对外汉语教学数字化的研究针对对外汉语教学的远程教学课件制作、教学网站总体设计、教学多媒体教材编写、练习测试系统、资源库建设、多媒体教学软件、多媒体教学模式及教学改革、教师应对策略等问题进行了充分的探讨，极大地发展和丰富了对外汉语教学数字化的内涵。

（3）2004—2007年，理论发展期。这一阶段的对外汉语教学数字化研究与技术的融合更进一步，针对语料库建设、基于虚拟现实技术的对外汉语教学模式及场景设计、现代教育技术在对外汉语听力教学方面的运用、多媒体技术在海外汉语教学中的实践、教学网站的系统资源库建设、学习者评价系统建设等问题展开讨论，丰富了对外汉语教学数字化理论。

（4）2008—2017年，稳定发展期。这一阶段，对外汉语教学的发展在各个理论方向上逐步向纵深发展，既包括随着信息技术的变革逐步探索在不同新技术下的对外汉语教学方法，包括与云计算、大数据、互联网＋、眼动追踪、增强现实等技术的结合，也包括分享与反思信息技术支撑下的整合问题、对外汉语教学实践、存在问题、优化，细化针对不同研究侧面的研究，例如儿童对外汉语教学、汉语分级阅读资源建设、文化词语教学、语音教学、教学词汇更新等。

四、来源分布分析

4.1 期刊分布

通过分析对外汉语教学数字化主题的发文期刊的分布情况，可以了解对外汉语教学数字化研究的核心期刊情况。依据186篇发表于期刊中的实验数据，分析得到对外汉语教学数字化主题的发文期刊包括121个，其中发文量大于等于2的期刊有29个，且总发文量占比超过了50%，可以认为这29种期刊是对外汉语教学数字化领域的核心期刊，如表1所示。

表1 "对外汉语教学数字化"研究期刊论文分布情况

序号	期刊名称	发文量	总发文量	累计百分比/%
1	海外华文教育	7	7	3.76
1	世界汉语教学	7	14	7.53
3	现代教育技术	5	14	7.53
3	语言教学与研究	5	19	10.22
3	语言文字应用	5	24	12.90
3	中国教育信息化	5	29	15.59
7	华文教学与研究	4	34	18.28
7	外语电化教学	4	42	22.58
7	现代语文（语言研究版）	4	46	24.73
7	云南师范大学学报（对外汉语教学与研究版）	4	46	24.73
7	中国教育技术装备	4	50	26.88
12	语文建设	3	54	29.03
12	读与写（教育教学刊）	3	60	32.26

续表

序号	期刊名称	发文量	总发文量	累计百分比/%
12	今日南国（理论创新版）	3	63	33.87
12	中国远程教育	3	66	35.48
16	电脑知识与技术	2	68	36.56
16	国际汉语教学研究	2	70	37.63
16	汉语学习	2	72	38.71
16	佳木斯教育学院学报	2	74	39.78
16	科技信息	2	76	40.86
16	内蒙古师范大学学报（教育科学版）	2	78	41.94
16	未来与发展	2	80	43.01
16	西部皮革	2	82	44.09
16	现代交际	2	84	45.16
16	亚太教育	2	86	46.24
16	语文教学通讯D刊（学术刊）	2	88	47.31
16	云南师范大学学报	2	90	48.39
16	知识经济	2	92	49.46
16	中国高等教育	2	94	50.54

可以看到，《海外华文教育》和《世界汉语教学》是发表对外汉语教学数字化文章最多的期刊，《现代教育技术》《语言教学与研究》《语言文字应用》《中国教育信息化》发文量次之，《华文教学与研究》《外语电化教学》《现代语文（语言研究版）》《云南师范大学学报（对外汉语教学与研究版）》《中国教育技术装备》发文量并列第三。可见，对外汉语教学数字化论文的期刊发文主要阵地是对外汉语教学专业期刊及少数教育信息化专业期刊。

4.2 会议论文集分布

类似地，通过分析对外汉语教学数字化主题的发文会议论文集的分布情况，可以了解对外汉语教学数字化研究的核心会议情况。依据130篇发表于会议论文集的实验数据，分析得到对外汉语教学数字化主题的发文会议论文集包括14个，这些论文主要来自于3个会议，如图2所示。

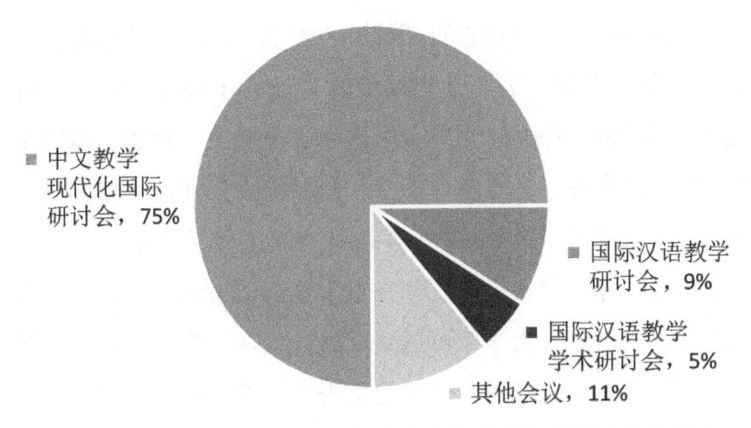

图2 "对外汉语教学数字化"研究会议论文集论文的分布情况

进一步地，对外汉语教学数字化研究主要的会议有3个：①中文教学现代化学会主办的"中文教学现代化国际研讨会"（曾用名：中文电化教学国际研讨会），每两年举办一次，对外汉语教学数字化研究的文献计量分析系列会议共发表此类论文98篇；②世界汉语教学学会主办的"国际汉语教学研讨会"，系列会议共发表此类论文12篇；③中央民族大学国际教育学院主办的"国际汉语教学学术研讨会"，系列会议共发表此类论文6篇。

五、作者分析

通过对发文作者分析，可以了解对外汉语教学数字化研究领域的核心作者，而且作者发文量从一定程度上可以反映出作者对此领域研究的影响。为精确找到对外汉语教学数字化研究领域的核心作者，本文不仅限于第一作者，而是对所有作者进行分析统计，发现实验数据 316 篇论文一共涉及 331 位不同名字作者，并对论文作者的发文数量进行了统计（表 2），最高产作者发文量为 16（郑艳群）。表 2 给出的是发文量大于等于 3 篇的作者，包括：郑艳群、徐娟、张普、宋继华、史艳岚、杜芳、赵雪梅、王松岩、刘春梅、马春林、卢伟、赵冬梅、郑通涛、格桑央京、刘晓海、余江英，这 16 位作者是对外汉语教学数字化领域的代表性作者。并且发文量前三都来自于北京语言大学，16 位中的 9 位来自于北京语言大学，可见北京语言大学是我国对外汉语教学数字化研究的领军机构，这与北京语言大学的定位也是十分符合的。此外，北京师范大学、大连理工大学、大连外国语大学、厦门大学、中央民族大学、云南开放大学也有作者重视对外汉语教学数字化研究。

表 2 "对外汉语教学数字化"研究的代表性作者分析

序号	作者	发文量	所属机构
1	郑艳群	16	北京语言大学
2	徐娟	13	北京语言大学
3	张普	7	北京语言大学
4	宋继华	5	北京师范大学

续表

序号	作者	发文量	所属机构
5	史艳岚	4	北京语言大学
5	杜芳	4	大连理工大学
5	赵雪梅	4	北京语言大学
5	王松岩	4	大连外国语大学
9	刘春梅	3	北京语言大学
9	马春林	3	北京语言大学
9	卢伟	3	厦门大学
9	赵冬梅	3	北京语言大学
9	郑通涛	3	厦门大学
9	格桑央京	3	中央民族大学
9	刘晓海	3	北京语言大学
9	余江英	3	云南开放大学

此外，普赖斯定律指出，只有当一个研究领域全部论文的一半由该领域中核心作者所撰写时，才形成该领域的高产作者群。根据普赖斯定律 $N=0.749*(N_{max})^{1/2}$（N 表示核心作者发表的最低论文数，N_{max} 表示最高产作者发表的论文数）(Price, 1963; 丁学东, 1992)，对对外汉语教学数字化研究的作者进行分析，计算得出 $N≈0.749*(16)^{1/2}≈3.0$。得到发文量至少为 3 篇的作者共计 16 位，占总作者数 4.83%；发文量为 81 篇，仅占总文献数 25.63%，未超过全部论文的一半，可见，对外汉语教学数字化研究领域的高产作者群体尚未形成。

六、关键词词频分析

本文统计了出现在实验数据中的关键词,按照词频降序排列,表3展示了出现频次大于等于3的热点关键词。排名前10位的关键词为"对外汉语教学""多媒体""多媒体技术""对外汉语""现代教育技术""汉语教学""汉语国际教育""教学模式""信息技术"和"数字化"。其中,"多媒体"和"多媒体技术"表明进行对外汉语教学数字化的重要手段,"教学模式"表明利用数字化进行对外汉语教学的重要研究对象,其余关键词均是"对外汉语教学"或"数字化"同义词。此外,汉语国际推广、对外汉语教师培训、对外汉语教材等资源库、教学评价亦是研究热点。对外汉语教学数字化常用的技术包括计算机辅助教学、虚拟现实技术、中文信息处理等。自主学习、翻转课堂是对外汉语教学数字化研究的热点。

表3 "对外汉语教学数字化"研究的热点关键词词频分析

序号	关键词	词频	序号	关键词	词频
1	对外汉语教学	104	10	数字化	14
2	多媒体	37	11	教育技术	12
3	多媒体技术	35	12	应用	11
4	对外汉语	34	13	教学	9
5	现代教育技术	29	13	汉语国际推广	9
6	汉语教学	22	13	汉语教师	9
7	汉语国际教育	19	13	汉语	9
8	教学模式	17	17	远程教育	8
9	信息技术	16	18	留学生	7

续表

序号	关键词	词频	序号	关键词	词频
18	国际汉语教学	7	44	教材	3
20	课件	6	44	评价	3
20	网络教学	6	44	网上教学	3
20	汉字教学	6	44	课堂教学	3
20	信息化	6	44	多元智能理论	3
20	网络教育	6	44	学习者	3
25	网络	5	44	计算机应用	3
25	对外汉语教师	5	44	词汇	3
25	多媒体教学	5	44	虚拟现实技术	3
25	现代远程教育	5	44	学习汉语	3
29	教学设计	4	44	中文信息处理	3
29	软件	4	44	语料库	3
29	汉语教材	4	44	留学人员	3
29	现代信息技术	4	44	教育	3
29	网络技术	4	44	网络课件	3
29	网站	4	44	教育游戏	3
29	计算机	4	44	资源库	3
29	语言教学	4	44	长城汉语	3
29	分科教学法	4	44	建设	3
29	远程教学	4	44	孔子学院	3
29	计算机辅助教学	4	44	对外汉语教育	3
29	对外汉字教学	4	44	中文教学	3
29	国际汉语教育	4	44	问题	3
29	移动学习	4	44	自主学习	3
29	对外汉语教材	4	44	翻转课堂	3

此外，从表 3 可以看到，虽然目前学界对"对外汉语教学"专业的名称尚未形成广泛共识，专家学者的角度略有不同，但是依据实验数据来看对外汉语教学数字化的论文，大部分作者采用的关键词仍是"对外汉语教学"，然后是"汉语国际教育""国际汉语教学""国际汉语教育""对外汉语教育"。

七、总结

现代教育技术不断发展，新技术层出不穷，对外汉语教学数字化研究不断地面临挑战。本文针对国内对外汉语教学数字化研究，利用文献计量分析这一数量化方法，探寻了对外汉语教学数字化的研究特点。依托发表于 CNKI 的中国期刊全文数据库和国内外重要会议论文全文数据库中的对外汉语教学数字化主题 316 篇论文，依据宏观、中观、微观的思路，从发文量、来源、作者、关键词四个维度逐步展开文献计量分析。结果表明，对外汉语教学数字化研究自 2008 年以后已经步入了稳定发展期，《海外华文教育》《世界汉语教学》等 29 个期刊构成了对外汉语教学数字化研究的核心期刊群，存在郑艳群、徐娟等 16 位代表性作者，以北京语言大学为对外汉语教学数字化代表性机构。此外，基于热点关键词词频分析得出，基于多媒体等信息技术的对外汉语教学设计一直是对外汉语教学数字化的研究重点，此外，汉语国际推广、对外汉语教师培训、对外汉语资源库、教学评价等是研究热点。本文利用文献计量方法对对外汉语教学数字化研究进行了初步探索，未来考虑进一步结合对外汉语教学数字化理论与知识，利用知识可视化软件进行热点关键词网络聚类等深入研究。

参考文献

[1] 陈巧云、李艺（2013）中国教育技术学三十年研究热点与趋势——基于共词分析和文献计量方法，《开放教育研究》第 5 期。

[2] 丁学东编著（1992）《文献计量学基础》，北京：北京大学出版社。

[3] 姜春林、杜维滨、李江波（2008）经济学研究热点领域知识图谱：共词分析视角，《情报杂志》第 9 期。

[4] 李武、董伟（2010）国内开放存取的研究热点：基于共词分析的文献计量研究，《中国图书馆学报》第 6 期。

[5] 刘晓海（2005）数字化对外汉语教学学习者评价系统，北京语言大学硕士学位论文。

[6] 牟燕、焦倩、刘岩（2014）2004—2013 年我国卫生政策领域研究热点与主题变化，《中华医学图书情报杂志》第 6 期。

[7] 庞景安（2002）《科学计量研究方法论》，北京：科学技术文献出版社。

[8] 石薇（2014）我国对外汉字教学研究目录数据库及文献计量的历史分析——以 2004—2013 中国知网论文为基础，《中山大学研究生学刊（社会科学版）》第 3 期。

[9] 宋马林、张琳玲、李超（2012）基于 CSSCI 的双语教学研究的文献计量与知识图谱分析，《科学决策》第 5 期。

[10] 汪建华、李森（2016）近年来我国数字化教学研究的热点领域和前沿主题——基于 CSSCI（1998—2013 年）文献的可视化知识图谱分析，《当代教育与文化》第 3 期。

[11] 赵蓉英、戴亦舒（2012）基于共词分析的近 10 年我国社会科学领域信息服务热点研究，《图书情报工作》第 S2 期。

[12] Price, D. J. S.（1963）*Little science, big science.* New York：Columbia University Press.

基于 CNKI 的商务汉语研究可视化分析 *

曹彩虹

一、引言

近年来，随着中国与世界各国经济往来的日趋频繁和密切，到中国学习经济贸易专业知识的各国留学生人数迅速增长。为了适应这一时代要求、满足国际人才市场对从事经贸工作专门人才的需求，北京语言大学 1996 年在国内最早开设了汉语言专业经贸汉语方向（张黎主编，2007），随后全国很多高校也开设了同类的专业方向及相关课程。从此，商务汉语成为国际汉语教育体系中的一个重要组成部分，受到留学生们的广泛欢迎，也得到了不断发展。

任何一门学科的成长成熟都离不开相关学者们进行大量的理论研究与实践探索。商务汉语的发展也是如此，国内外许多学者对其培养目标、教学内容、教学方法、教材选择以及实践安排等问题进行了各类研究。那么，经过近 20 年的发展，商务汉语理

---

* 原文发表于《云南师范大学学报（对外汉语教学与研究版）》2016 年第 4 期。

论研究发展状况如何？对于这个基础研究目前国内还没有学者做出尝试，因此，本文试图通过对国内关于商务汉语已经发表的论文进行计量分析以定量地揭示商务汉语研究领域的发展状况，该领域的重要作者和重要文献、研究热点，以及发表这些研究成果的主要期刊等，以期能够使我们清晰地认识到商务汉语科研的宏观布局和发展走向，并评价特定的国内汉语学术期刊对于商务汉语科研发展所做出的具体贡献，为国内致力于商务汉语研究与发展的教师与学者们进一步的研究做好基础工作。

二、研究方法与数据来源

2.1 研究方法

目前，全世界各个研究学科对其领域内文献研究的主要方法是引文分析法。所谓引文分析就是利用各种数学及统计学的比较、归纳、抽象、概括等逻辑方法对期刊、论文、著作等各种文献的引证或被引证现象进行分析（张慧敏，2006），以便描绘出某学科领域的发展状况（王曰芬、曹艺，2011），从而帮助研究者迅速了解该学科的研究脉络，把握该学科的研究热点与发展趋势（刘高勇，2011；梁永霞、刘则渊、杨中楷等，2009）。目前，国内外最前沿的引文分析工具之一是 CiteSpace 软件系统（侯建华、胡志刚，2013）。它是由引文分析可视化的主要代表人物华人学者陈超美博士最早于 2004 年开发的一款信息可视化软件，旨在通过绘制某一领域或学科的知识图谱，直观地展现科学知识领域的信息全景，识别某一科学领域中的关键文献、热点研究和前沿方向。在实际应用中科学有效而又简单易用，且具有丰富而美观的可视化效果,因此在国内外信息科学领域得到了广泛的应用(Chen,2004;陈悦、陈超美、刘则渊等,2015)。因此,本文选择可视化引文分析软件最新版本 CiteSpace Ⅲ 分析我国商务汉语研究领域的研究现状、研究主题以及热点等,试图客观系统地展现商务汉语研究领域的总体图景,为进一步研究提供科学参考。

2.2 数据来源

本文研究数据来源于中国知网(CNKI)的期刊数据库。具体检索策略是,期刊类别选择全部期刊,包括 SCI 来源期刊、EI 来源期刊、CSSCI 以及核心期刊;检索条件是主题、关键词或者摘要为"商务汉语"或含"经贸汉语",在"精确"的匹配模式下进行检索;时间区间设定为不限。数据采集时间为 2015 年 10 月 8 日,共检索到 149 条结果。经过人工筛选,去掉书评、访谈、学术会议介绍或通知、学院公告等,获得有效数据 125 条。将采集数据转换成 CiteSpace Ⅲ 支持的格式以便运用其进行分析。

三、结果与分析

3.1 研究文献的总体情况与时间分布

从数据的总体情况来看,对商务汉语或经贸汉语的研究远远滞后于商务汉语的教学实践。由前面数据检索策略可知,只要论文的主题、关键词或摘要中含有商务汉语或经贸汉语的论文都为有效数据,而且对论文期刊没有任何限制。因此,本次检索条件是非常宽松的。如果以 1996 年为开展商务汉语教育的起始年,那么商务汉语教育发展到今天已有 20 个年头。20 年的时间里,我国的各行各业都飞速发展,商务汉语教学实践也得到迅速发展。

全国最大的留学生本科教育基地北京语言大学汉语学院，其三、四年级经贸方向的留学生已经占该院全部留学生的 40% 左右，远远超出传统专业方向如语言、教学、文化、双语、国际教育等传统汉语言专业方向。从全国来看，商务汉语教学实践已经形成了一个庞大的队伍。然而相比之下，商务汉语理论研究发展却非常缓慢，国内学者在商务汉语领域的发文量很少，20 年的时间里总共只发表了区区 125 篇，其中核心期刊论文仅有 36 篇，占总发文量的 28.8%，优秀论文凤毛麟角。发文量的时间分布见图 1。

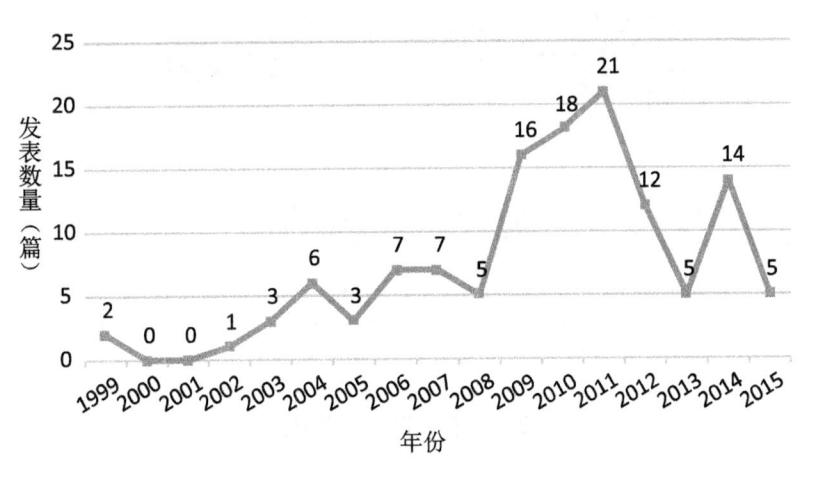

图 1　国内商务汉语领域的年度发文量

从图中可以看出，大部分年份发表数量不足 10 篇，只有 2009、2010、2011、2012、2014 年超过 10 篇。其中，2011 年最多，为 21 篇；2000、2001 年都为 0 篇。近五年发表数量很不稳定，总体出现下降趋势。这一研究成果显然满足不了理论指导教学实践的需求。可以说，商务汉语的研究工作严重迟滞。

3.2 商务汉语研究机构图谱

CiteSpace Ⅲ可将各机构发表的论文数量及时间以"年轮"的形式直观地展示出来。由于总的篇数不多，因此，此处设置相应参数为0，得到商务汉语研究全部机构的分析图谱（如图2）。其中，圆形结点代表机构，结点越大表明该机构发文频次越高。

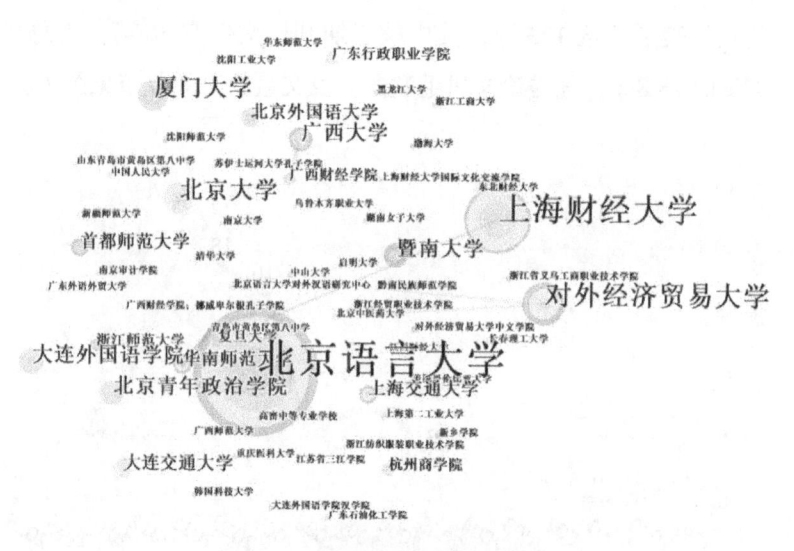

图2　商务汉语机构研究图谱

图2显示共有49家机构发表过商务汉语方面的论文。通过图2可以直观地看到，北京语言大学发文频次最高，占发文量总量的18.5%；其次是上海财经大学与对外经济贸易大学，分别占总量的8.4%、6.7%，前三家合计占总量的33.6%，说明这3家是商务汉语领域研究的主力军。

一个机构在某个领域的总被引频次在一定程度上可以说明该

机构的学术影响力。总被引频次越大,其学术影响力就越大。表1列出了国内总被引频次≥ 20 的各个商务汉语研究机构。

表 1　被引频次≥ 20 的机构

排序	被引频次	机构	排序	被引频次	机构
1	367	北京语言大学	8	30	上海交通大学
2	182	大连外国语大学	9	27	北京外国语大学
3	127	杭州商学院	10	26	广西大学
4	118	复旦大学	11	25	首都师范大学
5	92	上海财经大学	12	24	北京青年政治学院
6	66	暨南大学	13	23	广西财经学院
7	63	北京大学	—	—	—

按照被引频次高低可将机构分成五个梯队(如表 1):第一梯队(总被引频次≥ 200),只有北京语言大学;第二梯队(100 ≤ 总被引频次< 200),有大连外国语大学、杭州商学院和复旦大学;第三梯队(50 ≤总被引频次< 100),有上海财经大学、暨南大学和北京大学;第四梯队(20 ≤总被引频次< 50),有上海交通大学、北京外国语大学、广西大学、首都师范大学、北京青年政治学院、广西财经学院共 6 家;第五梯队(总被引频次< 20),共 36 家。其中北京语言大学总被引频次具有绝对优势,足以证明其在商务汉语研究领域的影响力并处于领头羊的位置。这些机构都来自与商务汉语教学有关的高校,而其他语言研究所如社科院语言研究所、教育部语言文字应用研究所均没有发现发表相关论文。

将研究机构与研究主题结合起来进行聚类分析，我们会发现一个非常有趣的现象，就是不同研究机构其研究主题不同，研究主题与机构之间表现出高度相关性（图3显示发表频次在2篇以上的研究机构及其研究主题）。

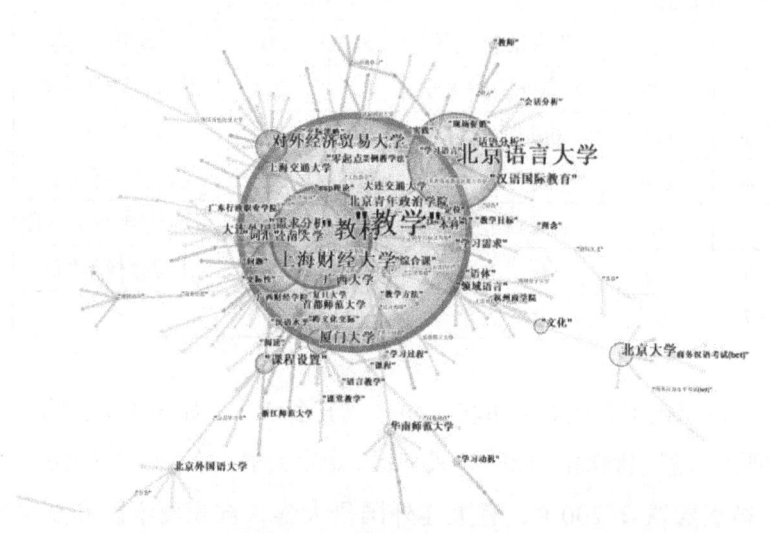

图3　发表频次在2篇以上的研究机构及其研究主题

如北语的研究主题更侧重于具体的话语分析、教学与汉语国际教育，而上财集中于对教材、教学的研究；其他机构研究主题也不相同。分析原因，一方面与各机构研究需求有关。如北语2013年底成立汉语国际教育学部，因此北语教师对这一主题的研究比较关注；同时，北语是较早开设商务汉语课程的机构，因此教学研究也比较多；上财由于要出版商务汉语系列教材，因此其研究者论文更多表现为教材的研究等。可见，大部分研究者都是从本机构实际教学需要出发，对本机构教学实践进行提炼与总结，或对其中存在问题进行思考；另一方面，与整体论文发表数量有关系。根据统计原理，当总体数量足够大的时候，个体对总体的影响应该是微乎其微，可以忽略不计的。而此处个体对总体产生非常显著的影响，可见我们现有的研究论文总数量太少了。由所采集到的数据看，每个机构进行商务汉语研究的人员非常少，常常只有几个甚至一个。同时，每个人发表的商务汉语论文数量也较少，从而使得研究者的研究特征，甚至某一篇论文的特征就成为该机构的研究特征。由此我们认为，整体上当前我国对商务汉语的研究还处于非常初级的阶段，各个机构对于商务汉语的研究各自为政，整个领域处于一种"跑马圈地"状态，即哪个作者、机构或者期刊多发表几篇有关方面的论文，就能占领该领域的领先地位。由此可见，商务汉语领域还远远没有形成学科共同体，更没有建立学科研究体系。

3.3 研究作者及其研究重点图谱

为了发掘商务汉语领域研究的主要人物，利用 CiteSpace 进行被引作者网络的可视化分析。时间跨度设置为 1996—2015 年；主题词来源为标题、摘要、关键词，节点类型为论文作者，由此得到国内该领域研究作者知识图谱，可以揭示商务汉语各位研究者影响力大小及其重要性，从一定程度上反映了不同学者对商务汉语研究的贡献。在商务汉语领域发文量超过 3 篇的只有 8 人，其中张黎 9 篇；沈庶英 6 篇；杨东升 4 篇；王飞燕、苗欣、刘巍、姜国权和丁俊玲均为 3 篇。这些作者的研究领域各不相同（如图 4），张黎侧重于领域语言、话语分析及教学；沈庶英是汉语国际教育、综合课教材；杨东升是教材、教学等。从合作情况来看，这些作者之间的合作非常有限。

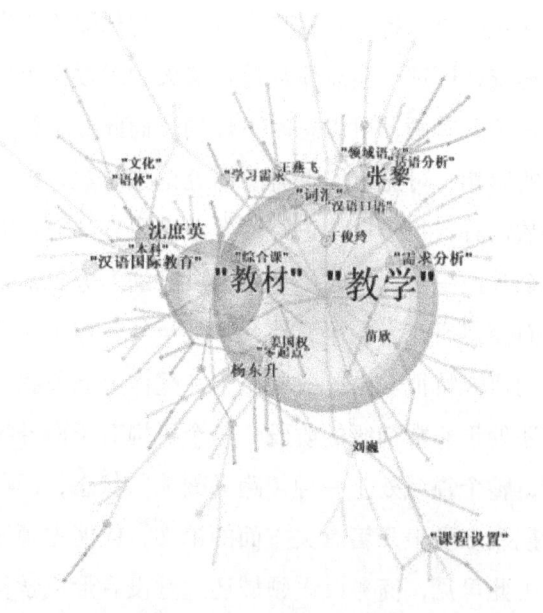

图4 发表频次在3篇以上的作者及其研究主题

表2显示了被引频次≥30次的论文及其作者等,共有14篇。其中张黎的《商务汉语教学需求分析》影响最大,其次是朱黎航的《商务汉语的特点及其教学》与袁建民的《关于"商务汉语"课程、教学和教材的设想》。

3.4 研究期刊影响力分析及其发表特点

图5显示了发表频次在2篇以上的期刊,其中《云南师范大学学报(对外汉语教学与研究版)》最多,为9篇;其次是《海外华文教育》,为8篇;《语言教学与研究》《华文教学与研究》均为6篇;《语言文字应用》为5篇;《现代汉语》《汉语学习》《经济研究导刊》《商场现代化》均为3篇,有8种期刊为2篇,其他期刊为1篇。

表 2　被引频次 ≥ 30 次的论文及其作者

排序	被引频次	论文题目	作者	机构	发表期刊
1	144	商务汉语教学需求分析	张黎	北京语言大学	语言教学与研究
2	91	商务汉语的特点及其教学	朱黎航	杭州商学院	华文教学与研究
3	88	关于"商务汉语"课程、教学和教材的设想	袁建民	复旦大学	云南师范大学学报
4	65	商务汉语教材编写初探	杨东升	大连外国语学院	辽宁工学院学报
5	59	对外商务汉语与基础性对外汉语的教学比较	万谊娜	江西财经大学	云南师范大学学报
6	56	新一代商务汉语教材建设的初步构想	张永旱	大连外国语学院	东北财经大学学报
7	52	商务汉语词汇教学重点浅析	罗燕玲	暨南大学	华文教学与研究
8	49	经贸汉语教学初探	刘丽瑛	北京语言大学	世界汉语教学
9	45	商务汉语教材选词考察与商务汉语词汇大纲编写	周小兵 于红梅	中山大学	世界汉语教学
10	43	视听说对外汉语教材编制初探	李亿民	北京语言大学	汉语学习
11	43	面向商务汉语教材的商务领域词语等级参数研究	辛平	北京大学	语言文字应用
12	39	有关商务汉语几个理论问题的探讨	杨东升 陈子骄	大连外国语学院	辽宁工业大学学报（社会科学版）
13	36	汉语主体意识与对外商务汉语教学	楼益龄	杭州商学院	云南师范大学学报
14	30	商务汉语教学需求分析的内涵和框架	陈芳 郭鹏	上海财经大学 复旦大学	沈阳师范大学学报（社会科学版）

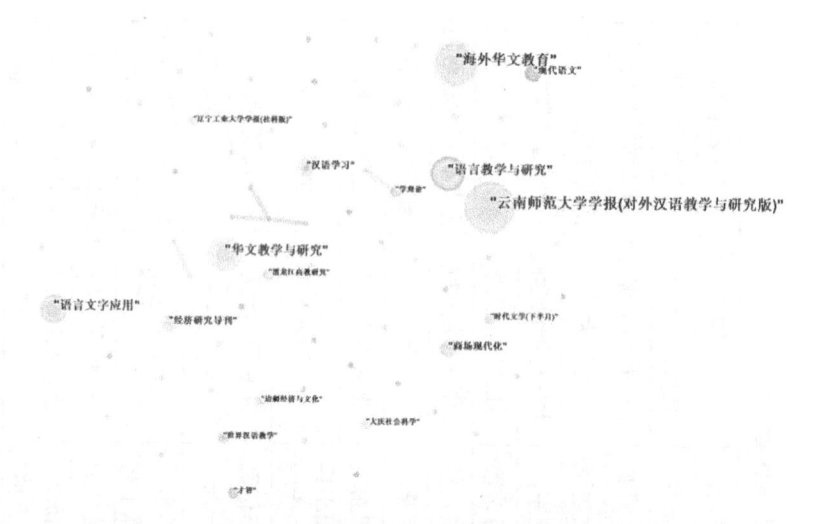

图5 发表频次≥2次的期刊图谱

从期刊对商务汉语论文的被引频次来看（表3列出被引频次≥30的期刊），《云南师范大学学报》总被引频次居首位，因此，其在商务汉语研究领域具有最大的影响力。其次是《语言教学与研究》，第三是《华文教学与研究》。这3家期刊的被引频次都超过了100，在商务汉语研究领域具有较高的影响力。排名在第4—8名的期刊（50≤被引频次≤100）有《世界汉语教学》《语言文字应用》《辽宁工学院学报（社会科学版）》《汉语学习》《东北财经大学学报》，共5家。30≤被引频次≤50的期刊有3家，为《辽宁工业大学学报（社会科学版）》《商场现代化》和《沈阳师范大学学报（社会科学版）》。其他期刊被引频次小于30，学术影响力非常有限。但是被引频次比较小的期刊所刊论文的研究领域更广泛地涉及经济、管理类的研究主题，这在一定程度上说明商务汉语研究与经济管理类研究有很强的交叉性与渗透性。这说明商务汉语表现出交叉学科的特征。

表3 被引频次≥30次的期刊

排序	被引频次	期刊	排序	被引频次	期刊
1	259	云南师范大学学报	7	61	汉语学习
2	209	语言教学与研究	8	56	东北财经大学学报
3	178	华文教学与研究	9	46	辽宁工业大学学报（社会科学版）
4	94	世界汉语教学	10	37	商场现代化
5	71	语言文字应用	11	30	沈阳师范大学学报（社会科学版）
6	65	辽宁工学院学报（社会科学版）	—	—	—

3.5 商务汉语研究的发展过程与热点

为了追踪商务汉语研究的主要研究领域与热点、前沿问题，本文运用了 CiteSpace 关键词聚类功能，以词频为聚类条件，得到频次大于等于2的关键词聚类图谱（见图6）。由图可以看出教学与教材成为商务汉语的研究热点，两者的频次与中心度都非常高，成为商务汉语研究者们普遍关注的研究主题。其他研究主题依次为汉语国际教育、需求分析、课程设置、综合课、语体、话语分析、文化、交际性、领域语言、汉语口语、课堂教学等。

利用 CiteSpace 软件中的 Timezone 功能可得到商务汉语研究的演进过程（见图7）。由图7可以清楚地看到商务汉语研究领域随着时间发展的研究脉络。到目前为止，商务汉语研究可大致划分为3个阶段：第一阶段为课程开设初期，研究的重点在于开

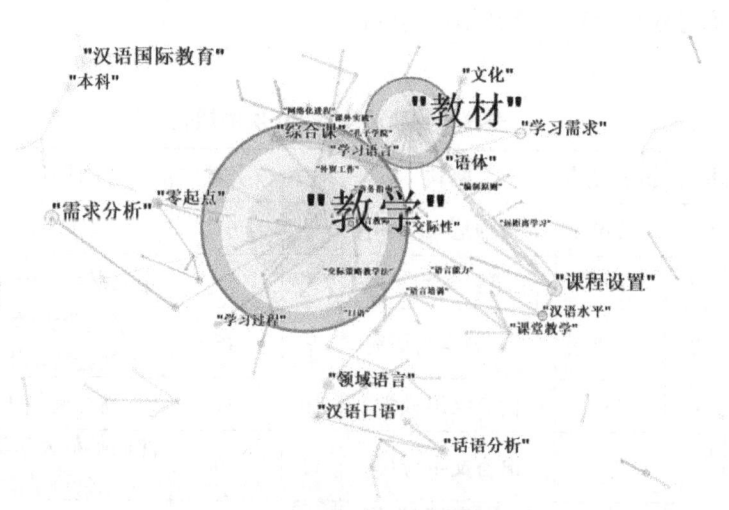

图6　商务汉语研究热点图谱

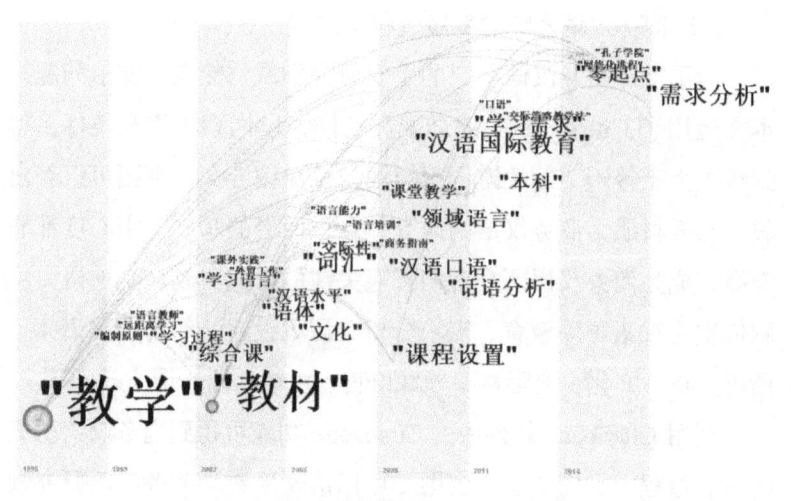

图7　商务汉语研究发展脉络图谱

设课程所必须回答的教学方法问题以及所需要的教材，主要是为了满足开设课程的需要。第二阶段是满足具体教学的需要。随着时间的推移，研究的关注点变为课程设置、需求分析、话语分析、语体、文化、词汇、课堂教学、口语等具体的教学问题。第三阶段是适应商务汉语教育事业发展的需求。近些年，随着商务汉语教育规模的不断扩大，对其发展的研究成为新的热点，研究主题多集中于汉语国际教育、孔子学院以及网络化进程等，并成为当前研究的热点与前沿。

四、结论

本文运用知识图谱可视化应用软件 CiteSpace 对我国商务汉语研究的总体情况、主要作者及其代表性论文、研究机构、重要期刊、主要研究领域与发展阶段等方面进行了分析，绘制了商务汉语研究领域的多张可视化知识图谱，反映出该领域的发展特征。根据前文分析，我们可以得到以下研究结论：（1）虽然商务汉语已经成为汉语国际教育的一个新成员及重要组成部分，但是国内学界对此还缺乏研究。在当前商务汉语教学实践迅猛发展的条件下，为了从理论的高度指导实践，使其得以顺利发展，对商务汉语的理论研究就更值得引起国内学界的关注。（2）研究主题与教学实践的发展密切相关，论文的研究题目多来自具体教学工作，研究目的也是为了满足某个具体的教学需求，还远远没有形成本学科领域的研究理论与范式，非常需要有志于商务汉语领域研究的学者对此研究方向深入发掘，促进学科发展。（3）作为新兴的研究领域，有关机构、期刊以及研究者既有"广阔的天地"，大有可为；又是拓荒者，需要大量的尝试、创新与艰苦努力。同时，由于商务汉语与经济、管理有密切关系，这一领域的期刊也可以跨界而为此做出贡献。在条件成熟的情况下，可以创办专门针对商务汉语研究的专业期刊，促进商务汉语研究快速发展。

参考文献

[1] 陈悦、陈超美、刘则渊、胡志刚、王贤文（2015）CiteSpace 知识图谱的方法论功能，《科学性研究》第 2 期。

[2] 侯建华、胡志刚（2013）CiteSpace 软件应用研究的回顾与展望，《现代情报》第 4 期。

[3] 刘高勇、汪会玲（2011）国内外引文分析研究热点的可视化分析，《情报科学》第 5 期。

[4] 梁永霞、刘则渊、杨中楷、王贤文（2009）引文分析领域前沿与演化知识图谱，《科学学研究》第 4 期。

[5] 王曰芬、曹艺（2011）引文分析的研究与进展：基于文献计量分析，《情报理论与实践》第 8 期。

[6] 张黎主编（2007）《经贸汉语课程研究》，北京：商务印书馆。

[7] 张慧敏（2006）引文分析法的内涵及研究实证，《编辑学报》第 S1 期。

[8] Chen Chaomei (2004) Searching for intellectual turning points:Progressive Knowledege Domain Visualization. *Proc.Natl.Acad.Sci.USA 101 (Suppl.) (12)*.

"全球汉语中介语语料库"的平衡性考虑 *

李桂梅

一、引言

  汉语中介语语料库的建设自20世纪90年代始，在建库实践中历来重视语料库的平衡性。第一个汉语中介语语料库"汉语中介语语料库检索系统"，其100万字的入库语料是从约350万字的原始语料中，"综合考虑各种属性背景因素和话题内容的选择情况，合理计算不同属性和话题的语料的入库比例"（储诚志、陈小荷，1993），"基于各种属性的语料分布均匀的理念抽样所得"（陈小荷，1997：450—458）。这种理念和操作实践为后期的汉语中介语语料库建设奠定了良好的基础。
  此后，汉语中介语语料库建设进入了一个相对蓬勃发展的时期。不过由于主客观条件的限制，所建成的几个语料库在理论和实践方面都没有很好地解决平衡性问题。例如，"HSK动态作文语料库"由于语料来源于参加HSK的作文试卷，在水平层次和学习者国别方面分布过于集中（任海波，2010；施春宏、张

---

* 原文发表于《华文教学与研究》2017年第2期。

瑞朋，2013）。中山大学"汉字偏误中介语语料库"，其中韩国学生的语料约占40%，谈不上国别的平衡；水平层次方面按自然班划分有17个等级，这么细致的分类只有在所有语料来源于同一个教学单位的情况下才有可能，对于大规模的语料库来说是不可能实现的。另外几个通用型的汉语中介语语料库，或规模不大，或建成后对外公布的相关信息较少，因此我们对它们在平衡性方面的考虑也无从知晓；专门的语料库由于涉及的平衡性因素较少，自然也没有更多的理论探讨和实践经验。

平衡性是大规模、通用型汉语中介语语料库建设中的关键性问题，也是在语料库建设过程中必须要处理好的问题。"全球汉语中介语语料库建设和研究"作为教育部哲学社会科学研究重大课题攻关项目，拟建设"最大最好的汉语中介语语料库，为全球汉语教师、研究人员的教学与研究工作提供优质资源"（张宝林、崔希亮，2013），非常有必要将我们对这一问题的认识阐述清楚，并且落实到实践操作层面。本文将在充分认识影响大规模、通用型中介语语料库平衡性的关键因素的基础上，阐述"全球汉语中介语语料库"建设课题组为实现语料库的平衡性所采取的多方面措施，并且在汉语中介语语料库规模增大、持续更新补充的情况下，重视静态的平衡和动态的平衡、建库的平衡和使用的平衡之间的分别。

二、影响汉语中介语语料库平衡性的关键因素

影响汉语中介语语料库平衡性的关键因素主要有语料采集、语料类型的确定、语料比例的安排三个方面。大规模中介语语料

库建设需要在一定时间内获得符合预期建库规模和要求的语料，同时获得实现平衡性所必备的各种背景信息。在此基础上按照特定的角度对语料进行分类，确定语料的属性标签，并且安排不同类型语料的比例。

2.1 语料采集

与母语语料库相比，中介语语料库的语料并不是随处可见，语料采集受到很大的限制。汉语中介语的语料需要满足两个基本条件。首先是真实性，必须是汉语作为第二语言的学习者在学习过程中产出的成段表达的语料；其次必须附带有语料作者和语料本身的一些关键性的背景信息。第二个条件常常会把很多语料排斥在外，因为一些背景信息在学习者不在场的情况下无法得到。就通常的做法来说，语料收集都是委托汉语教师在繁重的教学任务之外进行，受时间、精力及重视程度等因素的影响，教师常常将获得语料放在首位，不重视甚至忽略语料背景信息的获得，而语料的背景信息是实现语料库平衡性的必要前提。同时受制于各种客观条件，中介语语料收集的过程会比较长。另一方面，要满足事先设定的语料库平衡性的要求必然要舍弃某些类型数量过多的语料。如果语料库规模比较小，就比较容易收集到较多的富余语料供抽样；而如果是几千万字规模的大型中介语语料库，又希望在一定的时间内尽快完成语料的收集，那获得的可供抽样的富余语料就会比较有限。可以说，满足要求的语料的收集是大规模汉语中介语语料库实现平衡性追求的瓶颈。

2.2 语料类型

划分语料类型的前提是确定语料分类的角度。建设汉语中介语语料库的最终目的是为汉语教学和习得的研究服务，因此确定语料分类角度的依据也是影响汉语教学和习得的方式、效果的一些关键因素。这就需要我们依据汉语教学和习得研究领域的基本共识来给语料分类，划分语料类型。目前来看，语料分类角度主要来自两个方面：学习者自身的特征和语料的文本特征。从学习者特征来说有国别、语别、族别、学习动机、学习方式、学习时间、学习阶段、个性特征等；从语料的文本特征来说，有语料的产出方式、产出时间、话题类别、文体类别、语体特征、字数等，这些都是划分语料类型的角度。这些分类角度中，有些内部类别清楚，如国别、语别、族别；有些则要依赖建库者的主观判断，如学习阶段分为几个，粗分还是细分；至于文体类别、话题类别更是如此。此外，一些尚未进入普遍研究视野或未被注意到的影响因素就无法进入分类。

2.3 比例组合

语料库中各类型的语料在数量和比例上怎样安排算是"比例适当"？这里有两个取向：绝对取向和现实取向。绝对取向是希望每个分类角度上划分出来的语料类别在数量和比例上相当，现实取向是不同类别的语料数量和比例照应现实的情况。以最常被提及的语料作者国别为例，任海波（2010）认为最理想的状态是所收录语料的国别类型能够包括世界各国，并认为"HSK动态作文语料库"中欧美国家学生的语料太少，亚洲学生语料太多，这是希望达到数量和比例上的绝对平衡。张宝林、崔希亮（2013）认为汉语学习者国籍分布的现实情况就是韩、日等东亚国家汉语学习者多，欧美汉语学习者少，应该考虑"汉语学习者国籍分布的现实情况""以各种国籍背景的汉语学习者的实际人数作为分层的依据，确定各国汉语中介语语料的抽样比例"，这是追求现实的平衡。从建库的实际和语料库的应用来看，现实的取向更可取，也更可行。学习者较多的国别和语别的教学和习得情况自然应该在研究中受到更多的关注。

从结构上来说，"语料类型"属于横向的维度，"数量和比例"属于纵向的维度。横向维度上每个分类角度划分出来的语料类别都要匹配一定的数量和比例，整个语料库要综合考虑各项属性之间的配合，理论上说这种组配的可能性是无限的。

三、"全球汉语中介语语料库"的平衡性原则及措施

在充分认识影响汉语中介语语料库平衡性因素的基础上，"全球汉语中介语语料库"建设课题组确定了语料库平衡性的基本原则，以及为实现平衡性所采取的措施。

3.1 平衡性原则

建设汉语中介语语料库的目的是为汉语作为第二语言的教学研究和习得研究服务。从这个目的出发，"全球汉语中介语语料库"建设的总体平衡性原则是以汉语国际教育的现实情况为主要参照，兼顾代表性和覆盖范围。

以语料的国别来源和语别来源（指语料作者的母语）属性为例，汉语国际教育的现状是以韩国为首的亚洲学习者居多，同时学界对这些学习者的研究需求也相对较多。因此语料库中收入的这些学习者的语料会相对较多。同时，我们也要兼顾代表性和覆盖范围。欧美学习者、母语为阿拉伯语的学习者、来自非洲国家的汉语学习者等也都是汉语国际教育的对象，并且有的人数还在呈上升的趋势。因此语料库中也要尽量多地收入这些学习者的语

料，争取最大限度地覆盖所有汉语学习者的国别和语别。

再以语料所代表的学习者的学习层次属性为例，当前汉语国际教育的现实情况是初级水平和中级水平的学习者较多，高级水平的学习者相对较少。因此语料库中初级水平和中级水平学习者的语料也会较多。然而，高级水平汉语学习者产出的语料也有很高的研究价值，尤其是在一些高级表达手段和语篇研究方面。因此语料库也会尽量多地收集高级水平汉语学习者产出的语料，努力实现对学习者水平层次的全部覆盖。

3.2 平衡性措施

"全球汉语中介语语料库"从语料采集、语料属性标注、确定入库语料三个方面采取措施来实现整体语料库的平衡，并在语料库检索系统的设计上提供条件以满足不同研究者在使用中对平衡性的不同要求。

3.2.1 语料采集方面

语料采集是语料库建设的一个重要环节，对于大型汉语中介语语料库来说尤其如此。

"全球汉语中介语语料库"的主要特点之一就是语料规模大，预计书面的生语料4500万字，精加工的熟语料2000万字（崔希亮、张宝林，2011）。语料库规模增大给语料采集带来很大的挑战，既要满足语料的数量要求，又要保证语料附带必要的背景信息。为做到这点，"全球汉语中介语语料库"建设在语料采集的范围和方式上都有很大的创新。

"全球汉语中介语语料库建设和研究"课题组与国内外十几所高校的汉语国际教育部门建立了合作关系，签订子课题协议书。子课题的主要任务就是采集语料（有的涉及标注）。较之简单地委托汉语教师业余收集，子课题的形式具有以下几个优势。

首先，以子课题的形式收集语料更能引起参与语料收集工作的教学部门和教师的重视，在语料真实性和语料背景信息的获得方面更有保证。其次，课题组在签订子课题的时候考虑到了地区分布，比如东部地区的高校如鲁东大学、同济大学等日韩学习者较多，西部地区如西北师大中亚学习者较多，南方地区如广西师大南亚学习者较多，南京大学欧美学习者较多等事实，这样在语料收集阶段就为语料库的国别及语别的平衡创造了很好的条件。课题组也收到诸多海外教学机构提供的语料，为实现教学和学习环境的平衡创造条件。再次，由于不同地区不同教学单位的生源不同、教学层次不同、教学优势不同，来自多个教学单位的语料客观上也使获得的语料在水平层次、文体特征和话题类型上多种多样，粗略来说整合在一起将实现语料层次、语料类型覆盖全面的预期。最后，多个高校和教学单位参与的全球共建模式大大提高了效率，缩短了语料收集的过程。

同时，"全球汉语中介语语料库建设和研究"课题组有严格的语料验收环节，不合要求或语料背景信息严重缺乏的语料将不能通过验收。

此外，课题组还将探索通过网络收集语料的形式。在信息网络高度发展的今天，学习者自己上传语料是个很好的尝试。"全球汉语中介语语料库"拟建立一个网站，提供一定的物质或其他形式的奖励，鼓励全球的汉语学习者将自己的文本语料、音频语料或视频语料上传到该网站，并填写与语料和作者相关的各项信息。

3.2.2 语料属性标注方面

语料属性概括来说有两大类，一是语料作者的背景信息，二是语料自身的背景信息。"全球汉语中介语语料库建设和研究"课题组制定了《语料作者背景信息表》和《语料背景信息表》，每收集一份语料都要填写表格中要求的信息。语料作者的背景属性有17项，语料背景信息有10项，合计27项。（见附录）

人部分的语料信息标注都必须由语料采集者在语料采集的同时完成，但是"汉语水平层次、文体类别、话题类别"这三项信息需要由课题组集中填写。就"汉语水平层次"来说，因为语料来自不同国家、不同地区的不同学校，教学系统与教学内容都有很大不同，此学校的二年级和彼学校的二年级学生水平可能相差很大，而语料库中的全部语料必须有一个统一的水平量表，这样才能方便语料库使用者进行检索。因此课题组将根据语料的语言面貌，参考语料作者目前的汉语学习情况和以前的汉语学习经历统一为每篇语料标注水平等级。为了避免判别的误差，水平等级宜粗不宜细，按照学界的基本共识，分为初级、中级和高级三类。同时，语料库的使用者可以参考作者的学习背景，如写作语料时所在的学校和年级、学习经历等综合使用这一信息。

语料背景信息中的"文体类别"和"话题类别"也由课题组统一标注，以做到体系和分类角度的统一。参照学界的基本共识，并考虑收集到的大部分汉语语料的实际情况，将"文体类别"分为叙述、议论、说明，其中叙述和议论占大部分。"话题类别"分为学习生活、工作情况、个人爱好、生活经历、旅游地理、人物介绍、恋爱婚姻家庭、气候天气、社会文化、教育、交通等。这两项信息的划分比较粗疏，主要是根据所得语料的实际情况而定，不一定符合文章学对体裁和题材分类的严密逻辑。同时，这两项信息的判定不可避免地会带有一定的主观性，但根本目的是为语料库使用者选取语料提供一个大致的框架,并体现语料库的语料在体裁和题材上的基本构成。根据需要,语料库使用者也可在此基础上进行更细致的甄别。

最理想的情况是每篇语料都附带这 27 项信息,但囿于现实条件,常常收集不全。有的信息本身就没有,比如有的学习者没有参加过 HSK 考试。其他一些与学习者有关的个人信息在作者不在场的情况下再去追及也比较困难。针对这一情况,课题组除在语料收集之初强调背景信息的收集外,还将在确定入库语料时优先选择背景信息丰富的语料。

3.2.3 确定入库语料方面

收集到附带多项背景信息的原始语料后,小规模的中介语语料库会按照一定的原则进行抽样,之后确定入库语料。例如早前的"汉语中介语语料库检索系统",其主要做法是"损有余而补不足",兼顾不同种类学生人数和语料来源差别的实际情况,主要考虑因素有作者、第一语言、年龄、话题类别、学时、语料类型等(陈小荷,1997:450—458)。对于"全球汉语中介语语料库"这样的大型中介语语料库来说,我们在考虑上述因素的同时,把工作重点放在"补不足"方面。在语料的收集工作进行到一个阶段后,我们将根据所得语料的情况,对于某些重要属性如国别、语别、水平层次等数量和比例较少的语料进行专门补充;对于数量和比例较多的,将优先选择那些各项背景信息较全的语料,放弃关键信息缺失的语料。而如果多出来的语料各项背景信息都比较齐全,我们可以放在生语料中。对于当今的计算机和网络条件来说,容量已经不是问题,背景信息齐全的语料总会有它可利用的研究价值。作为一个对学习者开放上传语料的语料库建设系统来说，只要语料符合要求、背景信息齐全，我们就没有理由放弃。

3.2.4 语料库检索系统设计方面

中介语语料库的平衡是语料库建设者根据自己的建设理念确定下来的一种固定状态的平衡，但能否满足使用者的个体研究需求无疑具有一定的不确定性。正如黄昌宁、李涓子（2002：29）谈母语语料库时所言，"当前解决语料库平衡问题时大部分建设者采用的还是按题材和体裁等来进行的，由于题材和体裁的分类有角度和层次的不同，因而这方面的平衡问题显然依赖于建库者对观察角度的选择、语料特征的鉴别和分类层次的分析"。这是针对母语语料库而言的，而中介语语料库平衡性涉及的属性因素和属性内部类别的划分更多更复杂，受建库者主观认识的影响也更大。同时随着研究领域的拓展和深入，语料库使用者的关注点也是不断发展变化的，这就势必在建库者的主观认识与使用者个体需求之间产生差异和矛盾。

"全球汉语中介语语料库"将通过设计有利的检索系统来降低这一差异。"全球汉语中介语语料库"的语料检索系统除了可按单个背景信息检索语料外，还将可以合并两项或两项以上的背景信息进行检索，例如可以检索某个国别的语料，也可以检索同时满足某个国别、某个水平层次、某类话题条件的语料。这实际上是根据语料的属性标签确定了多个不同的子语料库，以及不同子语料库的交集语料库。这一措施在语料库总体语料结构的框架下满足了使用者自己定义语料选取范围的要求，是由使用者自己定义的平衡，为语料库使用者进行更精细的研究提供了条件，在一定程度上缓解了建库者的主观认识与使用者的个体需求之间的差异问题。

以上这四个方面是"全球汉语中介语语料库"在建设过程中保证语料库平衡的四个顺序性的阶段,每个阶段都很重要,并且前一个阶段为后一个阶段以及语料库的最终平衡奠定基础。语料库建成后,课题组还将在语料库的使用说明中出具各类型语料的数量和比例的统计报告,以供使用者参考。

四、余论

　　语料库的平衡性是语料库建设中一个全局性的问题,对于大型的中介语语料库来说更是如此。要解决好这一问题,除了有正确的理念引导外,更重要的是在实践操作中贯彻和落实。我们需要认识到,中介语语料库的平衡性追求不可能有一个完美的状态,囿于理论和现实多方面的制约因素,总会有这方面或那方面的缺憾,总会在某方面满足了一部分的研究需要而没有满足另一部分的研究需要。正因为这样,提供条件让语料库使用者自己选择符合特定研究要求的平衡语料就更加重要。要实现这一目标,一是语料库总量要大,各类语料充足,二是语料要附带丰富的背景信息。"全球汉语中介语语料库"在建设过程中的各个环节都努力为实现这一目标创造条件。

参考文献

[1] 陈小荷(1997)"汉语中介语语料库系统"介绍,见《第五届国际汉语教学讨论会论文选》,北京:北京大学出版社。

[2] 储诚志、陈小荷(1993)建立"汉语中介语语料库系统"的基本设想,《世界汉语教学》第 3 期。

[3] 崔希亮、张宝林（2011）全球汉语学习者语料库建设方案,《语言文字应用》第 2 期。

[4] 黄昌宁、李涓子（2002）《语料库语言学》,北京：商务印书馆。

[5] 任海波（2010）关于中介语语料库建设的几点思考——以"HSK 动态作文语料库"为例,《语言教学与研究》第 6 期。

[6] 施春宏、张瑞朋（2013）论中介语语料库的平衡性问题,《语言文字应用》第 2 期。

[7] 张宝林、崔希亮（2013）"全球汉语中介语语料库建设和研究"的设计理念,《语言教学与研究》第 5 期。

附录

语料作者的背景信息：

（1）国籍

（2）年龄

（3）性别

（4）学历

（5）性格类型（外向/内向）

（6）是否华裔

（7）第一语言

（8）熟悉的其他外语

（9）学习汉语的动机

（10）语料写作时的汉语学习学校

（11）进入该校的时间

（12）语料写作时的所属年级

（13）语料写作时使用的主要教材

（14）以前的汉语学习经历

（15）以前使用的主要教材

（16）参加过的 HSK 考试及最近一次的成绩

（17）汉语水平层次（初级、中级、高级）

语料背景信息：

（1）语料产出的条件（考试/课堂练习）

（2）语料产出的方式（命题作文/看图写话/读后写/听后写等）

（3）语料写作时间

（4）语料写作地点

（5）规定写作时间

（6）规定字数

（7）语料长度

（8）评卷老师所给得分

（9）文体类别

（10）话题类别

关于汉语中介语语料库标注规范研究的新思考 *

——兼谈"全球汉语中介语语料库"标注规范的设计

张宝林　崔希亮

一、引言

笔者在 2013a、2013b 两篇文章中就通用型汉语中介语语料库的标注问题进行了比较集中全面的探讨，讨论的问题包括语料标注的原则、内容、方法、代码、流程等，并将其概括为标注模式。

近几年来对语料标注问题又有一些新的研究问世，提出了一些新的观点。例如肖奚强、周文华（2014）主张全面性应"从标的广度、深度、角度和准确度四个维度来思考"。张莉萍（2016：132）、焉德才（2016：119）认为全面性或涵盖性要能"涵盖学习者偏误的各种表现"，"必须确保所有偏误形式都能被标注"。

---

* 原文发表于张亚军、肖奚强、张宝林、林新年主编（2018）《第四届汉语中介语语料库建设与应用国际学术讨论会论文选集》，北京：世界图书出版公司，第 69—81 页。

曹贤文（2013）则认为"由于涉及中介语在准确性、流利性、复杂性和多样性等多个维度以及汉语字、词、句、篇等不同层面的'语言表现'指标非常多，如果语料库中对所有这些指标都进行标注，实际操作中并不可行"。戴媛媛（2016：76）提出"平台标注+用户加工"标注模式，张莉萍（2016：137）提出"TMT+LCC"标注模式。于康（2016：92）介绍的标注软件能够把批改作文、加注正误标签、加注研究用标签集于一体，并具有将加注标签的语料自动转换为 XML 形式的功能。这些认识与做法颇具启发意义，可以促使学界对相关问题进行更为深入的思考。我们在建设"全球汉语中介语语料库"的过程中也遇到了一些新问题，例如句标注的层级设计过于烦琐，并不利于标注实践。在研究和解决这些问题的过程中，我们也形成了一些新的认识。

基于上述情况，本文将对汉语中介语语料库标注规范的相关问题进行一些新的探讨，以期统一认识，形成能为学界广泛接受的语料标注规范，促进汉语中介语语料库的建设与发展。

二、标注原则

通用型汉语中介语语料库的语料标注应贯彻下列原则：

（1）全面性，指语料标注在广度上的内容全面，可以满足汉语教学与研究的多方面需求；

（2）有限性，指语料标注在深度上是有限度的，而并非一标到底，越深越好；

（3）渐进性，指从宏观上看，语料标注是一个边实践边探索的过程，需要不断积累经验，深化认识，逐步积累，最终达于完善；

（4）准确性，指语料标注结果的正确与精准，对各种语言现象的处理符合汉语言文字的相关标准与规范；

（5）系统性，指标注规范及标记代码设计上的层级与体系和使用时的一致性，语料标注结果的一致性；

（6）简洁性，指语料标注应简明扼要，切忌烦琐；

（7）开放性，指在标注过程中遇到新的语言现象可以随时添加到标注规范之中；

（8）自动化，指应积极探索自动标注，凡具备自动标注的层面一律采取自动化的标注方法。

本文对相关问题的探讨均在此八项原则基础上展开，并以之为指导。

三、标注内容

3.1 在标注的广度上，实行以需求驱动为导向的全面标注

3.1.1 全面标注的含义

就笔语语料库而言，全面标注指对字、词、短语、句、篇、语体、语义、语用、修辞、标点符号10个层面进行标注。口语语料库和多模态语料库由母语者进行转写，因而无须进行汉字标注，但须增加语音和体态语等方面的标注。

在标注模式方面，采用"偏误标注＋基础标注"的模式。偏误标注指对语料中各种偏误现象的标注；基础标注指对语料中正确语言现象的标注。之所以采用这一标注模式，是因为偏误标注只能满足偏误分析（Error Analysis）的需求，而只依据偏误分析

的结果是无法对外国人习得汉语的情况形成全面、准确的认识的。这就需要把外国人汉语习得研究从偏误分析提升为表现分析（或称运用分析；Performance Analysis），而进行表现分析的前提就是进行基础标注。

把对正确语言现象的标注称为基础标注，意味着把正确的语言现象视为汉语中介语的基础。这表现了我们对中介语的基本认识与评价：就外国人学习汉语的总体状况和发展趋势而言，正确的语言现象始终为相对多数，占优势，居于主导地位，而偏误现象则是相对少数，处于劣势和从属地位。

进行基础标注要实事求是，根据实际需要，确有必要才进行标注。例如汉字和标点符号、有形式标志的句式如"把"字句、"比"字句等就无须进行基础标注，因为正确的汉字和标点符号可以直接检索，"把"字句和"比"字句根据关键词＋词性（介词）即可查询。而无形式标志和不便查询的句式，如意义上的被动句、存现句、重动句、连动句、兼语句等，则必须进行基础标注，否则就无法检索。

3.1.2 实行全面标注的原因

首先，这是教学上的需要。在汉语中介语语料中，这 10 个方面的偏误都是客观存在的。在教学过程中，都需要进行纠正。

其次，这是研究上的需要。学界对这 10 个层面的偏误现象与习得规律都需要进行研究，其中有的研究较多，例如字、词、句；有的研究较少，例如语篇、修辞、标点符号；有的则很少，甚至还没有什么研究，例如语体、语义和语用，但存在强烈的研究需求。例如对"把"字句语义语用规则研究的需求，早在 20 世纪末就有多位学者提及（例如吕文华，1994：174；张旺熹，

1999：15）。

汉语中介语语料库的建设目的是积极主动、全心全意地为全世界的汉语教学与研究服务，满足教学与研究的多方面需求。因此，语料标注，特别是通用型语料库的标注，应该遵循需求驱动、问题导向的原则，进行全面标注，以满足教学与研究的多方面实际需求。例如早在20世纪80年代初期就有学者指出，留学生的成段表达"话不连贯，语无伦次"（杨石泉，1984）；十年之后，这种情况并无根本性变化，甚至到了四年级，"即使是程度最好的学生"，也是单句正确，"但连接起来总感到别扭，显得罗索，幼稚，层次低，不流畅"（李杨，1993）。可见进行语篇教学与研究的重要性和紧迫性。近20多年来这方面的研究也确实有所加强，例如曹秀玲（2000），王魁京、张秀婷（2001），彭小川（2004），杨春（2004），陈晨（2005），张迎宝（2011），田然（2014）等。修辞格教学在高级阶段教学中自20世纪90年代起即受到关注，并引入教学，但相关研究不多。而周小兵、洪炜（2010）的研究表明，中高级留学生汉语中介语辞格的偏误率并不低。例如"对偶修辞格对于二语学习者而言，蕴含着强大的语言习得和生成功能"，但学生的"对偶句仿写出现诸多偏误"（吴双，2016：135）。吴春相、许慧玲（2016）指出：典型的修辞结构在文学语体中属于高频语言现象，并存在于汉语水平考试的考题中，教材中也不乏修辞格问题，留学生也常常造出与修辞相关的结构，比如"老师真棒，你比狗跑得还快！"等。可见，无论从语言事实还是从教学实际来看，修辞都是十分重要的语言现象，应该加强修辞格的教学与研究。教学及大纲中需要分语体的内容，就应该进行语体方面的研究（参见李泉，2003、2004）。例如商务汉语信函写作中嵌偶单音词的偏误率占16.41%，合偶双音词的偏误率占33.33%，因此在商务汉语教学中就要加强对语体知识的重视，加强语体词汇分级教学（穆雅丽、骆健飞，2016）。而为了最大限度地为这些方面的教学与研究提供服务，就应该进行语篇、辞格、语体等层面的标注。

3.2 在标注的深度上，实行"基于语料库"和"语料库驱动"两种研究范式理念相结合的浅层标注

3.2.1 "基于语料库"和"语料库驱动"两种研究理念

语料库语言学阵营内部存在基于语料库的（Corpus-based）研究和语料库驱动的（Corpus-driven）研究两种范式（梁茂成，2012）。其主要区别如下：

（1）对语料库语言学的基本性质与研究目的认识不同。"语料库驱动"的研究范式认为，语料库语言学是一门独立的学科，摆脱任何已有的语言分类体系和研究框架，甚至反对利用语料库之外（Corpus-external）的任何理论前提，从真实数据出发，对语言进行全新的描写（Togninibonelli，2001：99）。"基于语料库"的研究范式认为，语料库语言学并非一门独立的学科，而是一种研究方法，不排斥外部理论，目的在于验证已有假设和理论（Gries，2010；McEnery & Hardie，2012；McEnery & Wilson，2001）。（梁茂成，2012）

（2）研究所依据的数据不同。"语料库驱动"的研究范式主张"相信文本"，视语料库为语言研究的唯一数据源，反对使用其他形式的数据。相反，"基于语料库"的研究范

式并不反对使用语料库之外其他形式的数据（如通过各种诱发手段获取的数据）。（梁茂成，2012）

（3）对语料的处理不同。"语料库驱动"的研究范式反对语料库标注。基于语料库的研究标注不但必不可少，还要不断增加其深度和广度。（梁茂成，2012；李文中，2012）

（4）二者的根本区别，是如何对待语料库语言学以外的理论或模型，"基于语料库"的研究主张通过语料库验证有所继承和发展，"语料库驱动"的研究渴望突破现有理论的窠臼，采用全新的视角和方法建构新语言学理论。（李文中，2012）

3.2.2 浅层标注的含义

"'基于语料库'和'语料库驱动'两种研究范式理念相结合"的含义，一是吸取"语料库驱动"研究的目标理念，从真实数据出发，对语言进行全新的描写，突破现有理论的窠臼，采用全新的视角和方法建构新的语言学理论，而不仅仅是验证已有的假设和理论。二是由于不对语料进行标注，从生语料库中所能获取的语言信息将十分有限，无法为教学和研究提供收集和检索语料的方便与快捷，因而要借鉴"基于语料库"的方法和理念，对语料进行标注。而为了不使研究落入"验证已有的假设和理论"的窠臼，在标注的深度上又不做过多的标注，而只做很少层次的标注。

例如句标注，在"全球汉语中介语语料库"标注规范的研究与标注实践中我们认识到，为了避免标注过于烦琐，宜只做句式一个层次的标注。某些有必要标注出来的句类、句型如双重否定句、形容词谓语句也将其"降级"到句式层次标注，某些下位句式又将其"升级"到上一个层次，例如是非疑问句、特指疑问句、正反疑问句、选择疑问句等均作为不同句式处理，而不是先标注疑问句，再对其4种下位句式进行标注。这样处理的好处是把句类、句型、句式等3个层次（如果再加上各个句式的下位句式，则是4个层次）的立体化标注简化为句式一个层次的扁平化标注。这样做不仅对教学和研究没有任何不良影响，还贯彻了简洁性原则，避免了叠床架屋式的烦琐标注。而对口语、多模态语料的语音标注，也只标出声、韵、调、轻声、儿化、停顿、重音的偏误，不再对其内部情况做更深、更细的标注。

3.2.3 实行浅层标注的原因

1）语料库的根本作用决定了只能进行浅层标注

近20余年来，汉语中介语语料库在面向外国人的汉语教学研究和习得研究中发挥了很大作用，取得了十分显著的研究成果，极大地促进了量化研究的发展，促进了定性分析与定量分析的结合，促进了研究模式的转变。这些成果充分证明"语料库是语言知识的宝库，是最重要的语言资源"（冯志伟，2006：14）。"从某种意义上说，语料库的使用，是语言学研究的一次革命性的进步。"（冯志伟，2006：14）但是归根结底，语料库只是"储存语言材料的仓库"（黄昌宁、李涓子，2002：1）。其根本作用只是为语言研究、语言教学研究和习得研究提供收集和检索语料的方便，而不是代替对这些语料的研究。这也就决定了研究者通过语料库能够查询到其所需要的语料即可，例如通过语料库可以十分便捷地查询到"把"字句、"被"字句等各种句式的语料即可。至于各种句式的下位分类、偏误的类型与原因等，是不需要标注的，因为那恰恰是研究者要做的工作，是他们的研究内容，既不需要也不可能由语料库及其建设者代庖。

2）片面追求标注深度的做法缺乏可行性，可能还不符合研究者的需要

对语言现象的深度标注建立在分类的基础上，而学界对语言现象分类不一致的情况比比皆是，从而使深度标注失去依据。例如"把"字句是学界主流观点公认的教学难点，由于对其下位分类的认识并不一致，因而难以进行下位句式的标注。崔希亮（1995）从句法结构形式上将"把"字句分为两大类型：典型形式和其他形式，前者指的是 VP=VR 或 VP 包含 VR；后者包括四类：VP=（AD）+一+V；VP=（AD）+V（+一）+V；VP=（AD）+VR（R是动量补语）；VP=0 或 Idiom 或单个 V。而范晓（2001）将"把"字句分为光杆动词式、动体式、动结式、动趋式、动介式、动宾式、动得式、动量式、动副式、状动式等十种类型。究竟应该根据哪位研究者的分类进行下位句式的标注？这是一个两难选择，无论选取哪种分类，对主张另一种分类的学者来说，在利用语料库进行研究时，都不仅不能给他们提供方便，反而会增加困扰。而实际上，问题远比这更为复杂，因为"把"字句还有更多的不同分类。其他一些句式也是如此。

3）深层标注会加大标注员的劳动强度，加重标注结果的不一致性，进而影响标注质量

从目前的实际情况看，计算机所能承担的自动标注内容很少，主要是自动分词和词性标注，其他语言层面的标注内容皆需人工标注，标注员是语料标注的主要承担者。在标注过程中，他们会受到标注量、标注难度、标注时间、自身身体情况和精神状态的影响。

如果其承受的负担太重，则不但难以完成标注任务，而且会严重影响标注质量。从偏误语料的角度看，有些偏误确实很复杂，很难得出一致的认识与判断，因而会损害标注的准确性与系统性。例如：

（1）去了理个发。（高玮，2016）

句中的"了"属偏误用法，这是显而易见的。但如何判定其偏误属性，也就是该偏误的下位分类却很难确定：是"了"的错序？还是误加"了"？或是"理"的后边遗漏另一个"了"？抑或是从句子的角度判定为连动句的偏误？似乎都可以。但究竟如何判定，如何确保标注结果的一致性，颇费踌躇。

（2）还表演了三年多。（应为：还学了三年表演）（高玮，2016）

该偏误视为"表演"误代"学"，遗漏"学"，"表演"错序，误加"多"似乎也都可以，难以做最终判断，也难以保证标注的一致性。

因此，作为语料标注，只需把这些偏误句标注出来即可。至于下一步的分析与判定，应该交给研究者处理，而不应给标注员增加这种额外的负担。这样也就避免了标注时出错的概率，有助于提高标注的准确性。

3.2.4 不同类型的语料库在标注深度上可以有不同的处理方式

语料库标注的深度，即在标注中包括哪些信息，取决于研究者的设计目标和研究需求。一个语料库既可以不加任何标注，也可以添加多层多次标注（梁茂成、李文中、许家金，2010：38）。例如同样是汉字标注，通用型语料库只需标明错字、别字、多字、繁体字、异体字、拼音字等，即语料库只为研究者提供检索错字的方便，而不对错字做进一步的具体分析，"HSK 动态作文语料库""全球汉语中介语语料库"都是这样做的。专用型的汉字偏误语料库因其本身就是对汉字偏误的专门研究，故需对错字进行更细致的标注。"汉字偏误连续性中介语语料库"就是"一个专门的错字数据库"（张瑞朋，2013）。

综上所述，对语料进行浅层标注是语料库的根本性质所决定的，汉语本体研究的现实情况也表明只能进行浅层标注。浅层标注还可以简化标注的繁难程度，提高标注的准确性；能够进一步明确语料库建设研究与语料库应用研究的界限与不同职责所在，进而推动语料库建设与应用研究的深入发展，更好地为教学与研究服务，因此是非常有益的。

四、标注方法

4.1 多版标注

4.1.1 多版标注的具体做法

指对字、词、短语、句、篇、语体、语义、语用、修辞、标点符号10个层面分别进行标注，一个层面一版，加上生语料版，共计11版。

4.1.2 多版标注的优越性

①打通通用型语料库建设和专用型语料库建设的绝对界限，将二者合二而一。每版只标注一个层面的内容，是一个专用型语料库；多版聚合起来是一个通用型语料库。

②贯彻渐进性原则，每个层面的标注内容可以根据时间、人力、财力、汉语本体研究和语料库建设水平的发展与提高，分阶段进行更加深入的标注，使其更加完善。

③化解了对某些语言现象进行标注时"从大"还是"从小"的问题。笔者（2013b）认为，对于那些可以视为不同性质与类型的偏误应按照"从大"原则加以处理；而肖奚强、周文华（2014）则认为应按照"从小"的原则进行标注。应该说，这是一个基于不同着眼点的选择取舍问题，并没有绝对唯一的答案。而根据多版标注的做法，对同一个语言现象，在不同版中，可以进行不同层面与不同角度的标注。例如：是字句缺"是"，有字句缺"有"，在词标注版中标为缺词，在句标注版中则可以分别标为缺述语和句式偏误。"从大""从小"之争可以休矣。

④避免标注信息混杂，则使用更加方便。如果在同一版语料中进行多层面内容的标注，语料中加入了太多的代码与符号，会使语料变得繁杂混乱，难以卒读。例如我们曾经为了进行自动标注研究的方便，在"全球汉语中介语语料库"的语料标注中把词标注、短语标注、句子成分标注放在同一版语料中，结果呈现为如此面貌：

【现在/nt】｛Jzy1｝【随着/p科学/n的/u发展/v】｛Jzy2｝｛CZjb｝【产生/v】｛Jsy｝了/u【更/d多/a】｛Jdy1｝｛CZzz｝｛CZx｝的/u以前/nt没有/v听到/v】｛Jdy2｝｛CZzz｝｛CZd｝的/u【噪声/n】｛Jsy｝#，/w【汽车/n喇叭/n声/和/c电话/n铃声/n】｛Jzhuy｝｛CZIh｝｛CZm｝【也是/d】｛Jzy｝【属于/v】｛Jsy｝【这/r种/q】｛Jby｝｛CZs1｝｛CZm｝#，/w【这些/r】｛Jdy1｝｛CZs1｝｛CZm｝【因为/c科技/n的/u发展/v产生/v出来/vd】｛Jdy2｝｛CZzz｝｛CZd｝的/u[-zhuy]，/w【应该/vu】｛Jzy1｝【通过/p科技/n】｛Jzy2｝｛CZjb｝【来/vd解决/v】｛Jwy｝｛CZld｝｛CZd｝#。/w

这样进行标注，语料难以阅读，更难以应用。如果把10个层面的标注内容都加上，结果将更加混乱不堪。

从研究的角度看，对于研究某一语言层面（例如词）的教师、学者来说，其他层面内容（例如字、句、篇等）的标注属干扰信息，在一定程度上会影响其研究。虽然可以在显示界面上设置赋码显示开关，使用者可以选择显示或不显示某些标注内容，但实际上文本已经被赋码改变了（李文中，2012），使用上仍难免出现种种问题与不便，不如分版标注来得彻底，可以避免所有其他赋码可能带来的问题与影响。

据我们所知，目前还没有语料库采用这样的多版标注方法。因此，这一方法可以视为汉语中介语语料库建设中的一个创举。

4.2 部分层面内容的自动标注

自动标注具有极高的标注速度与标注结果的一致性，可谓最好的标注模式。限于中文信息处理的水平，从目前来看，全面的自动标注还较为遥远，但完全可以利用现有条件，进行部分层面的自动标注。

我们在"全球汉语中介语语料库"的建设中在这方面进行了一些努力与尝试，已经取得了初步的研究成果。例如利用自行研制的标注工具，已实现繁体字、异体字的自动标注，标注效果非常好、非常准确，超过人工标注的准确性。利用教育部语言文字应用研究所的标注系统，已经实现了分词与词类的自动标注，虽需人工检查修正，但还是比人工标注要好得多。目前，课题组正在做语体、错序词、固定搭配的自动标注研发。下一步，课题组将要进行标注代码的 XML 语言的自动转换、基于距离算法的自动标注、基于训练语料的自动标注的研发。

4.3 口语／多模态语料的转写和语音标注同步进行

在汉语中介语语料库建设中，口语库的建设滞后，多模态库的建设更为滞后。原因之一是语料的转写困难，口语库是语音到文字的转写和标注，多模态库还要加上体态语的转写和标注。

为了节省人力，提高效率，笔语语料库的文字转写工作可以交给录入公司承担。而口语库和多模态库"由于语音标注完全需要人工完成，而且要求标注者具有相当高的语音听辨能力和语音学水平"（崔刚、盛永梅，2000），只能由语言学专业人员来承担。又因为在转写时必须对语音进行听辨，在进行语音标注时也要对语音进行听辨，如果分为两次进行，那是十分不经济的。因此在对口语语料和多模态语料进行转写时，必须同步进行语音标注，以取得最佳成本效益。

五、结语

（1）语料标注是语料库建设的关键环节，在相当程度上决定着语料库的功能与使用价值，值得持续研究并使之不断深入。这一问题已引起学界的高度重视，相关研究论文增多，对相关问题的认识不断深入，对语料库建设与研究有很大的启发意义和促进作用。

（2）我们在研制"全球汉语中介语语料库"标注规范的过程中，遇到了一些新问题，通过研究与实验，得到了一些新的认识，在标注的原则、内容、方法上提出了新的观点与主张。需求驱动，问题导向，吸取"基于语料库"和"语料库驱动"两种研究范式理念的长处并将二者结合，是我们在标注内容和标注方法上的核心理念。我们期待这些新认识能够引起学界的关注与深入探讨，并最终提高语料库建设水平。

（3）标注原则集中体现了语料库建设者和研究者对建库目的和语料标注的根本认识，制约着标注规范的制定和语料库的建设水平。在汉语中介语语料库的语料标注中究竟需要哪些原则，应该如何理解这些原则，到目前为止，尚无统一的认识，这对语料库的建设与应用十分不利。因此，需要进一步展开更加深入的研究，尽快达成一致的认识，以促使学界公认的标注规范的尽快形成。

参考文献

[1] 曹贤文（2013）留学生汉语中介语纵向语料库建设的若干问题，《语言文字应用》第2期。

[2] 曹秀玲（2000）韩国留学生汉语语篇指称现象考察，《世界汉语教学》第4期。

[3] 陈晨（2005）英语国家学生中高级汉语篇章衔接考察，《汉语学习》第1期。

[4] 崔刚、盛永梅（2000）语料库中语料的标注，《清华大学学报（哲学社会科学版）》第1期。

[5] 崔希亮（1995）"把"字句的若干句法语义问题，《世界汉语教学》第3期。

[6] 戴媛媛（2016）"非汉字文化圈国家学生错别字数据库"网络应用平台建设研究，见林新年、肖奚强、张宝林主编《第三届汉语中介语语料库建设与应用国际学术研讨会论文选集》，北京：世界图书出版公司。

[7] 范晓（2001）动词的配价与汉语的"把"字句，《中国语文》第4期。

[8] 冯志伟（2006）《应用语言学中的语料库》，北京：世界图书出版公司。

[9] 高玮（2016）中介语语料库篇章偏误的标注研究，第四届汉语中介语语料库建设与应用国际学术研讨会论文，扬州。

[10] 黄昌宁、李涓子（2002）《语料库语言学》，北京：商务印书馆。

[11] 李泉（2003）基于语体的对外汉语教学语法体系构建，《汉语学习》第 3 期。

[12] 李泉（2004）面向对外汉语教学的语体研究范围和内容，《汉语学习》第 1 期。

[13] 李文中（2012）语料库标记与标注：以中国英语语料库为例，《外语教学与研究》第 3 期。

[14] 李杨（1993）《中高级对外汉语教学论》，北京：北京大学出版社。

[15] 梁茂成（2012）语料库语言学研究的两种范式：渊源、分歧及前景，《外语教学与研究》第 3 期。

[16] 梁茂成、李文中、许家金（2010）《语料库应用教程》，北京：外语教学与研究出版社。

[17] 吕文华（1994）《对外汉语教学语法探索》，北京：语文出版社。

[18] 穆雅丽、骆健飞（2016）商务汉语信函写作的语体特点及其产出研究，北京语言大学第十一届科研报告会论文，北京。

[19] 彭小川（2004）关于对外汉语语篇教学的新思考，《汉语学习》第 2 期。

[20] 田然（2014）"对外汉语语篇语法"研究框架的探索，《宁夏大学学报（人文社会科学版）》第 1 期。

[21] 王魁京、张秀婷（2001）浅论对汉语学习者的"句群表达能力"的培养，《语言文字应用》第 4 期。

[22] 吴春相、许慧玲（2016）从语法和修辞的界面看相关语言结构的创

新和演化——兼谈对外汉语教学语法体系的动态调整,《国际汉语教学研究》第 3 期。

[23] 吴双(2016)二语学习者仿写对偶修辞格对其汉语作文影响分析,见北京语言大学科研处编《北京语言大学第十届科研报告会论文选》,北京:北京语言大学出版社。

[24] 肖奚强、周文华(2014)汉语中介语语料库标注的全面性及类别问题,《世界汉语教学》第 3 期。

[25] 禤德才(2016)试论汉语中介语语料库偏误标的层次及其偏误类型,见林新年、肖奚强、张宝林主编《第三届汉语中介语语料库建设与应用国际学术研讨会论文选集》,北京:世界图书出版公司。

[26] 杨春(2004)英语国家学生初级汉语语篇照应偏误考察,《汉语学习》第 3 期。

[27] 杨石泉(1984)话语分析与对外汉语教学,《语言教学与研究》第 3 期。

[28] 于康(2016)"TNR 汉语学习者偏误语料库"的开发与实践,见林新年、肖奚强、张宝林主编《第三届汉语中介语语料库建设与应用国际学术研讨会论文选集》,北京:世界图书出版公司。

[29] 张宝林(2013a)通用型汉语中介语语料库的标注模式,见中国应用学会编《第七届全国语言文字应用学术研讨会论文集》,湘潭:湘潭大学出版社。

[30] 张宝林(2013b)关于通用型汉语中介语语料库标注模式的再认识,《世界汉语教学》第 1 期。

[31] 张莉萍(2016)TOCFL 学习者语料库的偏误标记,见林新年、肖奚强、张宝林主编《第三届汉语中介语语料库建设与应用国际学术研讨会论文选集》,北京:世界图书出版公司。

[32] 张瑞朋（2013）三个汉语中介语语料库若干问题的比较研究，《语言文字应用》第 3 期。

[33] 张旺熹（1999）《汉语特殊句法的语义研究》，北京：北京语言文化大学出版社。

[34] 张迎宝（2011）对外汉语篇章教学的研究现状与存在的问题，《汉语学习》第 5 期。

[35] 周小兵、洪炜（2010）中高级留学生汉语中介语辞格使用情况考察，《世界汉语教学》第 4 期。

[36] Gries, S. (2010) Corpus linguistics and theoretical linguistics: A love-hate relationship? Not necessarily... *International Journal of Corpus Linguistics* 15 (3).

[37] McEnery, T. & Hardie, A. (2012) *Corpus linguistics: Method, Theory and Practice.* Cambridge: CUE.

[38] McEnery, T. & Wilson, A. (2001) *Corpus linguistics.* Edinburgh: Edinburgh University Press.

[39] Tognini-Bonelli, E. (2001) *Corpus linguistics at Work.* Amsterdam: John Benjamins.

汉语中介语语音库的文本设计 *

王 玮　张劲松

一、引言

在大数据背景下，随着新的语料库研究时代的到来，语言描写和研究的范式将全面升级（许家金，2017）。二语语音习得研究存在同样的发展趋势，通过中介语语料库，学者们能够发现更多的研究问题，更全面、更概括地描述学习者语言使用情况，更客观地验证相关理论（Biber et al., 1998/2012：108）。另外，集成语境信息丰富、规模庞大的中介语语料库也是计算机辅助发音教学（CAPT）技术发展所需的重要资源（曹文、张劲松，2009）。

受二语语音习得研究和 CAPT 技术研发需求的驱动，国际上已涌现出不少中介语语音库，如德国汉堡大学的"ISLE"收集意大利语母语者和德语母语者的英语发音（Menzel, 2000），重点考察学习者语流层级的音段和词重音；德国比勒菲尔德大学的"LeaP"收集德语学习者与英语学习者的中介语音，重点关注

---

* 原文发表于《世界汉语教学》2019 年第 1 期。

韵律问题（Gut，2007）；香港中文大学的"CU-CHLOE"主要关注英语学习者的音段表现（Meng et al.，2007）；东京大学的"Tokyo-Kiku-ko"考察日语学习者的音段和语调问题（Kikuko，2004）等。对汉语而言，已公开发表的以汉语普通话为目的语的中介语语音库主要有："汉语中介语语音语料库"（简称"301库"）（曹文、张劲松，2009）、"iCALL"（Chen et al.，2015）、"口音汉语在线"（冉启斌、顾倩、马乐，2016）等。

上述语音库不是简单地将学习者的音频样本集合在一起，而是力图展现学习者在某一方面或多个方面的语音特征和语音变异的范围。由于语料库的内容范围决定研究问题种类和结果的普遍性（Biber et al.，1998/2012：153），在文本设计阶段就要计划好语音库所涵盖的录音内容。本文拟构建的语音库主要服务于汉语语音习得研究，同时兼顾CAPT对数据的需求，因此，本文的语音库要能够包含汉语作为二语的语音习得研究可能涉及的重要方面。

在二语语音习得领域，学者们关注的语音层级和现象越来越丰富：从音素、词、短语（Teixeira et al.，1997）到句子、篇章（Menzel，2000；Kikuko，2004），从音段、超音段到节奏、停顿等韵律现象（Tseng & Visceglia，2010），从语音产出的正确度（Meng et al.，2007）到自然度（Gut，2007；Tseng & Visceglia，2010），从单一母语背景到多种母语背景（Wang & Lee，2012；Chen et al.，2015）。汉语作为二语的语音习得研究虽然还没有这样丰富，但如果按照以上内容要求设计，语音库将能更好地满足汉语语音习得研究的发展需求。此外，文本设计还应结合汉语语音系统的特点。汉语是典型的声调语言，从汉语语音特点出发,声调是需要特别关注的语音现象。目前学者们不仅研究学习者在单音节层级的孤立声调(边卫花、曹文,2007;李倩、曹文,2007;王韫佳、邓丹,2009;金哲俊,2014)、双音节层级的声调组合(王功平、周小兵、李爱军,2009;Ding, 2012; Zou et al., 2012; Chun et al., 2015),更关注连续语流层级的声调(Guo & Tao, 2008;严彦,2010;刘艺,2014)、韵律(陈默,2013)以及连续语流中的声调与其左右音节声调之间的关系(Zhang & Nakamura, 2008)。

要包含上述各类研究的关注点,汉语中介语语音库文本应涵盖汉语语音系统中的各个层级以及各种语音要素。除了这种全面性的要求外,还要兼顾CAPT对特征丰富的话者集合的需求,主要体现在:发音水平多样化、母语背景丰富、每种类型话者数量大、标注数据充足(Carranza et al., 2014)等。

上述两种要求在语音库构建工作中往往呈现为矛盾的两个对立面:全面的语音要素意味着庞大的录音文本,单个被试更长的录音时间,以及后期繁重的加工标注工作量。在语音库构建成本有限的情况下,话者人数必然与录音文本大小成反比关系。在此前的汉语中介语语音库构建工作中,对这一问题的研究还需完善。我们的研究工作提出了一套面向汉语中介语语音库构建的录音文本方案,该方案在严格控制文本集合大小的前提下,最大限度地涵盖丰富的汉语语音要素,从而在一定程度上解决了这一矛盾。本文旨在介绍这一文本设计思想和结果。

我们的文本方案除了收录面向教学基本需求的单音节、音韵平衡双音节文本外,还包含一个覆盖音段、声调、调联三音子、焦点、语调且文本难度适中、音韵丰富的最小句子集合,这个句子集合通过计算机算法从对外汉语教材语料库中搜索产生。下文分别从要求、方法、结果三个方面对该录音文本方案进行介绍。

二、汉语中介语语音库文本设计的要求

基于前文所述汉语语音习得研究和 CAPT 的需求，汉语中介语语音库文本设计遵循以下总体要求。

2.1 孤立语境下的语音要素

对于初学者而言，"字"音是汉语语音学习的基础（林焘，1996）。在入门初期就直接训练学习者如何在语流中感知和产出某个声调、某个声韵母组合等是不现实的。如同其他技能的训练一样，汉语语音习得也需要一个由分解到综合的过程（程棠，1996）。对于初级汉语学习者，先学好孤立环境下的声、韵、调，是学习语流音变的基础。因此，汉语中介语语音库首先要关注孤立语音环境下的声韵调。

2.2 语流音变

20 世纪 70 年代起，学者们认识到"字音"的准确产出无法直接保证语流产出的自然流畅，于是开始重视语流教学法（程棠，1996）。学者们不仅从理论上阐释了语流教学的重要性（赵贤州、李卫民，1990：57），而且在对外汉语教材的编写中加入了在语流中学习语音的环节。但是，在实际教学中语流教学仍然是汉语语音教学中最薄弱的环节（林焘，1996；鲁健骥，2010）。其主要原因可能为：语流中各音节的声学表现并不是诸如音素、音节或词等各种语音单元的简单机械的串联，而是按照一定的规则结合和变化的有机体系。在这个体系里，各个相邻语音单元之间由

于协同发音的作用而相互套叠、彼此渗透，从而形成了语音的种种环境变化（曹剑芬，1996）。这种环境音变复杂多样，增加了语流中各种语音现象的研究难度，进而影响了语流教学。因此，汉语中介语语音库必须关注语流层级的音变现象，即一个语音要素与其相邻语音单元之间的关系。

2.3 语调

汉语声调的音高实现除受到相邻声调的影响之外，也受到语调的调节（沈炯，1985）。对于汉语学习者而言，想要从根本上解决"洋腔洋调"问题，不仅要掌握不同语音环境下声调间协同发音现象，也需要了解不同语调调节下声调的表现。另外，汉语语调有不同于非声调语言的特征，它既与声调相互影响，又具有自己独立的音高系统（沈炯，1995），语调也是外国学生汉语语音学习的难点。因此，在设计文本时，涉及一些教学常用的语调是有必要的。

2.4 文本量

语料库录制费时费力。录音时长过长，一则消耗发音人和监听人的精力与耐心，不利于保证录音的质量，二则增加单位发音人的时间费用等成本，导致同样预算下可采集的发音人数量减少、语音库规模减小。控制文本量就相当于控制成本，因此，设计冗余度低的发音文本相当关键。发音人需要朗读的语句适量，既能保证录音质量的稳定，又可节省录音及后期标注成本，在预算不变的情况下，可获得更多的发音样本和标注数据。

2.5 难度

中介语语音库主要采集的发音人为外国留学生，他们对文本的理解程度会影响其语音产出的准确性。因此，为得到发音人最真实的语音表现，不论哪个单位层级的录音文本都不应包含过于复杂的汉字、词汇、语法等内容，确保汉语初学者能够认读和理解大部分内容。另外，由于留学生学习的是汉语普通话，还需要注意文本所覆盖的语音现象是汉语普通话中存在的，而不是方言里独有的现象。

三、BLCU-SAIT 语音库文本的设计方法

本语音库由北京语言大学（BLCU）智能语音习得技术实验室（SAIT）建设，因此简称为"BLCU-SAIT"语音库，其录音文本整体包括单音节、双音节、句子、短文4个层级，各层级间相互独立。本节主要介绍录音文本设计的重点内容以及各层级文本的设计思想。

3.1 BLCU-SAIT 语音库文本的重点

BLCU-SAIT 语音库录音文本中，单双音节关注孤立语境下汉语基本语音要素的全面覆盖，短文直接采用了传统语音语料库中的常用文章，其中的句子文本是本语音库设计的重点。句子文本的主要关注点包括声调音子组合、停顿、焦点、语调、整句浊音和同声调句。

3.1.1 声调音子组合

目前语音学界和言语工程学界普遍采用双音子或三音子（曹剑芬，1996）反映随环境而变的语音现象。"三音子"考虑一个音子左右两边的语音环境（Lee，1990），包括音子本身以及和它左右相邻的音子之间的过渡段。由于汉语普通话中的音段三音子组合数量庞大（Zhang & Nakamura，2008），不可能在有限句

子数量下全面覆盖，且语流中的声调是汉语语音教学难点，也是导致汉语学习者"洋腔洋调"形成的原因（林焘，1996），因而本语音库目前只关注声调音子组合，包括声调三音子和双音子。

声调三音子就是三个相邻音节声调的组合形式，它包含了传统的三字调，但更关注中间核心声调与其左右两边声调的组合，例如"T3T4T1（打印机）"（中间的 T4 代表核心声调），核心声调"T4"同时受到左边声调"T3"和右边声调"T1"的影响，三者共同组成一个三音子组合。若将轻声也包含在内，汉语普通话中的三音子组合在理论上有 125 类。声调双音子是两个相邻音节声调的组合形式，以左边音节为核心声调与以右边音节为核心声调的双音子各有 25 个。再加上包含轻声在内的 5 个孤立声调和上述 125 个三音子，声调的音子组合在理论上一共有 180 类。

3.1.2 停顿

在语流中，只考虑声调三音子组合种类不足以覆盖所有的语音动态变化，"停顿"也是需要考虑的重要韵律现象。停顿的位置以及实现方式会体现出话语的韵律结构，进而影响话语意义的传达和理解（熊子瑜、林茂灿，2001）。对于汉语学习者而言，学会在正确的位置以恰当的方式停顿是掌握汉语韵律表达、减少"洋腔洋调"的重要途径。因而，BLCU-SAIT 语音库不仅关注声调音子组合种类的全面性，也关注组合间的停顿现象。例如，若不考虑停顿，"老板不回来（T3T3T4T2T2）"这句话的三音子组合种类有"T3T3T4、T3T4T2、T4T2T2"三种，其中"T3T3T4（老板不）"表示中间的 T3 同时受到左边 T3 和右边 T4 的影响。而在实际话语中，"老板"和"不"分属不同的韵律短语，它们之间有短暂停顿，即此处 T3 的右边不是 T4，而是由停顿带来的静音段，这句话的声调音子组合实际上有"T3T3（老板）"和"T4T2T2（不回来）"两种。可见，若不考虑停顿，将"老板不"作为"T3T3T4组合"采样点，不符合话语的实际产出，将致使文本遗漏真正的"T3T3T4组合"。因此，在设计文本时考虑停顿可以更加全面、准确地收集到各种声调音子组合。同时，由于三音子组合前后都有停顿，无需再另外设计单独的三字调文本。

3.1.3 焦点和语调

句子将主要由无焦点陈述句组成。为了方便研究者深入考察学习者"洋腔洋调"问题，句子文本涉及教学中常见的语气语调和焦点重音。语气语调通过增加疑问和感叹两种句型实现，焦点重音以"同文异焦"（曹文，2010：5）形式展现。

3.1.4 整句浊音和同声调句

部分韵律研究中，需要整句话的基频曲线连贯、无间断（Fujisaki，2004），即句中每个音节都必须是全浊音。要满足此类研究的要求，需设计每个音节都是浊音声母或零声母的句子。另外，教学中常通过同声调的句子训练学生对汉语声调的感知和产出，因而，也有必要使文本包含每个音节都是相同声调的句子，而且这种句子还能够包含不同组合类型的上声变调。

3.2 BLCU-SAIT 语音库文本设计思想

3.2.1 句子

句子文本的主要关注点通过两个子文本来实现：一是音韵丰富的子文本，主要覆盖带停顿信息的声调音子组合和声韵母；二是同文异焦的子文本，主要覆盖上述语调及不同焦点。两个子文本的具体设计思想如下：

首先，自动搜索录音文本。为满足以最小句子集合覆盖最丰富声调音子组合，兼顾停顿现象、文本难易适中、选出整句浊音的句子等条件，我们选择十三本对外汉语教材作为母语料库，通过程序给母语料库中的每句话做自动韵律切分，辅以人工检查，再借助计算机算法从带韵律边界的母语料库中自动搜索句子（Wu et al., 2016），搜索采用优化后的贪心（least-to-most-ordered）算法（Zhang & Nakamura, 2008）。对于母语料库中覆盖不了的少量音子组合，我们又分别从一个电视访谈语料库和一个2011年的人民日报语料库中搜索得到。搜索出的句子分为三种：普通陈述句、声母全为浊音的陈述句以及全句声调一致的陈述句。这些句子是音韵丰富的子文本，它们承载着所有声调音子组合。

其次，人工检查文本。程序给出的韵律边界不一定准确，需要人工检查。人工检查一旦发现不准确的韵律边界，则取消该边界覆盖的目标音子组合，然后再从母语料库中重新搜索具有该目标音子组合的句子。这一过程要重复多次，直到所有目标音子组合都被覆盖。最后，再由人工对过于短小的句子在不影响边界的情况下进行合并，使句子总量减少到最低。

最后，人工补充句型。计算机自动搜索出的音韵丰富的句子均为无焦点的陈述句，我们选用其中全句声调一致的4个句子，将其作为基础，变换句型和焦点。转换的句型有疑问句和感叹句两种，每种句型中的句子再分为焦点位置不同的同文异焦句。例如，将全阴平的句子"今天星期一"转换为疑问句"今天星期一？"和感叹句"今天星期一！"，再给这三句话分别设计位置不同的焦点，形成同文异焦句："今天星期一。""今天星期一。""今天星期一？""今天星期一？""今天星期一！""今天星期一！"，转换后的句子集合构成同文异焦的子文本。

3.2.2 单音节

首先，统计声韵母组合数量。第6版《现代汉语词典》音节表中普通话的声韵母组合种类为414个，除去使用频率不高的，如"ê、m"等，共计407个。

其次，确定带调音节。在407个声韵母组合中，只有大概44%的组合四个声调都齐全。为排除音段对声调的影响，声调实验常常将音段作为控制因素，使待考察的音节声调不同而保持音段一致。虽然可以从自然音节中选择四个声调都齐全的带调音节，但若继续考察多种音段对声调的不同影响，便无法从自然音节中得到足量的四声齐全的声韵母组合。为避免这种情况，本文的解决方案是：为缺失某个声调的声韵母组合补充该声调，使该组合声调平衡。声调不全的声韵母组合大多数只缺失1—2个声调，从现实意义出发，本文不为缺失三个声调的组合配齐四声，例如"kuo"这种声韵母组合只有四声"kuò"这个自然的带调音节，字表中不会出现"kuō、kuó、kuǒ"三种非自然带调音节。

最后，匹配汉字。录音文本最后以汉字和拼音同现的形式呈现，为控制难度，每个音节优先匹配HSK1—6级词汇表中的汉字，若词表中有多个汉字可与该音节相对应，则选择其中等级最低的。

3.2.3 双音节

首先，确定声调组合类型。双音节声调组合覆盖16种声调基本搭配，如T1+T1、T1+T2……T4+T4；也包含四声与轻声的4种搭配，如T1+T5等，共计20种声调组合。

其次，确定拟覆盖的音段。在20种声调组合内部实现声母、韵母的全面覆盖。若像单音节一样保证每种声调组合下都有相同种类的音段，则双音节数量将过于庞大。因而双音节文本重点关注声调组合的全面性，兼顾汉语语音系统中的所有声韵母，以保证学习者在声母和韵母方面存在的普遍难点（如 z、iu 等）能被全面覆盖。同时，我们也会尽量让鼻音韵尾、送气音、不送气音、介音等汉语语音系统中较为独特的音段现象相对丰富一些，使其出现在尽量多的声调组合中。

再次，初选词语。将 HSK1—6 级词汇表作为来源，从中选择符合以上条件的双音节词语。当词汇表中没有符合条件的词语时，从其他文本语料库中选取。

最后，控制频次。初选出的词语声调组合出现频率差异很大，如 T4+T4 的出现率最高，T2+T3 的出现率最低。这意味着，假如我们不做控制，可能选 100 个词语，15 个都是 T4+T4，只有 3 个 T2+T3 词语。为保证每种声调组合类型在后期研究中都有相对充足的样本，本文控制了频次分布，使每种声调组合的词语数量都在 15 个左右。

3.2.4 短文

短文拟作为资料库储备，未做特别设计，选择的是大多数语音库采用的《北风和太阳》。

四、文本的声韵调统计

上述录音文本的声韵调分布信息统计如下。

4.1 句子

4.1.1 音韵丰富的 103 句

通过算法自动搜索的音韵丰富的句子，经人工检查及合并之后，共计103个，详见附录2。以往语料库文本多采用人工造句的方法，而301库是迄今为止我们能够查阅到的经过专门设计的最大的汉语中介语语音语料库。因此，我们将BLCU-SAIT句子集合与301库的句子集合进行对比，结果如表1所示：

表1 BLCU-SAIT语音库与301库句子文本对比

	句子数	总字数	平均句长	声韵母搭配类型	声调音子组合数
BLCU-SAIT语音库	103句	1521个字	11个字	398	174
301库	301句	2639个字	8个字	245	81
汉语语音系统	—	—	—	414	180

BLCU-SAIT语音库中音韵丰富的103句数量比301库的句子数量少大概2/3，且难度适中。这103个句子覆盖了97%的声调音子组合，而未覆盖到的声调音子组合多为轻声起始的组合，如"T5T1、T5T2"等。除声调外，句子文本还兼顾了音段信息，覆盖了汉语语音系统中所有的声母、韵母以及95%的声韵母搭配类型，根据"中文文本计算"（Da，2004）的数据，未覆盖到的声韵母搭配均为不常见类型，如表2所示。

表2 BLCU-SAIT语音库句子文本未覆盖到的音段

缺失的声韵母搭配类型	Chua chuo dei den dia ei eng kei miu nou qia rua shei tei wa zhei

103句均为陈述句，其中包含2个整句浊音的句子，以及4个全句声调相同的句子，如表3所示。

4.1.2 同文异焦的 35 句

人工补充的同文异焦句共计 35 个。其中，无焦点疑问和感叹句是以同声调的 4 个句子为基础新增的 2 种语气，每种语气包含同样的 4 个同声调句。附加焦点之后，陈述、疑问、感叹三种句型中，每种有 9 个位置不同的同文异焦句，其中全上声句有 3 种焦点，全阴平、全阳平、全去声句均为 2 种焦点。具体示例如表 3。

表 3　BLCU-SAIT 语音库句子文本中的不同句型和同文异焦句

	数量	例句	来源
陈述句（异声调）	97	周末我陪他去长城了。	计算机算法，共 103 句。
陈述句（浊音声母全）	2	我们要因人而异。	
无焦点陈述句（同声调）	4	今天星期一。男同学回答。	
无焦点疑问句	4	今天星期一？男同学回答？	人工造句，共 35 句。
无焦点感叹句	4	今天星期一！男同学回答！	
焦点不同的陈述句	9	今天星期一。今天星期一。	
焦点不同的疑问句	9	男同学回答？男同学回答？	
焦点不同的感叹句	9	我买五把伞！我买五把伞！我买五把伞！	

4.2 单音节

我们将单音节部分与汉语语音系统中声韵母搭配类型等进行对比，结果如表 4 所示。

表 4 BLCU-SAIT 语音库单音节文本的语音现象覆盖情况

	总数	声韵母搭配类型	四声齐全搭配	非自然音节	HSK1—6级包含的汉字
BLCU-SAIT 语音库单音节文本	1520	407	373	246	1071
汉语语音系统	1279	414	181	—	—

单音节文本包括 1520 个带调音节，覆盖了汉语语音系统中 98% 的声韵母搭配类型。在汉语语音系统中只有 44% 的声韵母搭配四声齐全，而通过补齐声调，本文选择的 407 个声韵母搭配类型中四声齐全的达 92%。在所有 1520 个单音节中，16% 属于增加了声调的非自然音节（无汉字），其余 84% 是自然音节，自然音节中所配汉字 84% 来自 HSK1—6 级。

4.3 双音节

双音节部分，我们统计了文本中声韵调覆盖情况。双音节文本共有 284 个词语，覆盖了普通话的 21 个声母、37 个韵母（不包含"ê、ueng"）和 20 种声调组合，声调组合类型见表 5，具体双音节词表见附录 1。其中，带轻声的 4 种声调组合共有 47 个词语，其他 16 种声调组合共 237 个双音节，在音段方面，包含带送气音、介音、鼻音的词语共计 80 个。另外，在所有 20 种声调组合内，都含有 4 个末音节声母为不送气清塞音的词语，共计 80 个。为控制难度，双音节词语的 86% 来自 HSK1—6 级词汇。

表 5 BLCU-SAIT 语音库双音节文本的声调组合

声调组合（该组合下词语数量）				
T1+T1（13）	T1+T2（16）	T1+T3（16）	T1+T4（15）	T1+轻声（12）
T2+T1（14）	T2+T2（18）	T2+T3（13）	T2+T4（17）	T2+轻声（12）
T3+T3（16）	T3+T2（15）	T3+T3（13）	T3+T4（15）	T3+轻声（11）
T4+T1（14）	T4+T4（14）	T4+T3（14）	T4+T4（14）	T4+轻声（12）

4.4 短文

虽然短文没有特别设计，但本文也将短文中包含的重要语音现象做了统计，结果见表6。其中，双音节声调组合缺失的种类为：T2+T2、T2+T3、T3+T3。

表 6 BLCU-SAIT 语音库短文的语音现象统计

篇名	句子数	总字数	平均句长	声调组合种类	声韵母搭配类型	声调音子组合
北风和太阳	7句	143	20.4个字	17种	72种	67种

五、结语

在大数据时代，语音学研究正在经历一场新的革命：从单一数据集的采集和分析到利用已经发表的大规模语音语料库（袁家宏，2017）。顺应此形势，本文提出构建一个既面向汉语语音习得与教学研究，又面向计算机辅助发音教学技术研发的汉语中介语语音库——BLCU-SAIT 语音库。根据这两个研究领域的需求，本文设定了旨在满足研究需求的语音库构建目标，根据目标设计出一个既关注孤立语音环境、也关注语流环境，既覆盖各类音段、也覆盖声调、调联、韵律短语、语调等超音段现象的中介语语音语料库的录音文本。该文本包括单音节、双音节、句子、短文 4 个部分。

　　句子部分由声韵丰富的 103 句和同文异焦的 35 句组成。103 句选自对外汉语教材，全面覆盖带边界信息的声调音子组合，同时声韵母组合种类达到 95%；35 句改编自 103 句中的 4 个同声调句，覆盖了疑问和感叹语气以及不同位置的焦点。可以说，句子部分较好地实现了"以最少发音任务涵盖最全面语音现象，并控制好文本难度"的设计目标。孤立语境文本中，单音节部分共计 1520 个带调音节，其中 92% 的声韵母组合种类四声齐全；作为语流中基本节奏单元的双音节部分共计 284 个词语，主要覆盖了所有 20 种包括轻声在内的声调组合，同时兼顾到声母、韵母的全覆盖。

　　虽然通过对录音文本的统计可以看出各种语音现象的覆盖情况已达到预期效果，但要做到在控制文本规模的前提下覆盖每一层级的每一种语音现象还不现实，对于儿化韵、轻声等语音现象，目前在各层级文本中还没有做专门的系统性设计。今后，我们将根据新的需求设计相应的补充文本，使 BLCU-SAIT 语音库发挥最大效用。

参考文献

[1] 边卫花、曹文（2007）日本人产生普通话 r 声母和 l 声母的音值考察，第九届全国人机语音通讯学术会议论文，中国科技大学。

[2] 曹剑芬（1996）普通话语音的环境音变与双音子和三音子结构，《语言文字应用》第 2 期。

[3] 曹文（2010）《汉语焦点重音的韵律实现》，北京：北京语言大学出版社。

[4] 曹文、张劲松（2009）面向计算机辅助正音的汉语中介语语音语料库的创制与标注，《语言文字应用》第4期。

[5] 陈默（2013）美国留学生汉语口语产出的韵律边界特征研究，《世界汉语教学》第1期。

[6] 程棠（1996）对外汉语语音教学中的几个问题，《语言教学与研究》第3期。

[7] 金哲俊（2014）朝鲜族学生汉语单音字声调发音的统计分析，《汉语学习》第2期。

[8] 李倩、曹文（2007）日本学生汉语单字调的阳平与上声，第九届全国人机语音通讯学术会议论文，中国科技大学。

[9] 林焘（1996）语音研究和对外汉语教学，《世界汉语教学》第3期。

[10] 刘艺（2014）汉语学习者陈述句语调音高的声学实验分析，《汉语学习》第1期。

[11] 鲁健骥（2010）对外汉语语音教学几个基本问题的再认识，《大理学院学报（综合版）》第5期。

[12] 冉启斌、顾倩、马乐（2016）国别典型汉语语音偏误及口音汉语在线系统开发，《语言教学与研究》第4期。

[13] 沈炯（1985）北京话声调的音域和语调，见林焘、王理嘉等《北京语音实验录》，北京：北京大学出版社。

[14] 沈炯（1995）汉语音高系统的有声性和区别性，《语言文字应用》第2期。

[15] 王功平、周小兵、李爱军（2009）留学生普通话双音节轻声音高偏误实验，《语言文字应用》第4期。

[16] 王韫佳、邓丹（2009）日本学习者对汉语普通话"相似元音"和"陌生元音"的习得，《世界汉语教学》第 2 期。

[17] 熊子瑜、林茂灿（2001）语流间断处的韵律表现，第六届全国人机语音通讯学术会议论文，深圳大学。

[18] 许家金（2017）语料库研究学术源流考，《外语教学与研究》第 1 期。

[19] 严彦（2010）美国学生习得第三声的声调情境变异研究，《汉语学习》第 1 期。

[20] 袁家宏（2017）大规模语音语料库的采集、处理和研究，《语言学研究》第 1 期。

[21] 赵贤州、李卫民（1990）《对外汉语教材教法论》，上海：上海外语教育出版社。

[22] Biber, Douglas, Susan Conrad & Randi Reppen (1998) *Corpus linguistics: Investigating language structure and use*. New York: Cambridge University Press. 道格拉斯·比伯、苏珊·康拉德、兰迪·瑞潘《语料库语言学》，刘颖、胡海涛译，北京：清华大学出版社，2012 年。

[23] Carranza, Mario, Catia Cucchiarini, Pepi Burgos & Helmer Strik (2014) Non-native speech corpora for the development of computer assisted pronunciation training systems. Paper presented at 6th Annual International Conference on Education and New Learning Technologies. 7-9 June, 2014. Barcelona, Spain.

[24] Chen, Nancy F., Rong Tong, Darren Wee, Peixuan Lee, Bin Ma & Haizhou Li (2015) CALL corpus:Mandarin Chinese spoken by non-native speakers of European descent. Paper presented at 16th Annual Conference of International Speech Communication Association (Interspeech). 6-10 September, 2015. Dresden, Germany.

[25] Chun, Dorothy, Yan Jiang, Justine Meyr & Rong Yang (2015) Acquisition of L2 Mandarin Chinese tones with learner created tone visualizations.

Journal of Second Language Pronunciation 1.

[26] Da, Jun (2004) Chinese Text Computing. Available at: http://lingua.mtsu.edu/chinese-computing/ (3 Dec, 2017).

[27] Ding, Hongwei (2012) Perception and production of Mandarin disyllabic tones by German learners. Paper presented at Speech Prosody Sixth International Conference. 22-25 May, 2012. Shanghai, China.

[28] Fujisaki, Hiroya (2004) Information, prosody, and modeling with emphasis on tonal features of speech. Paper presented at the 2nd International Conference on Speech Prosody. 23-26 March, 2004. Nara, Japan.

[29] Guo, Lijuan & Liang Tao (2008) Tone production in Mandarin Chinese by American students: A case study. Paper presented at proceedings of the 20th North American Conference on Chinese Linguistics (NACCL-29). 25-27 April, 2008. Ohio, U.S.A.

[30] Gut, Ulrike (2007) Learner corpora in second language research and teaching. Paper presented at non-native prosody: Phonetic description and teaching practice workshop. 4-5 March, 2007. Berlin: Mouton de Gruyter.

[31] Kikuko, Nishina (2004) Development of Japanese speech database read by non-native speakers for constructing CALL system. Paper presented at International Commission for Acoustics(ICA). 2-7 June, 2004. Kyoto, Japan.

[32] Lee, Kai-Fu (1990) Context-dependent phonetic hidden Markov models for speaker independent continuous speech recognition. *IEEE Transaction on Acoustics, Speech and Signal Processing*. 38.

[33] Meng, Helen, Yee Lo Yuen, Lan Wang & Wing Yiu Lau (2007) Deriving salient learners mispronunciations from cross-language phonological comparisons. Paper presented at IEEE Automatic Speech Recognition & Understanding

(ASRU) Workshop. 9-13 December, 2007. Kyoto, Japan.

[34] Menzel, Wolfgang (2000) The ISLE corpus of non-native spoken English. Paper presented at Language Resources & Evaluation Conference (LREC). 31 May-2 June 2000. Athens, Greece.

[35] Teixeira, Carlos, Isabel Trancoso & Antonio Serralheiro (1997) Recognition of non-native accents. Paper presented at Euro speech 22-25 September, 1997. Rhodes, Greece.

[36] Tseng, Chiu-yu & Tanya Visceglia (2010) AESOP (Asian English Speech Corpus Project) and TWNAE— SOP Paper presented at International Conference and Workshop on TEFL & Applied Linguistics 45 March, 2010. Taiwan, China: Ming Chuan University.

[37] Wang, Yow-Bang & Lin-Shan Lee (2012) Improved approaches of modeling and detecting error patterns with empirical analysis for computer-aided pronunciation training Paper presented at IEEE International Conference on Acoustics, Speech and Signal Processing. 25-30 March, 2012. Kyoto, Japan.

[38] Wu, Bin, Yanlu Xie, Lulu Lu, Chong Cao & Jinsong Zhang (2016) The construction of a Chinese interlanguage corpus. Paper presented at Oriental COCOSDA. 26-28 Oct, 2016. Bali, Indonesia.

[39] Zhang Jinsong & Satoshi Nakamura (2008) An improved greedy search algorithm for the development of a phonetically rich speech corpus. *I EICE Transactions on Information & Systems* 3.

[40] Zou, Ting, Jinsong Zhang & Wen Cao (2012) A comparison study on F0 distribution of tone2 and tone3 in Mandarin disylables by native speakers and Japanese.Paper presented at 8th International Symposium on Chinese Spoken Language Processing (ISCSLP). 5-8 December, 2012.Kowloon Tong, China.

附录 1 双音节词表

1 悄悄	2 期间	3 公开	4 刚刚	5 高超	6 观光	7 糟糕	8 清晰	
9 精心	10 倾听	11 颁发	12 惊奇	13 积极	14 忠诚	15 周折	16 夹杂	
17 发达	18 光滑	19 公园	20 帮忙	21 当然	22 濒临	23 经营	24 深沉	
25 当场	26 发展	27 方法	28 经理	29 吸引	30 新颖	31 心理	32 殴打	
33 司法	34 相反	35 缩小	36 宗旨	37 抓紧	38 仓促	39 操作	40 逼迫	
41 包庇	42 功课	43 公告	44 娇气	45 交际	46 英俊	47 深刻	48 身份	
49 真正	50 始始	51 妈妈	52 哥哥	53 啰唆	54 唠叨	55 难堪	56 衣服	
57 锥子	58 休息	59 兄弟	60 黄瓜	61 爬山	62 航班	63 直接	64 合身	
65 人生	66 燃烧	67 儿歌	68 条约	69 无非	70 十一	71 直接	72 唯一	
73 齐全	74 情节	75 长城	76 沉着	77 及其	78 结合	79 结合	80 心急	
81 和谐	82 哲学	83 徘徊	84 划船	85 移民	86 繁忙	87 情理	88 灵敏	
89 情景	90 难免	91 魔鬼	92 违反	93 沉思	94 而且	95 为首	96 牛奶	
97 层次	98 存在	99 急切	100 急剧	101 嘲笑	102 调料	103 神色	104 沉闷	
105 神圣	106 疾病	107 迷信	108 仪器	109 饶恕	110 觉得	111 娃娃	112 麻烦	
113 儿子	114 傻头	115 媳妇	116 咳嗽	117 谁的	118 橘子	119 勺子	120 本科	
121 本身	122 体积	123 已经	124 反思	125 启发	126 损失	127 委屈	128 手抄	
129 雨衣	130 果汁	131 喜欢	132 请求	133 抢劫	134 点头	135 抵达	136 本能	
137 本人	138 可能	139 紧急	140 以及	141 女儿	142 饱和	143 旅游	144 可口	

汉语中介语语音库的文本设计　109

145 考古	146 渺小	147 母语	148 场所	149 打扫	150 所有	151 总理	152 总统
153 友好	154 赶快	155 古怪	156 打架	157 哪怕	158 比例	159 紧密	160 警惕
161 马上	162 反抗	163 整个	164 粉色	165 女士	166 姐姐	167 喇叭	168 姥姥
169 奶奶	170 本着	171 怎么	172 耳朵	173 我们	174 有的	175 暖和	176 大家
177 报销	178 利息	179 信息	180 定期	181 二哥	182 是非	183 放松	184 构思
185 做东	186 四周	187 卫生	188 电台	189 道德	190 拒绝	191 健全	192 个人
193 课程	194 脉搏	195 幼儿	196 预防	197 复习	198 自学	199 不由	200 大体
201 到底	202 瓦解	203 技巧	204 办法	205 杠杆	206 是否	207 羌笛	208 厕所
209 饲养	210 固有	211 录取	212 背叛	213 瞥病	214 动态	215 对待	216 热烈
217 特色	218 照耀	219 号召	220 大厦	221 败坏	222 灿烂	223 上当	224 爸爸
225 弟弟	226 妹妹	227 谢谢	228 力气	229 意思	230 大方	231 客人	232 丈夫
233 袜子	234 干杯	235 孤单	236 孤独	237 冰雹	238 规格	239 包裹	240 观点
241 标本	242 堤坝	243 公道	244 关闭	245 胳膊	246 沉磨	247 旁边	248 旁白
249 磅礴	250 蓬勃	251 腾达	252 赔本	253 排比	254 甜点	255 搏斗	256 不但
257 达到	258 达到	259 伯伯	260 得了	261 贬低	262 打包	263 广播	264 饼干
265 赌博	266 赌博	267 表格	268 保管	269 古典	270 版本	271 倒闭	272 广告
273 等待	274 宝宝	275 曝光	276 蛋糕	277 报答	278 个别	279 代表	280 不管
281 报到	282 大概	283 这个	284 下巴				

附录2 句子

声韵丰富的 103 句

（1）普通陈述句：

你会用扫描仪吧。
除了质量问题，这几家餐厅在服务水平上也是参差不齐的。
周末我陪他去长城了。
咱们过桥去吧，去看看熊猫吧。
雅典奥运会上，哈萨克斯坦名列奖牌榜第三名。
会议内容包括热点话题讨论。
再说白色的容易脏，而且质量不怎么样。
中国的名胜古迹当然很多。
头发都是金色的卷发，所以肯定是他，错不了。
他两次被选为世界年度最具影响力的人物。
跨行取款需收取每笔两元的手续费。
为了开这个联欢会，大家很用心地凑在一起捣摩问题。
这种解剖手法很罕见。
不要乱说话，否则就会闹笑话。
黑眼睛的美国人从地铁站出来，擦去脸上的汗。
天气热得简直像蒸桑拿一样

哟，你是俄罗斯人。
除了春节以外，我都不回家。
扭了她一下，立马挪开，真是太笨了。
图书馆有规定，别把书弄破了。
听说新郎新娘是同事。
那个瘸拉不开这扇门，于是，窜到了另一个房间。
唐高宗是一个性格很软弱的人。
我脱下衬衫挂在墙上，每年五万元。
无论哪一类，每年五万元。
大雨冲刷了整片森林。
爸爸的梦想是做一片云。
该吃顿团圆饭了。
他努力控制自己的脾气。
幸亏现在路上人不多。
强子急购一套住宅，但是缺很多钱。
难怪陈静那么爱惜它。

汉语中介语语音库的文本设计　　111

这是日本的杂志，如果全年订阅的话，可以有优惠。
电视机旁边有双红红的鞋。
草莓有三种口味。
他想到"有困难找警察"这句话。
我瞥了瞥露露的哥哥，他虽然囊中羞涩，但依然拽得不行。
他们俩痛苦极了，一直去厕所，并且还不停地呕吐。
我朋友刚刚从楼梯上滚下来了，胳膊和腿都破瞳青了。
阿廖莎的奶奶八十岁了，发短信特别慢。
根据这项调查，我们对年龄和性别情况已有所了解。
空气也比北方湿润一些。
请您再念"瑞雪兆丰年"，不要把顺序弄乱了。
哈尔滨明天的天气不错，很凉爽。
孔夫子的书又多又重。
您知道，他不明白幸福的婚姻靠什么。
人们叫它丝绸之路。
刘雨开始看历史小说，她常常跟朋友们谈论小说。
为了表示尊重，约会宁可早到，做一些等待。
干脆把我的产品抵房租得了。
屋里走出一个漂亮姑娘。

看着你被玩，我都心疼。
那要两盘抓饭和两份酸奶吧。
他急忙从床上爬起来，消灭嗡嗡叫的苍蝇。
他去年秋天专门去重庆旅行了。
黄河是中华民族的摇篮。
最早是美国拿出了新的战略。
莎莎的姐姐要买舒服的浴衣，而我想买条裙子。
空调已经拆下来好几天了。
新鲜的羊肉片在开水里涮一下会很好吃。
蝴蝶钻出来，随后又飞到花丛中去了。
你对着窗户吹一口气。
穷尽一生还愿意情。
哪家的父母不希望自己的孩子将来有出息呢。
虽然他一句话也没有说，但是女孩子过发生过很大的变化。
我就喜欢卡通电影。
那个佛会保佑我们房屋和家人平安。
圣诞老人穿着红色的衣服。
请你赶紧把冰激凌吃完，否则就要冷藏。

下回排练可要准时哦。
尽管情况危急,但每次他总能镇定自若。
那些卡片里少了鸟巢和水立方。
注意饮食平衡,别把健康丢了。
修这辆自行车用不了一块钱。
常常问西北方朋友,某样东西敢不敢吃。
我们班参观了故宫和秦始皇兵马俑。
开户后,顾客打算存五万。
我看到一头漂亮的奶牛。
他们一方面也是情非得已。
大家普遍劳累,就让张三去参加会议。
你没看到,他们七个人被我追得直跑吧。
那么打扰你了,早点儿睡觉吧。
大夫看了以后,给我开了一些咳嗽药。

(2) 声母全浊音的句子:
我们要因人而异。

(3) 全句声调一致的陈述句(无焦点):
今天星期一[,安娜又来晚了。]
我买五把伞。

所以,总的说来群众心中有数。
留学生宿舍楼在图书馆南边。
僧人不会虐待动物。
龙龙去海边晒过太阳了。
小林还没把水仙花送来。
每个人用左手按饭盆或菜盆的边儿。
他吞掉几碗嫩牛肉咖喱米饭,真是一顿丰盛的晚餐。
我想喝杯鲜榨橙汁儿。
服务员,来一个糖醋鱼。
别把电视摔坏了。
嘟嘟的汉语词汇量增加了很多。
不仅父母累,而且孩子更累。
昂贵的房价使人崩溃。

然而我们仍然认为人无完人。

男同学回答[:"孙中山是广东香山人"。]
顾客在看报[,看到乒乓球也参加了比赛。]

词频分布参数可以细分汉语新闻语体吗?*

黄 伟 刘海涛

一、引言

语言学家赫尔丹（Herdan）在关于言语风格统计学（Style-statistics）的论述中曾说过，"在言语社团的成员之间存在着一种意义重大的相似性，不仅就他们所用的语音、词汇和语法而言，而且就运用特定的语音、词项（词语）和语法形式及语法结构的频率而言，也是如此。换句话说，相似性不仅是用什么，也在于每隔多久用多少次"（转引自萧申生，1982）。从这一角度来说，语体受语言结构使用频率的影响。

关于语言结构使用频率的研究，成果最丰富的莫过于美国语言学家齐普夫（Zipf）开创的词频计量研究。齐普夫发现了词在文本中的出现频次与其频次秩（序号）之间的关系，并提出了描写这个函数关系的数学公式（Zipf，1949），即 Zipf 定律。数学家曼德博（Mandelbrot）推导并完善了齐普夫公式，在数学形式上进行了改进（Köhler & Altmann，2008：1—32）。半个多世纪

---

* 原文发表于《语言教学与研究》2017 年第 4 期。

以来，人们发现，齐普夫定律不仅广泛存在于人类的不同语言中，也广泛存在于其他自然与社会现象中。已有研究表明，包括英语、德语、法语、意大利语、俄语、毛利语等在内的20种语言的文本中，词频数据均服从齐普夫分布、齐普夫—曼德博（Zipf-Mandelbrot）分布、泽塔（Zeta）分布等规律（Popsecu，2009）。这些分布规律在数学上属于同一类别，只是其适用条件与具体形式不同（冯志伟编著，1985：151—157）。对于现代汉语而言，无论是整部文学作品（王洋、刘宇凡、陈清华，2009），还是新闻、科技等书面语文本或对话与独白等口语转写文本（黄伟，2013），其词频分布也都符合这些规律。这些发现反映了人类语言规律的普遍性。

　　既然不同语言、不同语体的文本其词频分布都遵循相同的规律，那么，对于语言学研究而言，这样的规律有什么意义呢？本文开头提到的"语体受语言结构使用频率影响"一说，具体到词的使用频率方面，又如何得以体现呢？一方面，虽然词频分布均符合齐普夫定律，但是不同语言文本的词频齐普夫曲线有所不同，基于词频的一些统计量在不同语言的文本中具有显著差异，即文本的词频计量特征具有区分语言类型的作用。另一方面，在同一种语言的文本中，词频的分布规律还可能因语体或作者写作风格的不同而有所差异，但是这种可能性需要以不同语言的大量文本加以验证（Popsecu，2009：250）。这样的研究有助于在人类语言规律普遍性的基础上挖掘其特殊性、多样性。

　　鉴于新闻语体是现代汉语中的典型语体，具有较好的代表性和规范性，本文选择现代汉语新闻语料（包括新闻报道与新闻评论两个类别）作为研究材料，考察口语体与书面语体、报道体与评论体的汉语新闻文本在词频分布规律方面的异同。

二、语料与方法

2.1 语料样本

在新闻语体当中，新闻报道和新闻评论是最典型的两类。从语体（口语和书面语）和文体（报道与评论）这两个因素考虑，本文以口语报道、口语评论、书面报道和书面评论四类新闻语料样本为材料，每类样本选取 30 个文本，每个文本都是一篇完整的新闻。口语报道语料选自 2006 年 6 月北京电视台《首都经济报道》节目与 2006 年 1 月北京电视台《特别关注》节目的转写文本。这两个节目是"说新闻"的典型代表。口语评论语料选自 2011 年 10 月至 2012 年 1 月中央电视台《焦点访谈》节目的转写文本（不包括采访对话内容）。书面报道语料选自 2011 年 12 月至 2012 年 1 月《人民日报》头版的新闻报道文本。书面评论语料选自 2011 年 10 月至 2012 年 1 月《人民日报》的社论和评论员文章。在对语料文本进行了预处理的基础上，使用自动分词与词性标注工具 CUCSegTag[①] 对文本进行自动分词并辅以人工校对；之后，逐一对分词后的文本进行词频统计，得到每个文本的词频数据。本文使用的上述 120 篇语料文本的规模为 72411 词次、122902 字次（不计标点符号）。这些文本中，最长的为 1299 词，最短的为 178 词，平均长度约为 600 词。

2.2 研究方法

为了比较不同类型新闻文本之间的词频分布规律，首先要获得这些文本的词频分布特征数据。为此，使用离散分布拟合工具

---

① 该工具由中国传媒大学胡凤国副教授开发并提供支持。

Altmann-Fitter 对上述 120 个新闻文本的词频数据逐一进行拟合计算：（1）考查这些文本的词频数据是否符合齐普夫—曼德博分布；（2）通过统计分析，考察不同语体和不同文体的新闻文本的词频分布规律是否存在差异；（3）如果存在差异，具体表现是因为什么。第一个问题，可以由拟合结果中的卡方检验与拟合优度值 R^2 来判断；后两个问题，可以先观察一下齐普夫—曼德博定律的公式（Altmann，1994：92）：

$$P_x = \frac{(b+x)^{-a}}{F(n)} \quad x=1,2,3,\cdots,n; \ a,b>0; \ n \in N; \ F(n) = \sum_{i=1}^{n}(b+i)^{-a}$$

从上述公式中可以看到，该公式中有两个参数 a 和 b。如果不同语体或不同文体的文本词频分布都能符合齐普夫—曼德博定律，那么语体或文体因素是否对这两个参数有影响呢？也就是说，第（2）和第（3）个问题就转化为：语体或文体因素对词频分布规律中的参数是否存在显著影响。同时，考虑到文本长度因素对词频分布的潜在影响，研究中将分别以参数 a 和 b 作为因变量，以语体（口语、书面语两个水平）和文体（报道、评论两个水平）两个因素作为自变量，以文本长度（以词例数计）因素作为协变量进行协方差分析。

三、数据与讨论

3.1 词频分布规律

通过对语料样本逐一进行拟合计算，120 个不同语体或文体的语料文本的词频分布数据均符合齐普夫—曼德博定律。图 1 呈现了一篇书面语体新闻报道文本的词频分布拟合结果：卡方

检验结果为 x^2=15.0754，其概率 $P(x^2)$ 几乎等于 1；拟合优度 R^2=0.9841。从数据与图形中均可以看出，双参数 Zipf 公式（即上述齐普夫—曼德博公式）很好地拟合了这篇文本的词频分布数据。图 1 拟合结果中的 DF=253 是卡方统计检验的自由度，N=967 是该文本包含的词例数，a=0.8112 和 b=2.5140 是拟合曲线的两个参数。

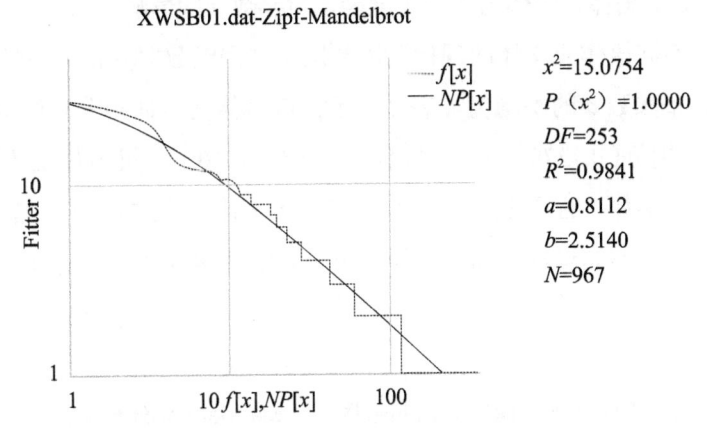

图 1　文本 XWSB01 词频数据的 Zipf-Mandelbrot 分布拟合（双对数坐标）

通过对全部语料文本的拟合优度 R^2 进行统计分析（表 1）发现，其平均值为 0.8870，最小值为 0.6618，整体上拟合结果良好。可以说，齐普夫—曼德博定律较好地描述了全部文本的词频分布数据。用于描述词频分布规律的齐普夫—曼德博定律在不同类型的汉语文本中的普适性再次得到了验证。

表 1　拟合优度 R^2 的描述性统计

	样本量	极小值	极大值	均值	标准差
拟合优度 R^2	120	0.6618	0.9841	0.8870	0.0651

那么，这些不同语体或文体的文本的词频分布数据在遵循相同分布规律的同时，是否还具有显著性差异呢？下面对拟合结果中齐普夫—曼德博分布的两个参数进行统计分析。

3.2 语体、文体与文本长度因素对参数 a 的影响

不同语体或文体的现代汉语新闻文本词频数据齐普夫—曼德博分布参数 a 的平均值如表 2 所示，口语体文本词频分布参数 a 的平均值（0.7270）低于书面语体的（0.7510）；报道体文本词频分布参数 a 的平均值（0.6986）低于评论体的（0.7793）。然而，参数 a 在不同样本组间的差异是否具有统计学意义还需要进一步检验。

表 2　不同样本组间文本词频数据 Zipf-Mandelbrot 分布参数 a 的描述性统计

		均值	标准差	样本量
口语	报道	0.6840	0.0621	30
	评论	0.7699	0.0464	30
	总计	0.7270	0.0695	60
书面语	报道	0.7132	0.0642	30
	评论	0.7888	0.0488	30
	总计	0.7510	0.0681	60
总计	报道	0.6986	0.0643	60
	评论	0.7793	0.0481	60
	总计	0.7390	0.0696	120

以齐普夫—曼德博分布的参数 a 为因变量,以语体因素(包括口语、书面语两个水平)和文体因素(包括报道、评论两个水平)为自变量,以文本长度因素为协变量进行协方差分析。方差齐性检验结果为:$F(3, 116)=2.537$,$p=0.060$;方差分析结果如表3所示:在95%置信水平下,语体因素主效应显著($F(1, 116)=8.904$,$p=0.003$),文体因素主效应不显著($F(1, 116)=3.712$,$p=0.056$),语体与文体因素交互作用不显著($F(1, 116)=2.276$,$p=0.134$);文本长度因素有显著影响($F(1, 116)=21.504$,$p=0.000$)。

表3　语体、文体与文本长度因素对文本词频分布参数 a 的影响
(方差分析结果)

源	III型平方和	df	均方	F	Sig.
校正模型	0.271[①]	4	0.068	25.472	0.000
截距	4.254	1	4.254	1601.492	0.000
文本长度	0.057	1	0.057	21.504	0.000
语体	0.024	1	0.024	8.904	0.003
文体	0.010	1	0.010	3.712	0.056
语体大文体	0.006	1	0.006	2.276	0.134
误差	0.306	115	0.003		
总计	66.104	120			
校正的总计	0.576	119			

以上方差分析结果说明,在本研究考察的120篇现代汉语新

---

① $R^2=0.470$(调整 $R^2=0.451$)。

闻文本中，文本词频分布虽然都符合齐普夫—曼德博定律，但不同语体、文体和长度的文本在词频分布方面仍具有显著差异，这种差异具体表现为（图2（a））：就文本词频的齐普夫—曼德博分布参数 a 而言，书面语体新闻文本显著高于口语体新闻文本；报道体与评论体（即义体因素）对文本词频分布的参数 a 影响不显著；语体与文体因素的交互作用不显著；文本长度因素对词频分布参数 a 有显著影响。简单来说，文本词频的齐普夫—曼德博分布的参数 a 主要受语体因素和文本长度因素影响。

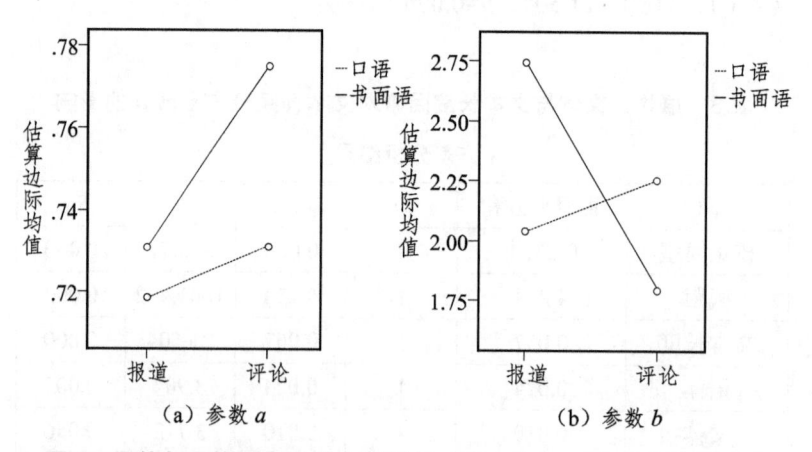

图2　语体与文体因素对文本词频 Zipf-Mandelbrot 分布参数的影响

然而，由于本文选取的样本所限，对文本长度是如何影响参数 a 的这个问题还不能得出明确的结论。如图3所示，无论从研究使用的文本整体上来看（图3（a）），还是从不同语体和文体的文本类别内部来看（图3（b）），文本词频齐普夫—曼德博分布参数 a 与文本长度（以文本包含的词例数计）之间都不是简单的线性关系。

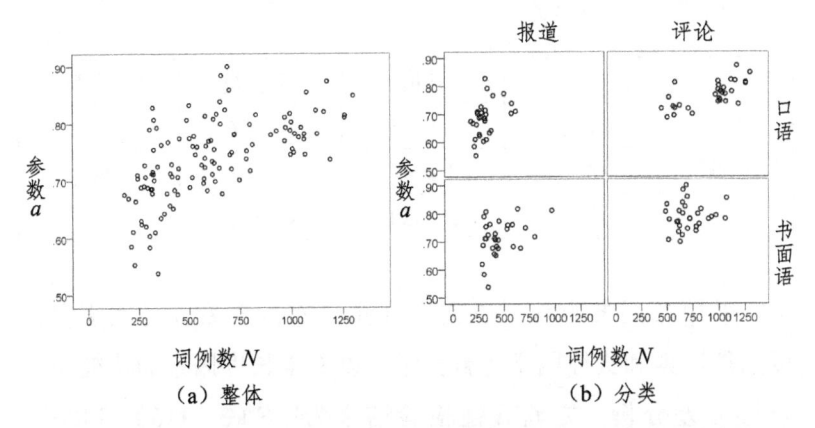

图 3 文本词频 Zipf-Mandelbrot 分布参数 a 与文本长度的散点图

3.3 语体、文体与文本长度因素对参数 b 的影响

对于文本词频的齐普夫—曼德博分布的参数 b,从表 4 中可以看到:口语体文本词频分布参数 b 的平均值(2.1347)略低于书面语体的(2.2829);报道体文本词频分布参数 b 的平均值(2.5535)高于评论体的(1.8642)。

表 4 不同样本组间文本词频数据 Zipf-Mandelbrot 分布参数 b 的描述性统计

		均值	标准差	样本量
口语	报道	2.2554	0.8360	30
	评论	2.0141	0.8961	30
	总计	2.1347	0.8678	60
书面语	报道	2.8516	1.0687	30
	评论	1.7143	0.6027	30
	总计	2.2829	1.0338	60

续表

		均值	标准差	样本量
总计	报道	2.5535	0.9976	60
	评论	1.8642	0.7721	60
	总计	2.2088	0.9533	120

采用相同的方法，以文本词频分布的参数 b 为因变量，以语体因素和文体因素为自变量，以文本长度因素为协变量进行协方差分析。方差齐性检验结果为：$F(3, 116)=1.853$，$p=0.142$。方差分析结果如表 5 所示：语体因素主效应不显著（$F(1, 116)=0.599$，$p=0.441$），文体因素主效应不显著（$F(1, 116)=2.183$，$p=0.142$），语体与文体因素交互作用显著（$F(1, 116)=11.047$，$p=0.001$），文本长度因素没有显著影响（$F(1, 116)=3.011$，$p=0.085$）。

方差分析结果说明（图 2（b）），与参数 a 不同，语体与文体因素对参数 b 的影响比较复杂，存在显著的交互作用，具体表现为：在报道体新闻文本中，书面语体文本的参数 b 高于口语体文本；在评论体新闻文本中，口语体文本的参数 b 高于书面语体文本。此外，文本长度不是影响参数 b 的主要因素。

表 5 语体、文体与文本长度因素对文本词频分布参数 b 的影响（方差分析结果）

源	Ⅲ型平方和	df	均方	F	Sig.
校正模型	23.159[①]	4	5.790	7.834	0.000

---

① $R^2=0.214$（调整 $R^2=0.187$）。

续表

源	Ⅲ型平方和	df	均方	F	Sig.
截距	68.579	1	68.579	92.795	0.000
文本长度	2.225	1	2.225	3.011	0.085
语体	0.442	1	0.442	0.599	0.441
文体	1.613	1	1.613	2.183	0.142
语体大文体	8.164	1	8.164	11.047	0.001
误差	84.989	115	0.39		
总计	693.620	120	—		
校正的总计	108.148	119	—		

3.4 讨论

至此，我们回答了本文第2.2节提出的问题。首先，在现代汉语新闻语体中，无论口语与书面语新闻文本，还是新闻报道或新闻评论文本，其词频分布均符合齐普夫—曼德博定律。其次，虽然这些文本都符合同一个分布规律，但是不同语体的文本间也存在一些明显的差异，具体表现为口语新闻转写文本在词频分布规律的特定参数上与书面语新闻文本有所不同。

口语体与书面语体在词汇、句法、语用、韵律等方面存在差异是人们早已达成的共识。语体学研究就是要找出"语体的构成要素"和"要素间的比配规则"（以及"强制性格式韵律规则"等），这源于"语体是规则而不是艺术""语体的鉴别依据是规则与参数而不是心理体验"这样的认识（金立鑫、白水振，2012）。如果非要说是心理体验，我们认为这种体验也是基于对特定语言结构要素的有无与多少得出的综合认知体验，其本质仍是经验的、统计的。基于这样的认识，语体风格量化研究已成为一种趋势（丁金国，2009）。仍以新闻语体为例，刘艳春、胡凤国（2011）统计分析了"播新闻"与"说新闻"在句长、词长、词类比例、句法关系等方面的异同，对一些具体的语言结构及语言结构间的关系在不同文本中的使用比例进行了计量描写与比较。这种研究方法在加强语体描写精确性与客观性方面能够发挥重要作用。然而，无论是大规模语体语料库的选材抽样，还是语言结构要素或语体标记的标注、提取，以及基于此的统计分析与开展语体间对比研究等，都是十分复杂而浩大的工程。同时，语料样本的选取可能对不同语言结构及其关系的计量描写结果产生影响。

本文研究的语体间的词频分布规律的异同，其本质上也具有统计特性。不同语体文本的词频分布规律的差异是由词汇使用不均衡造成的。本文基于词频分布规律的研究回答不了"口语中哪些词用得多"这样的问题，因为我们关注的和得到的是关于文本中全部的词在使用频率方面的综合特征。它不是哪个词或哪类词在使用上的定量描写，而是从全部具体的词的使用中抽象出词汇整体使用规律，即计量语言学所说的"语言现象背后的数理规律"（刘海涛、黄伟，2012）这样的研究，得益于词汇计量研究的丰硕成果和自然语言处理技术的快速发展，在获取文本特征方面相对便捷，所得结论由于相对高度抽象，具有较强的普适性。当然，这并不是说本文所得结论就不容置疑。恰恰相反，由于存在语料取样环节，与基于语料库的语体风格计量研究一样，仍需进一步检验。在这方面，两种方法并没有什么不同。不同的只是关注的语体特征到底是微观的、具体的，还是宏观的、抽象的，二者可互为补充。

四、结语

本文以口语体和书面语体的现代汉语新闻报道与新闻评论文本为材料，使用统计分析的方法，发现：虽然现代汉语新闻文本的词频分布都遵循齐普夫—曼德博定律，但是，书面语体的新闻文本，其词频符合齐普夫—曼德博分布的参数 a 显著高于口语体新闻文本词频分布参数 a；而齐普夫—曼德博定律的另一个参数 b 在口语体与书面语体的新闻文本间不存在显著差异。然而，本文关于汉语新闻语体的词频分布规律的初步研究结果还应以样态更丰富、取材更广泛和规模更充足的语料样本为基础加以检验。本文通过对语体在文本词频分布方面的特征进行计量描写与比较，既验证了词频分布规律在不同语体中的普适性，又通过用于描述普适性规律的函数的参数刻画出了词频分布规律在不同语体中的多样性。

通过建立在可量化概念与关系基础上的语言学理论对语言现象进行描写与解释，从科学哲学的角度看，可能更具科学性。以数学形式呈现语言结构与演化规律，具有一定的普适性和适用边界条件。正如本研究使用的齐普夫定律，以精确的数学公式描述了人类语言中词频分布规律的共性，以及不同语言、语体、作家作品文本中的差异。计量语言学认为，不同文本背后隐藏着相同的数学规律，但这些相同的规律中也包含着一定的差异；这些规律与差异，以文本的计量特征得以体现。因此，真实语料与计量方法是实现语言学研究科学化的基本前提和必经之路。它有助于加强对语言现象与规律的精确、客观认识，从而推进语言学研究的科学化。

参考文献

[1] 丁金国（2009）基于语料库的语体风格研究——兼论量化与质化的关系，《烟台大学学报（哲学社会科学版）》第 2 期。

[2] 冯志伟编著（1985）《数理语言学》，北京：知识出版社。

[3] 黄伟（2013）现代汉语语体词频分布与词汇丰富性计量研究，中国传媒大学博士学位论文。

[4] 金立鑫、白水振（2012）语体学在语言学中的地位及其研究方法，《当代修辞学》第 6 期。

[5] 刘海涛、黄伟（2012）计量语言学的现状、理论与方法，《浙江大学学报（人文社会科学版）》第 2 期。

[6] 刘艳春、胡凤国（2011）"播新闻"与"说新闻"语体比较研究——以中央电视台《朝闻天下》和《马斌读报》为例，《语言教学与研究》第 1 期。

[7] 王洋、刘宇凡、陈清华（2009）汉语言文学作品中词频的 Zipf 分布，《北京师范大学学报（自然科学版）》第 4 期。

[8] 萧申生（1982）G. Herdan 的言语风格统计学，《语言研究》第 2 期。

[9] Altmann, Gabirel (1994) *Altmann-Fitter: Iterative Anpassung Diskreter Wahrscheinlichkeitsverteilungen*. Lüdenscheid: RAM-Verlag.

[10] Köhler, Reinhard & Altmann,Gabriel (2008) Aims and scope of quantitative linguistics. In Panchanan Mohanty & Reinhard Kohler (eds.) *Readings in Quantitative Linguistics*. Delhi: Indian Institute of Language Studies.

[11] Popsecu, Ioan-lovitz. (ed.) (2009) *Word Frequency Studies*. Berlin / New York: Mouton de Gruyter.

[12] Zipf, George K. (1949) *Human Behavior and the Principal of Least Effort: An Introduction to Human Ecology*. Cambridge, MA: Addison-Wesley Press.

语体标注对语体语法和叙事、论说体的考察与发现 *

冯胜利　王永娜

一、引言

汉语语体语法研究近年来有了很大的发展。不同于吕叔湘（1992）、朱德熙（1985、1987）、胡明扬（1993）、陶红印（1999）等对语法研究中区分语体的必要性的讨论，亦有别于陶红印（1999、2007）、张伯江（2007、2012）、方梅（2007、2013）等基于功能语法发现的特定文体和语体的特殊交际功能对于特定语法的偏爱选择，冯胜利（2003a、2003b、2006a、2006b、2010、2012a、2012b）对语体和语法最为本质的关系进行了逐渐深入的讨论，提出了"语体语法"理论，努力构建出一个系统性的理论框架。这个理论的核心观点是"语体不同，语法不同"[①]

---

* 原文发表于北京语言大学对外汉语研究中心编（2017）《汉语应用语言学研究（第6辑）》，北京：商务印书馆，第18—32页。

[①] 注意"语体不同，语法不同"严格的意思是"不同的语体用不同的语法来标记（或构造）"。因此这是一条语体构造（简称"构体"）规律，而不是语体使用的规则。下文将看到，"语体构造"和"文体构造"是两个不同的概念，分属两个不同的领域。

"语体和文体不同""语体是文体创造的组成成分或手段"等，力图揭示语体和语法最为本质的关系，阐释语体与文体的相互关系和本质的不同。

  过去几年来，基于语体语法的理论研究，得到教育部人文社会科学重点研究基地重大项目的支持，语体标注团队展开了一系列的具体研究，其中一项重要的研究是"语体标注与语体语料库的建设"，以期达到：（1）大量发掘汉语中的语体语法事实，以更为全面地展示汉语语体语法系统。（2）揭示语体语法要素在不同文体中的分布规律，以事实展现语体和文体的不同本质及内在关联。

  本文主要介绍语体标注和语体语料库建设在语体语法和文体规律两个方面的新发现，具体内容包括以下三点：（1）语体标注和语体语料库的具体工作。（2）介绍目前语体标注以大量事实对"语体不同，语法不同"的再阐释。（3）介绍语体标注对叙述体和论说体的分析和发现。

二、语体标注与语体语料库的具体工作

  语体语法理论认为"语体不同，语法不同"，那么汉语各类语体中到底包含多少独立的语法要素？这一问题可以从书面文字材料中寻找答案，即从书面材料中去发掘语体语法现象。截至目前，这一工作已经取得了丰硕的成果，不仅发掘了大量的语体语法事实，丰富和深化了语体语法理论，而且还将展现语体语法要素在文体中的分布规律，揭示语体和文体的内在联系。"语体标注和语体语料库"的主要工作和目标便在于此，同时这也是"对外汉语语体用语的鉴定、分布及分级的基础研究"的一项重要内容。为实现这

一研究目标，汉语语体标注与语体语料库的总体工作计划如下：

第一，建立一个文体类型丰富全面的语料库。语体标注的首要工作是建立一个语料库，语料库力求所收录的材料的文体类型全面丰富，在 Mcenery & Xiao（2004：1175—1178）研发的 Lancaster Corpus of Mandarin Chinese（简称 LCMC）的基础上，将文体分为叙事文、新闻、说明文、科技论文（学术论文）、政论文、文艺文六类。

第二，不同文体材料的收集。以收集典型文本为基本原则，并考虑到日后语料库在教学上的应用功能，语料库的文本主要来自中小学语文教材。目前，每一种文体类型收集了 20 篇文章，每篇文章 1000 字左右，形成了 12 万字左右的语料库。

第三，语料标注方法。为确保语料标注的准确性，同时提高标注的效率，语料的标注采用人工标注和软件自动标注相结合的方法。工作初期以人工试注为主，以探索标注符号的选定、属性的鉴别方法和标注的原则，为标注软件的开发提供基本的词库和参数。待标注软件开发完成、试验成熟之后，最终采用以机器标注为主、人工检查修改为辅的标注方法。目前人工标注工作已进行过六次，制定出了一套韵律语法标注符号、规范和一套语体语法标注符号、规范，并在努力开发小型的标注软件 1.0 版和标记结果自动提取统计程序。

第四，标注的内容。围绕语体语法的研究任务，考虑到语体和韵律的密切关系，语体语料库的标注工作共分为三个方面，即，（1）语法信息的标注，主要工作是分词和给词标注词类，这部分工作基本可以通过机器标注来实现。（2）韵律信息的标注，包括标注节奏信息和重音类型。前者如间拍、停顿、拖拍等，后者则包括核心重音、焦点重音、次重音、整体轻读等。（3）语体信息的标注，包括标注语体词汇的语体属性，句型的语体属性，标注嵌偶词、合偶词等典型语体要素的属性，从类型上看，主要是口语体、通体、正式体、庄典体四大基本类型。

三、"语体不同，语法不同"的事实与证据

语体标注工作的首要任务是全面发掘语体语法要素。目前，我们不仅归纳整理了前期研究所收集的语体语法形式，同时也发现了许多新的语体语法现象。诸多的事实让我们更为清楚地看到"语体不同，语法不同"的规律，不仅表现为"量"的丰富性，而且表现为"质"的对立性。下面分别论述。

3.1 不同语体各具数量不等且彼此独立的语法形式

根据我们2010年提出的"语体语法"理论的基本框架，虽然语体的表现可以多种多样，但"正式体、非正式体、典雅体"为语体的三大基本范畴。目前，语体语法理论之下的具体研究已经表明三大基本范畴各自具有一套数量丰富且本质不同的语法规则。下面我们分别来看。

首先来看书面正式语体。书面正式语体有一套独有（或独立）的句法形式。在语体语法理论之前，很多专家曾从欧化的角度对书面语语法进行过收集，如王力（1943、1958）、Kubler（1985）、贺阳（2007）先后做过收集，共约53个，但可惜其中约有三分之一（如"人称代词"的分化等）并不是正式表达。在语体语法理论的框架之下及已有研究的基础上，我们目前共收集到49项书面正式语体语法形式（参王永娜，2010、2016），如下表1。

表 1　书面正式语体语法形式

	书面正式语体语法结构	例句
1	双音动词 + 和 + 双音动词 + 宾语	活动现场到处悬挂和张贴着彩色的横幅和宣传画。
2	双音动词 + 了/着/过 + 和 + 双音动词 + 了/着/过 + 宾语	一部分同志曾在这个伟大斗争中跌下了和跌下过机会主义的泥坑。
3	状语 + 双音动词 + 和 + 状语 + 双音动词 + 宾语	政府坚决纠正和严肃处理了在城镇房屋拆迁等方面侵害群众权益的违法行为。
4	双音动词 + 宾语 + 和 + 双音动词 + 宾语	这一办法不仅加强了政府的管理，也规范了政府行为和降低了投资者的风险。
5	双音形容词 + 和 + 双音形容词	这轮选举比较文明和平静。
6	双音副词（地）+ 和 + 双音副词（地）+ 动词	其中农民的拒绝任任会更加残酷和彻底。我们要完全地、真诚地和坚决地执行这个纲领。国家已经和即将采取措施。
7	双音形容词 + 和 + 双音形容词 + 的 + 名词	世界上正在发生空前广大和空前深刻的人民运动。向伊拉克移交权力是一个期待已久和非常重要的事件。
8	介词短语 + 和 + 介词短语	他们在反对官僚主义的斗争中和在国家各方面的事务中发挥了巨大的作用。
9	中性化的"被字句"	上述四个方面的特征可被确定为人的身心发展的基本规律。
10	双音抽象动词 + 着	标注着、控制着、制约着、蕴藏着
11	动词 + 有	著有、嵌有、装有、经营有
12	名词₁ + 是 + XP+ 的 + 名词₂	美国是一个充满矛盾的国家。
13	处所名词 + 是 + XP+ 名词存在物	眼前是一片淡灰色的圆筒形大罐。
14	名词短语 + 是 + 动词短语/形容词短语 + 的	这个演变过程是十分复杂而漫长的。

续表

	书面正式语体语法结构	例句
15	普通名词+们	学生们、工人们、孩子们
16	一种+XP+抽象名词	这些行为变成了一种具有自动化意味的行为习惯
17	一种+XP+双音动词	一种安慰、一种折磨、一种情感上的肯定
18	……等+名词	温泉、冷泉、同歇泉等多种类型
19	动宾+宾语	讲学中南海、收徒山神庙、加盟湖人队
20	单音动词+向+名词	走向世界、奔向未来、跑向登机口
21	单音动词+在+名词	任在北京、迁在大陆、送在奥运会场
22	双音动词+在+处所词	翱翔在天空中、居住在深山老林
23	双音名词+双音动词+名词	军马饲养法、纸张粉碎机、汽车维修工
24	当+动词短语+的时候/时	当温度达到100度的时候，侵略上海的战争，水会沸腾。
25	动宾短语+的+抽象名词	研究数学的工作、侵略上海的战争
26	双音名词+的+双音动词	学校的发展、国家的建设、制度的改革
27	双音名词+双音动词	经济发展、国家建设、社会改革
28	（介词+）名词宾语+（的）+双音动词+抽象名词	数学研究工作、对上海的侵略战争
29	（介词+）双音名词宾语+（的）+双音动词	数学研究、垃圾回收、对上海的侵略
30	名词+的+双音形容词	美国的强大、国家的富强、社会的黑暗
31	名词主语+的+动词	他的离开、革命的胜利、孩子的出生
32	名词主语+的+被+动词	这件事的被调查、肇事司机的被处罚、他的被杀
33	一+片+双音形容词	一片混乱、一片狼藉、一片宁静
34	一+阵/声+双音动词	一阵欢笑、一阵惊叹、一阵沸腾、一声叹息、一声哀叹、一声深笑

续表

	书面正式语体语法结构	例句
35	形式动词+XP+双音动词	进行数学研究，进行政治改革
36	对+NP+形式动词+双音动词	对数学进行研究，对受害者进行物质赔偿
37	给予/给以+名词短语+以+双音动词	给予受害者以物质赔偿，给以当事人以必要的准备
38	具有+XP+抽象名词	黄民具有隔热、保温、耐酸等特性。石棉具有隔补阳气的功效。
39	有+VP+可能/余地/必要等	他们各有走极端，已经没有"言归于好"的可能。很多人也颇感有读个MBA的必要。
40	有+数量词+的+度量名词	两扇小门如今好像有了丁金的重量。这里离学校有五百米的距离。
41	单音介词+动词短语/抽象名词+（方位词）	在太阴能的作用下 向社会主义市场经济体制转型
42	大量双音介词	根据，鉴于，基于……
43	大量双音连词	由于，并且，而且……
44	［双音动词合偶词+双音动词］状中	突击检查，联合调查，飞跃增长，隔离治疗
45	［双音形容词合偶词+双音动词］状中	自由选择，周密思考，深入学习，严肃调查
46	［双音副词合偶词+双音动词］状中	逐步削减，广泛使用，实况转播，竭力挽救，大肆欣杀
47	［双音名词合偶词+双音动词］状中	义务培训，巨大危险，古老建设，黑暗统治，阴谋改变
48	［双音形容词合偶词+双音名词］定中	巨大危险，古老建设，黑暗统治，显著特征
49	［双音动词合偶词+双音名词合偶词］动宾	编写书籍，种植树木，购买物资，制造纸张

毫无疑问，这并不是正式语体造句的全部"构件"，将来的研究还将在此基础之上有更多、更丰富的发现。

其次，看口语体的非正式语体形式。口语非正式语体同样具有数量丰富且独立使用的语法结构形式。就目前已有研究而言，我们尚未见到有关这方面的集中性的收集。我们看到大量的口语体语法构件均分散在学者们的语法规则的研究中。本文综合自己的观察和以往的研究，对口语非正式语体中的语法结构进行了初步的收集，目前发现至少33条语法形式，如表2。

最后，庄典体的独立语法形式也是极其丰富的。根据冯胜利（2010），正式与非正式是通过当代语言表达出来的，而庄典体则是通过古代的词句来实现的。汉语书面语体中存在着大量古汉语句式（参孙德金，2009，有关古汉语虚词的当代用法），这些句式是表达或构建庄典体的重要语法手段（或部件）。冯胜利对其进行了收集，收集书面语常用古汉语句式220个（具体详见冯胜利，2006b）。

3.2 不同语体各具语法属性不同且彼此对立的语法形式

"语体不同，语法不同"的更为重要的表现是不同语体语法在"质"上的对立。这种对立表现在很多方面。下面分别讨论。

首先，不同语体的独有语法形式在语体的最小构件形式上，是对立的。从上文所列的书面正式语体句法和口语非正式语体句法的不同上，我们就可以发现：除了形式上的不同之外，造句使用的词汇形式上的对立也是极为明显的，不仅表现在单双音节的对立上，同时还有轻声与否的对立、词语形式自身非正式和正式的对立，等等。请看：

表 2　口语非正式语体语法形式

	口语非正式语体语法结构	例句
1	单音动词₁+宾语+单音动词₁+了+时量成分	看书看了三个小时、玩电脑玩了一整天
2	动词+名词+去	跳舞去、逛街去、打球儿去、打扑克去
3	好+动词	好找、好打扫、好修理、好解释
4	心理动词/形容词+透了	糟糕透了、倒霉透了、伤心透了
5	一百个不+动词	一百个不情愿、一百个不同意、一百个不答应
6	单音动词+处所词+方位词	放桌子上、摆窗台上、搁屋子里
7	单音动词+着！	站着！、听着！、看着！
8	动词+够了	学够了、过够了、看够了、逛够了
9	单音动词+得	这本书看得、这房子买得
10	能+动词+不？	能去不？、能卖不？、能同意不？
11	动词+个明白	看个明白、打听个明白、查个明白
12	这么+一+动词	这么一看、这么一打听、这么一收拾
13	多+动词+数词+量词	多看了一眼、多喝了两杯、多住了两天、多尝了一口
14	动词+什么+名词/动词	看什么书、收拾什么屋子、找什么我
15	越+动词+越+形容词/动词	越想越生气、越长越高、越收拾越乱
16	动词+上+了	吃上了、忙活上了、喝上了

续表

17	给+我+动词!	给我滚!给我走!给我扔出去!
18	动词+他+数词+宾语	切他二斤肉,睡他一觉
19	爱+单音动词+不+单音动词	爱学不学,爱看不看,爱吃不吃,爱买不买
20	动词+了+有+数量名	买了有二十本书,找了有三十个人,住了有十天
21	单音动词+个+正着	逮个正着,碰个正着,睡个正着
22	动词₁+都+不+动词₁	看都不看,听都不听,收拾都不收拾
23	一+动词+一+形容词	一看一个死,一算一个准,一治一个好
24	动词₁+名词₁+的+动词+名词₁	买书的买书,打扫卫生的打扫卫生,写作业的写作业
25	单音动词+了!	扔了!放了!切了!
26	动词+了+老+(鼻子)+名词	喝了老鼻子水,糟蹋了老鼻子粮食,花了老鼻子钱
27	动词+他+个+多音动、形、名	打他个稀里哗啦,摔他个底朝天,驾他个狗血喷头
28	动词+(他)+一个!	吃(他)一个!、走(他)一个!、买(他)一个!
29	动词+得+来/不来	做得来,学得来
30	动词₁+着+动词₁+着	想着想着,看着看着,说着说着
31	动词+他+个+概数+数量词+宾语	买他一两本书,住他个四五天,连他个三四家
32	一+动词+就+数量词	一坐就半天,一聊就一小时,一学就一上午
33	动词₁+(一)+动词₁	看一看,想一想,尝一尝

(1) 双音+和+双音+宾语/*单音+和+单音+宾语
  购买和阅读了报纸　测量和治疗糖尿病　观察和认识数字
  *买和读报纸　*量和治糖尿病　*看和认数字
(2) 进行+双音动词/*进行+单音动词
  进行检测　给予帮助　加以批评　予以惩罚
  *进行测　*给予帮　*加以批　*予以罚
(3) 单音动词+处所词+方位词/*双音动词+处所词+方位词
  放桌子上　搁屋里　摆窗台上　贴门框上
  挂屋顶上
  *放置桌子上　*搁置屋子里　*摆放窗台上
  *粘贴门框上　*悬挂屋顶上
(4) 好+单音动词/（可）轻读动词/*音足调实双音动词
  好找　好买　好拿　好修理　好商量
  *好寻找　*好购买　*好携带　*好修整　*好商榷
  不好寻找　不好购买　不好携带　不好修整
  不好商榷

　　限于篇幅，这里只略举一二。毫无疑问，将来的研究还会在这个领域有更多的发现，大量对立性的标体最小单位有待我们深入发掘。

　　其次，不同的语体，句法结构的本质不同（如移位（movement）的高低）。句法移位直接导致表层结构的差异，它是语言中的常见句法运作。我们知道，无论口语还是书面语，句法移位都普遍存在；然而，口语和书面语中的句法运作同样在"质"上存在着对立。以往的句法研究和语体研究，均未予以注意。最明显的例子是"唱美声"和"歌唱祖国"。

"唱美声"实为"用美声唱"，而"歌唱祖国"则是"为祖国歌唱"。也就是说，尽管二者均是轻动词引发的句法移位，但其移位的高低却有本质不同，请看图1。

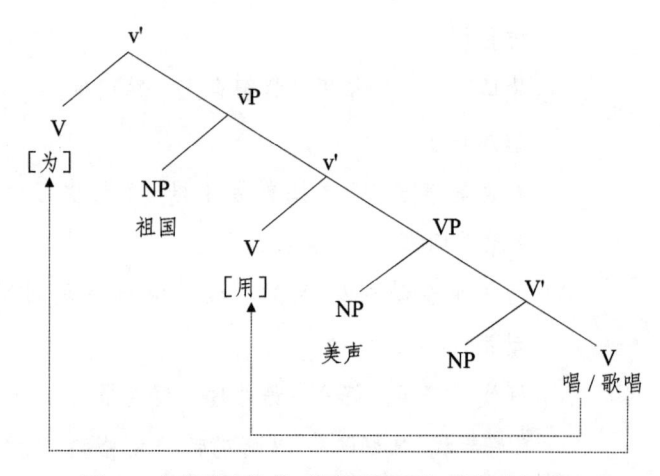

图1 "唱美声"和"歌唱祖国"的句法运作

在句法位置上，"歌唱祖国"高于"唱美声"；语体功能上，前者为口语非正式语体，后者为书面正式语体。同为句法移位，但移位高低的对立具有区分语体的功能，显然是"语体不同，语法不同"的又一表现。

汉语中类似的现象很多，如"服务人民（=为人们服务）"与"砍大刀（=用大刀砍）"（"为"高于"用"）等，穷尽此类现象，系统研究句法运作下的语体语法，同样是语体语法理论引发出来的重要课题。

再次，相同的词汇形式，词性的不同，造成语体的不同。"语体不同，语法不同"还表现在语体对立对应于词性的差异。具体而言，同一词汇形式，词性不同，语体不同。

例如"证明"一词，既可以为名词，也可以为动词。当为名词时，属于口语非正式语体或通用语体，可用于学生与学生之间课间聊天，即典型的口语非正式交际中。例如：

（5）a. 你刚才找班主任做什么？
　　　b. 我找老师写了个证明。

当"证明"为动词时，则具有较强的书面正式语体色彩，在口语中我们多用"让某某人相信什么"的表达，极少用"证明"一词，如：

（6）a. 如何证明这就是曹雪芹的手迹？（书面正式体）
　　　b. 怎么能让别人相信这是曹雪芹写的？（口语非正式体）

从语料库中亦可发现动词"证明"多用于书面正式语体色彩较强的语句，如：

（7）斯金纳用实验证明惩罚的结果是抑制行为，而不会消除行为。

（8）实践证明教师对学生的巨大感染力，常常直接源于对学生的热爱和关心。

词性的不同可以构成语体的对立，汉语中存在多少此类现象，以及背后的规律是什么，我们仍然需要继续深入探讨[①]。

最后，充当的句法成分不同，语体属性不同（base-generated position）。语体标注中我们还发现同一词汇形式，因充当的句子成分的性质不同而表现出了不同的语体属性。请看下面的例子：

(9) a. 大家都不敢谈政治。（通体）
　　b. 这属于政治问题。（正式体）
　　c. 美国主张政治解决索马里危机。（正式体，更为正式）

(10) a. 这是中国的历史。（通体）
　　 b. 这是个历史问题。（正式体）
　　 c. 这部电视剧历史地反映卫国战争。（正式体，更为正式）

(11) a. 这个问题她说得很清楚。（口语体）
　　 b. 他清楚地表达了这一问题。（正式体）

(12) a. 每个人的讲话，她都记得很全面。（口语体）
　　 b. 他全面地记录了每个人的讲话。（正式体）

上面例（9）和例（10）中的"政治"和"历史"既可以做中心语，又可以做定语，还可以是状语，相比之下，做中心语口语性最强，而做状语正式度最高。例（11）中的"清楚"既可以做补语又可以做状语，显然充当状语为书面正式语体；而充当补语属于口语非正式语体。例（12）中的"全面"做谓语远不如做状语正式。可见，句子成分属性的差异与语体功能也存在对应性。

---

① 如果"距离"可以作为判断语法形式的语体属性的标准的话，那么这里"词性不同，语体不同"的原因就有可能和词性转变源于轻动词移位有直接的关系。兹事甚大，有待将来的深入研究。

综合以上量和质的两方面例证，我们可以看到：语体语法对表体构件的"量"十分敏感，因此表体形式在语言中的表现也极为丰富；同时语体语法在"质"上的差异也非常鲜明，反映出语言本体的深层规律。可以预测，语体标注的后续工作将会发掘更多的现象与事实。

四、语体语法要素在叙事和论说文体中的分布状况

语体标注研究在整理、丰富语体语法事实的同时，也对语法要素在叙事文和论说文这两大基础文体中的分布情况进行了探索，主要从以下几个方面进行了考察。

首先是对叙事文和论说文中语体词汇要素的使用量的考察。我们选取了四篇叙事文《女儿的婚事》《尾巴》《本命年的回归》《骆驼祥子》（节选）和两篇论说文《怀疑与学问》《现代语境下的〈棋王〉解读》，并对这六篇文章中的通用体词汇、口语非正式语体词汇、书面正式语体词汇、庄典体词汇的数量进行了统计分析，结果如表3、表4：

表3 叙事文中语体要素的含量

	《本命年的回归》		《女儿的婚事》		《尾巴》		《骆驼祥子》（节选）	
通用体词汇	575	78%	312	42%	262	65%	1045	68%
书面正式语体词汇	84	11%	219	29%	90	22%	298	19%
口语非正式语体词汇	50	7%	171	23%	49	12%	190	12%
庄典体词汇	28	4%	49	6%	5	1%	12	1%

表4　论说文中语体要素的含量

	《怀疑与学问》		《现代语境下的〈棋王〉解读》	
通用体词汇	354	63%	1716	58%
书面正式语体词汇	133	24%	1108	37%
口语非正式语体词汇	29	5%	79	3%
庄典体词汇	44	8%	63	2%

从以上两类文章的统计结果中,我们可以发现如下事实:

第一,从语体词汇要素的使用量来看,无论是叙事文还是论说文,通用体要素均为主体要素,占总词量的50%乃至70%以上。

第二,叙事体和论说体的差异体现在书面正式语体词汇量与口语非正式语体词汇量的差距上,其中论说体中书面正式语体词汇量成倍数地高于口语非正式语体词汇量;而叙事体中,书面正式语体词汇量与口语非正式语体词汇量难成倍数之差,有时书面正式语体词汇的数量高于口语非正式语体词汇的数量,有时则相反。

第三,庄典体词汇的数量很少,从所考察的文章来看,最高不超过10%,最低仅1%。

由以上三点可以看出:无论是叙事体还是论说体,通用体要素均是主体要素。二者的差异主要是通过书面正式语体要素和口语非正式语体要素的差距来显现的,叙事体相差不大,论说体差别很大。庄典体使用率都很低。

其次,我们对语体要素在叙事和论说中的出现方式也进行了初步的考察。具体而言,依据冯胜利(2006b:18—20)"文白交杂,结伴而行"的原则,我们考察了每一类语体要素是以单行的方式,

还是以结伴的方式出现,并考察了结伴而行时结伴的数量,发现以下几点:

第一,无论是叙事体还是论说体,作为主体的构成要素通体词,既存在大量单个出现的情况,也存在大量结伴而行的情况,二者大约各占一半。

第二,叙事体和论说体在通体词结伴而行的数量上存在差异。其中,论说体中结伴的数量以 2、3 为主;而叙事体结伴的数量则以 2、3、4 为主,还偶有 6 至 10 余个连续出现的情况。例如(E=庄典,F=正式,0=通体,I=非正式):

(13)若/使/后/之/学者/都/墨守/前人/的/旧/说/,
　　E F [E F 0] 0 F　　F　0 0 0,
那/就/没有/新/问题/,没有/新/发明/,一切/学术/就/
0　0　 0　 0　 0 ,　0　0　 0 ,　0　 0　F F 0
得/停滞/,人类/的/文化/也/就/不/会/进步/了/。
I F , F 0 0 0 0 0 0 F 0 。

第三,无论是叙事体,还是论说体,单个出现的通体词普遍以与其他多个通体词间隔并现的方式出现,也就是说,间隔并现,是其出现的另一重要方式。例如:

(14)记得/有/一/次/阿茂/擅自/将/两/箱/碱性/
　　　 0　0 0 0　 I　　F　　F 0　 0　F
电池/低价/批/给/他/的/一/个/老/同学/,便/被/秦/
 0　 F I 0 0 0 0 0 0　0 ,　F 0 F
书记/毫不留情/地/克/了/一/顿/,把/阿茂/弄/得/
 0　　 E　　 0 I 0 0 0 ,0　 I　 I 0

好不 / 狼狈 /。说 / 实在 / 话 /，阿茂 / 简直 / 有点 / 恨 / 他。
[0/0]₁ F 。[0 I 0]₁ I 0 I 0 0。

第四，无论是叙事文还是论说文，正式体要素、非正式体要素和庄典体要素均与通体词汇的出现方式有所不同，它们一般都以单行为主体。其中的正式体要素，单行的数量占到80%以上；结伴而行的正式体约占20%以下，且结伴的数量以2个为主，少量3个组合；非正式体词汇和庄典体词汇，同样是以单行为主体的出现方式，论说体中甚至达90%以上。也就是说，正式语体词汇、非正式语体词汇和庄典体词汇，主要是以间隔共现的方式来出现的。例如：

（15）晚饭 / 后 /，阿茂 / 让 / 老婆 / 拿 / 出 / 早 / 已买 /
　　　　　0 F，I I I 0 0 0 E0
下 / 的 / 一 / 沓 / 大红 / 烫金 / 的 / 请柬 /，伏 / 在 / 饭桌 / 上 /
I 0 0 0 0   0   0   0   F 0 0   0
郑重其事 / 地 / 填写 / 开 / 了 。女儿 / 的 / 婚期 / 定 / 在 /
　F　　 0 F　 I 0 。F   0   0   0 0
下 / 月 / 初 /，该 / 把 / 帖子 / 派发 / 出去 / 了 。
0 0 0 ，I 0 0   F   0 I 。

（16）譬如 / 在 / 国难 / 危急 / 的 / 时候 /，各 / 地 / 一定 /
　　　　E 0 [E F]_F 0 0 ，[E E]_E 0
有 / 许多 / 口头 / 的 / 消息，说 / 得 / 如何 / 凶险 /，那 / 便 /
0   0   0   F ，0   0   E   F ，0 E
是 / 别人 / 的 / 传说，不 / 一定 / 可靠 。要 / 知道 / 实际 / 的 /
0   0   0   F ，[0 0]_I 0 。I 0   F   0

情形/，只有/靠/自己/亲自/去/观察/。

F，０　０　０　F　０　F　。

第五，正式语体词和口语非正式语体词在语法结构中嵌套共存，这是所考察的文体中的另一重要现象。例如：

（17）伏在饭桌上郑重其事地 [填写 /F 开 /I] 了。

（18）贾文彬是他的 [顶头 I/ 上司 F]。

（19）这一回阿茂可 [费 /I 了 0/ 点 /I 踌躇 /F]I。

我们对 6 个文本中的该类现象进行了考察，该类现象的数量和所占文本中总句数量的比率如下：

论说体				叙事体					
《现代语境下的〈棋王〉解读》		《怀疑与学问》		《尾巴》		《女儿的婚事》		《本命年的回归》		《骆驼祥子》（节选）	
17	5%	6	7%	11	15%	31	60%	6	7%	8	3%

从以上数据中，我们可以看到，6 个文本中该类现象均存在，其中正式程度较高的叙事体中含量较高，论说体和非正式程度较高的叙事体中含量较低。也就是说，正式度高的叙事体是该类现象出现的典型环境[①]。

综合以上分析，尽管我们的语料数据非常有限，得出的结论还需将来的研究加以证实和修订，我们仍然可以清楚地看到：无论是从标体形式数量上，还是从它们的分布方式上，各类文体均

---

① 注意：这里的"正式度"的判断实际可能还包含了没有分离出来的、理论上属于文艺体的"文雅度"，但由于标注语料的数据不够大，所以这部分的结论尚有待将来大量的标注语料来完成。

以通体为主体要素。语体形式以通体为主；正式体标体形式和非正式体标体形式，相对于庄典体，不仅数量大，而且分布广，它们是文体区别的主要形式[①]。

五、语言学与语言教学上的意义

语体标注以及其对语体语法事实的发掘和对文体分析的研究，在语言学和语言教学上均具有重要的意义。

首先，这些研究对于"语体语法学"和"文体构造学"（相当于传统的"文章学"）这两个学科的独立和发展具有极大的推动作用。语体语法的概念自2010年提出后，语体研究逐渐有了一个初步的理论框架。作为一个学科，它的完善与成熟必然需要大量过硬的事实，语体标注中对语体语法要素的发掘和研究，必将为语体语法学提供丰富的证据和数据，推动它的深化研究。文体、语体长期以来混淆不清，语体标注将以具体实践和事实来揭示二者的区别和联系，希望让"文体学"（或文章学）的研究走向科学化。

其次，语体标注对语体要素和文体规律的研究将为中文教学在语言习得和篇章写作两个方面提供直接可用的教学观念、方法和素材。语言形式在语音、词汇、句法（句型）层面，均存在着语体分级，根据这一事实，中文教学若要让学生真正具备说话"依法得体"（根据语法把话说得得体）的语言能力，则必须进行语

---

① 在非庄典体文体中，庄典体的构体部件有"少而精（或点缀）"的特点，究竟如何发挥作用、发挥什么样的作用，需专门研究。

体分级的教学。语体标注研究将为这一教学目标的实现提供分级的语体语法事实。

　　毫无疑问，语体标注对语体要素的研究可以为二语教学和本族语的中文教学提供语言素材，而语体标注对文体规律的研究则可为中文二语和本族语的语篇写作确定教学的内容和教学的模式。具体来说，叙事体和论说体是基础文体，无论二语教学还是中小学语文教学，写作教学当以叙事体和论说体为文体教学的基础，加强其基本模式框架的教学和训练，进行由叙事和论说文向其他文体的转换教学。

　　举例而言，记叙文的教学可采用以口语体为基础的动词链教学法。"动链法"是指叙事体中用连续不断的动词（动作）来讲述故事（事件）的方法。以《背影》中的节选语篇为例：

　　　　我看见他戴着黑布小帽，穿着黑布大马褂，深青布棉袍，蹒跚地走到铁道边，慢慢探身下去，尚不大难。可是他穿过铁道，要爬上那边月台，就不容易了。他用两手攀着上面，两脚再向上缩；他肥胖的身子向左微倾，显出努力的样子，这时我看见他的背影，我的泪很快地流下来了。

　　上面故事就存在着一个非常清晰的"动词链"，即"看见……戴着……穿着……走到……探身下去……穿过……爬上……攀着……缩……倾……努力……看见……流下来"。这些明显的口语体动词行为的连用，不仅是写作训练、文章艺术的"关键词"，更是体味作者语体表达和培养读者语体语感的"关卡点"。

　　议论文的教学亦不例外：教师可采用以正式体为基础的推演法来培训"论说体语感"。我们知道，论说文的重要特征在于逻辑思维的推演，在语言形式上则表现为推演句式，这种推演的句式当是议论文教学的主体内容，请看下文：

  可见，任何一项成就的取得，都是与勤奋分不开的，古今中外，概莫能外。……这说明，即使有些天资比较差、反应比较迟钝的人，只要有勤奋好学的精神，同样也是可以弃拙为巧，变拙为灵的。……实践证明，勤奋是点燃智慧的火把。一个人的知识多寡，关键在于勤奋的程度如何。懒惰者，永远不会在事业上有所建树，永远不会使自己变得聪明起来。唯有勤奋者，才能在知识海洋里猎取到真智实才，才能不断地开拓知识领域，获得知识的酬报，使自己变得聪明起来。高尔基说过："天才出于勤奋。"卡莱尔也说过："天才就是无止境刻苦勤奋的能力。"这就是说，只要我们不怠于勤，善求于勤，就一定能在艰苦的劳动中赢得事业上的巨大成就。

  上文中的推演的句式可以概括如下：

  可见，任何……都……，古今中外，概莫能外。……这说明，即使……，只要……，同样也是可以弃……为……，变……为……的。……实践证明，……是……。一个……的，关键在于……。……者，永远不会……，永远不会……。唯有……者，才能……，才能……，使……变得……。……说过："……。"……也说过："……。"这就是说，只要……，就一定能……。

  可以毫不夸张地说，论说体就靠"逻辑用语"拉开和口语的距离，造成正式体中的一种独特的、以逻辑推理来说服别人的文体——文体是语体语法构件组合的产物。

  在二语和语文教学中，当学习者掌握叙事和论说两大基础文体之后，便可进行文体选择、替换或转换的训练。以下面的说明文使用的直叙法为例：

　　永定河上的卢沟桥，修建于公元1189到1192年间。桥长265米，由11个半圆形的石拱组成，每个石拱长度不一，自16米到21.6米。桥宽约8米，路面平坦，几乎与河面平行。每两个石拱之间有石砌桥墩，把11个石拱联成一个整体。……桥面用石板铺砌，两旁有石栏石柱。每个柱头上都雕刻着不同姿态的狮子。这些石刻狮子，有的母子相抱，有的交头接耳，有的像倾听水声，千态万状，惟妙惟肖。

　　所谓"直叙法"是指说者和听者保持同等距离，一起观照对象，所以所用的语体格式为零度语体特征，如：

　　……上的……，……于公元……到……年间。……长……米，由……个……组成，每……长度……，自……米到……米。……宽约……米，路……，……与……平行。每……之间有……，把……个……联成一个整体。……用……铺砌，两旁有……。每……上都……着不同的……。这些……，有的……，有的……，有的……，千态万状，惟妙惟肖。

　　其中的"……于公元……到……年间""……长……米""宽约……米"都是说者与听者"等距观物"的用语，都是"零距离"的语体表达。

　　总而言之，二语教学和语文教学所用方法，应该建立在现象背后的本质和规律之上，抓住背后的规律规则，便可发现有效的方法。语体标注的研究以揭示语体规律和规则为目标，它可以也能够为教学提供更多的借鉴与参考。

参考文献

[1] 方梅（2007）语体动因对句法的塑造，《修辞学习》第 6 期。

[2] 方梅（2013）谈语体特征的句法表现，《当代修辞学》第 2 期。

[3] 冯胜利（2003a）书面语语法及教学的相对独立性，《语言教学与研究》第 2 期。

[4] 冯胜利（2003b）韵律制约的书面语与听说为主的教学法，《世界汉语教学》第 1 期。

[5] 冯胜利（2006a）论汉语书面正式语体的特征与教学，《世界汉语教学》第 4 期。

[6] 冯胜利（2006b）《汉语书面用语初编》，北京：北京语言大学出版社。

[7] 冯胜利（2010）论语体的机制及其语法属性，《中国语文》第 5 期。

[8] 冯胜利（2012a）语体语法："形式—功能对应律"的语言探索，《当代修辞学》第 6 期。

[9] 冯胜利（2012b）语体原理及其交际机制，见《汉语教学学刊》第 8 期，北京：北京大学出版社。

[10] 贺阳（2007）现代汉语欧化语法现象研究，中国人民大学博士学位论文。

[11] 胡明扬（1993）语体和语法，《汉语学习》第 2 期。

[12] 吕叔湘（1992）通过对比研究语法，《语言教学与研究》第 2 期。

[13] 孙德金（2009）现代汉语书面语研究中文言语法成分研究，上海师范大学博士学位论文。

[14] 陶红印（1999）试论语体分类的语法学意义，《当代语言学》第 3 期。

[15] 陶红印（2007）操作语体中动词论元结构的实现及语用原则，《中国语文》第 1 期。

[16] 王力（1943）《中国现代语法》，北京：中华书局。

[17] 王力（1958）《汉语史稿》，北京：中华书局。

[18] 王永娜（2010）书面正式语体的语法手段，北京语言大学博士学位论文。

[19] 王永娜（2016）《汉语书面正式语体语法的泛时空化特征研究》，北京：中国社会科学出版社。

[20] 张伯江（2007）语体差异和语法规律，《修辞学习》第 2 期。

[21] 张伯江（2012）以语法解释为目的的语体研究，《当代修辞学》第 6 期。

[22] 朱德熙（1985）现代书面汉语里的虚化动词和名动词 为第一届国际汉语教学讨论会而作，《北京大学学报（哲学社会科学版）》第 5 期。

[23] 朱德熙（1987）现代汉语语法研究的对象是什么，《中国语文》第 5 期。

[24] Kubler (1985) *A Study of Europeanized Grammarin Modern Chinese in Taiwan*, 中国台北：学生书局。

[25] Mcenery, A. & Xiao, Z. (2004) The Lancaster Corpus of Mandarin Chinese: A Corpus for Monolingualand Contrastive Language Study. In Lino, M., Xavier, M., Ferreire, F., Costa, R. & Silva, R. (eds.) *In Proceedings of the Fourth International Conference on Language Resources and Evaluation (LREC2004)*, Paris: European Language Resources Association.

"应然"与"实然"：初级汉语语法教学结构和过程研究 *

郑艳群　袁　萍

一、引言

在大数据时代，第二语言教学研究范式发生了诸多变化。汉语教学数据挖掘研究方法可以对已有的研究结果进行验证、修订和补充；可用于开展教学模式等方面的研究，发现更多的汉语教学规律（郑艳群，2016）。语法教学的结构和过程是语法教学研究的基本问题。语法教学模式是不固定的，但不同的模式中存在着某些体现语法教学规律的共同的东西（崔永华，1989）。我们认为，可以通过对结构和过程的研究，开展汉语语法教学模式的形式化研究及其他相关研究。首先，对语法教学的结构和过程进行界定。我们把语法教学中时间序列上体现出的构件（如"说明、练习"等）的先后次序称为语法教学的过程，即过程是与时间相关的构件的排列结果。而在语法教学过程中，对语法教学起直接作用的构件或由构件组成的体系称为结构，即构件是结构的组成

---

* 原文发表于《语言教学与研究》2019 年第 1 期。

部分。其次，对"应然"和"实然"进行界定。"应然"指的是人们认为应该的、理想的情形。我们把文献中关于汉语语法教学结构和过程的思辨性研究结果称作"应然"。与"应然"相对，"实然"指的是在现实中发生的情形。文献资料显示，目前有关汉语语法教学的"应然"已有很多，且大多出自权威专家之手；而公开出版或权威网站上的教学示范课类的"实然"也不少。本研究将通过对"应然"和"实然"的研究以及"实然"和"应然"研究的对比分析，探究初级汉语语法教学结构和过程的普遍规律。

二、对语法教学结构和过程"应然"的描写研究

描写是对客观存在事物的描述，其意义在于使人们对被描写的对象有更直观清晰的了解和认识。在此，我们对语法教学结构和过程的"应然"进行描写，梳理已有的相关论述，并运用形式化的手段呈现教学结构和过程的类型。

2.1 对语法教学结构"应然"的描写研究

本文研究的语法教学的结构构件，在有些文献中指称为语法教学的环节、教学事件等，如说明、练习等。已有的研究虽然较少使用"结构"一词，但从所指来看基本是同一个事物，只是在表述或指称上有所不同。我们查阅了截至 2017 年公开发表的重要文献，并从中择取与语法教学结构有关的认识，视作"应然"。"应然"汇总的原则为：只呈现研究性的结论；只呈现不同学者的相同观点及同一学者的不同观点。汇总结果见表 1（按发表时间先后排序）。

表 1 语法教学结构构件"应然"观点汇总表[①]

文献	汉语语法教学结构构件
崔永华（1989）[②]	语法点的展示、语法点的解释、语法点的练习、语法规则的归纳
王钟华主编（1999）	导入、操练、归纳
周小兵、李海鸥主编（2004）	语法点的展示、语法点的讲解、语法点的练习
张辉、杨楠（2006）	语法点导入、语法点操练
吴中伟（2007）	导入、展开、练习
李珠、姜丽萍（2008）	导入、解释、练习
卢福波（2010）	精讲、操练
翟艳、苏英霞编著（2010）	引入、展示、解释、操练、归纳
姜丽萍编著（2011）[③]	导入、操练、归纳、练习
李先银（2011）	说明/讲（导入、引出、示例）、练习
韩玉国（2014）	引导与展示、练习、总结
苏英霞（2014）	讲（语法点导入、例句展示、语法点说明）、练
刘玉屏（2017）	导入、讲解（呈现）、操练（运用）

从表 1 可以看出，学者对语法教学结构构件的归纳不尽相同，且对概念的表述也不完全一致。但我们发现不同概念所指的事物没有本质差别，指称用语是可以归一的。比如，语法点"练习"，有学者用"操练"，有学者用"练"。为便于讨论，我们对不同

---

① "应然"中有关语法教学结构和过程的观点大都没有限定教学等级。但从所举例子来看，可认定大都是针对初级汉语语法教学的。

② 崔永华（1992）与崔永华、杨寄洲主编（2002：3）中有同样的表述，因此未列入本表。

③ 姜丽萍、赵秀娟、吴春仙（2014：51）中有相似的表述，因此未列入本表。

学者所用术语进行归一并用英文字母表示：I（introduction）=导入（包括"导入；引出、示例；引导与展示；引入、展示；展示"等）；E（explanation）=说明（包括"讲；讲解；讲解（呈现）；解释；精讲；说明；展开"等）；P（practice）=练习（包括"操练；操练（运用）；练；练习"等）；S（summary）=总结（包括"归纳；总结"等）。在此基础上，对不同学者的观点进行归类。结果见表2（按结构类型代码音序排列）。

表2 语法教学结构构件及结构类型"应然"代码化归类表

文献	结构构件	结构类型
卢福波（2010）	E、P	EP 结构[①]
周小兵、李海鸥主编（2004）	I、E、P	IEP 结构
吴中伟（2007）	I、E、P	
李珠、姜丽萍（2008）	I、E、P	
李先银（2011）	I、E、P	
苏英霞（2014）	I、E、P	
刘玉屏（2017）	I、E、P	
崔永华（1989）	I、E、P、S	IEPS 结构
翟艳、苏英霞编著（2010）	I、E、P、S	
张辉、杨楠（2006）	I、P	IP 结构
王钟华主编（1999）	I、P、S	IPS 结构
姜丽萍编著（2011）	I、P、S	
韩玉国（2014）	I、P、S	

---

① 其中的每个字母代表该语法教学结构的构件，连写表示共为结构的组成部分。如"EP结构"，意思是该结构由构件"E（说明）"和"P（练习）"组成。

从表2可以看出：1）学者们归纳总结出4个构件：I、E、P、S，按提及文献份数由多到少的排列为P、I、E、S。2）构件P为共有项，这充分体现了学者们从观念上对"练习"的重视。3）构件S自崔永华（1989）和王钟华主编（1999：71）提出之后，近年又被明确提出（翟艳、苏英霞编著，2010：58；姜丽萍编著，2011：265；韩玉国，2014）。4）学者们共归纳出5种结构类型，分别是EP结构、IEP结构、IEPS结构、IP结构和IPS结构。其中，持IEP结构观点的文献最多。

2.2 对语法教学过程"应然"的描写研究

既往研究已注意到语法教学的过程性特征。比如韩玉国（2014）指出，"语法的要素性教学与技能性教学先后有序，体现出明显的过程性特征。"可以说，就"过程"这一概念而言，学者们的认识基本一致，即结构构件的发生是有先后次序的。我们查找了截至2017年公开发表的重要文献，并从中择取与语法教学过程有关的认识，视作"应然"，汇总后用代码表示并归纳出过程类型，结果见下页表3（按过程类型代码音序排列）。

从表3可以看出：1）由于过程中的结构构件和结构类型不同，学者们对过程的归纳呈现出不同的类型，共有6种。2）过程类型按文献份数由多到少的排列为：[I—E—P]过程、[I—E—P—S]过程、[I—P—S]过程、[E—P]过程、[I—P]过程、[I—P—S—P]过程。3）总体来看，构件在过程中呈现出相对固定的先后顺序，即I→E→P→S。4）从微观来看，学者们对过程的认识持有一致的观点。即若出现构件I，则I必在E和P之前，即I→E，I→P；若有E，则E在P之前，即E→P。

表3 语法教学过程类型"应然"代码化归类表

文献	结构类型
卢福波（2010）	［E—P］过程①
周小兵、李海鸥主编（2004）	［I—E—P］过程
吴中伟（2007）	
李珠、姜丽萍（2008）	
李先银（2011）	
苏英霞（2014）	
刘玉屏（2017）	
崔永华（1989）	［I—E—P—S］过程
翟艳、苏英霞编著（2010）	
张辉、杨楠（2006）	［I—P］过程
王钟华主编（1999）	［I—P—S］过程
韩玉国（2014）	
姜丽萍编著（2011）	［I—P—S—P］过程

以上，通过梳理有关汉语语法教学的文献，我们对目前关于初级汉语语法教学结构和过程的"应然"做了归纳和描写。总的来看，对初级汉语语法教学结构和过程的认识有一定的范畴化特征，但并非完全一致，存在不同的见解。

---

① 其中的每个字母代表该语法教学过程中出现的结构构件，一字线"—"表示语法教学构件之间的先后顺序，在左为先，在右为后。如"［E—P］过程"，意思是该过程由 EP 结构完成，其中 E、P 两个构件的顺序为：先 E（说明），然后 P（练习）。

三、对语法教学结构和过程"实然"的实证研究

实证研究是采用实际经验中获得的证据而非思辨的研究,具有鲜明的直接经验特点。关于语法教学结构和过程的实证研究并不多见,代表性的研究如王青(2006)和吴倩(2014)。从已有的研究来看,有两个特点:(1)仅就语法教学结构和过程的某些问题进行了考察。(2)研究材料既包括教学实录,也包括教案和实地观课,样本的代表性和同质性难以保证;加之样本数量相对较少,因此可比性相对较弱。

近年来,数据挖掘和数据分析技术的发展和广泛应用为实证研究提供了更多来自数据的支持。本文正是这一研究方法的实践。

3.1 研究设计

第一步,选取《汉语教学数据库》[①]中初级汉语语法教学的样本作为研究对象,共计45份。

第二步,对这些样本按研究目的进行转写,除标注基本信息外,还以构件为单位标注相关的语法教学信息,形成"初级汉语语法教学数据库"。

第三步,对各样本数据进行汇总和计算,得到关于语法教学结构和过程的相关统计结果。

3.2 对语法教学结构"实然"的实证研究

语法教学结构构件和结构类型的计算结果如表4所示(按结构构件代码音序排列)。

[①] 该数据库为自建。数据选自权威出版社出版的教学示范课(录像光盘),权威网站上的教学公开课、示范课和省部级教学奖获奖作品(录像)。这些教学实录可以说是汉语教学的代表之作。

表 4　语法教学结构构件和结构类型"实然"统计表

结构构件	构件数	结构类型	样本数量	百分比
I、E、P	3	IEP 结构	11	24.44%
I、E、P、S	4	IEPS 结构	25	55.56%
I、P	2	IP 结构	1	2.22%
I、P、S	3	IPS 结构	8	17.78%
合计	2—4	4	45	100%

从表 4 可以看出：（1）构件 I 和 P 为必有项，体现出规范化语法教学对"导入"和"练习"的重视。（2）各构件占比情况为，I 与 P 占比相同，E 与 S 占比相同，且前两者的占比大于后两者的占比。（3）共出现 4 种结构类型，占比由高到低排列为：IEPS 结构、IEP 结构、IPS 结构、IP 结构。（4）结构类型占比最高且占绝对优势者为 IEPS 结构，占比为 55.56%。

综观已有的同类语法教学结构实证研究，吴倩（2014）认为语法教学结构类型均为 IEPS 结构，但本研究发现了其他类型；王青（2006）的研究归纳出两种语法教学结构类型，分别是 IPS 结构和 IEPS 结构，也不如本研究的结果丰富；王青（2006）认为占比较高者为 IPS 结构，这与本研究结果有所不同。这些差异很可能是由于样本的代表性和规模造成的。

3.3 对语法教学过程"实然"的实证研究

语法教学过程的计算结果如表 5 所示（按过程类型代码的音序排列）。

表 5　语法教学不同结构类型下的过程类型"实然"统计表

结构类型	过程类型	样本数量	百分比
IEP 结构	[I—E—P] 过程	8	17.78%
	[I—P—E—P] 过程	3	6.67%
IEPS 结构	[I—E—P—E—P—S] 过程	1	2.22%
	[I—E—P—E—S] 过程	1	2.22%
	[I—E—P—E—S—P] 过程	1	2.22%
	[I—E—P—S] 过程	16	35.56%
	[I—E—P—S—P] 过程	2	4.44%
	[I—E—P—S—P—S] 过程	2	4.44%
	[I—P—E—P—S—P] 过程	1	2.22%
	[I—P—E—S] 过程	1	2.22%
IP 结构	[I—P] 过程	1	2.22%
IPS 结构	[I—P—S] 过程	5	11.11%
	[I—P—S—P] 过程	3	6.67%
合计	13	45	99.99%①

从表 5 可以看出：

第一，过程特征明显，且起始和结尾由特定的构件承担。

首先，在对样本进行构件标注的过程中容易区分出不同的组成部分，构件间的区分特性明显，这表明初级汉语语法教学过程中使用了界限相对分明的不同构件。其次，所有样本的过程均以 I（导入）开头，以 P（练习）或 S（总结）结尾，其中以 S（总结）结尾的样本居多。这一结果与王青（2006）和吴倩（2014）的研究结果一致，但本研究提供了更多的数据支持。

第二，[E—P] 和 [I—E] 及 [I—P] 子过程的实际应用凸显。本研究的样本中，某些结构构件间存在特定的关联关系，形

---

① 因四舍五入各百分比之和实为 99.99%。

成若干子过程，且出现频次较高。例如，[E—P]子过程特征显著，即语法教学中的"说明"和"练习"相伴出现，"说明"后必实施"练习"；另外凸显的还有[I—E]和[I—P]子过程。

第三，不同的过程类型是由相同的结构类型产生的。

在IEP结构类型下，过程类型有2种，分别为[I—E—P]和[I—P—E—P]过程；在IEPS结构类型下，过程类型有8种，为[I—E—P—E—P—S]过程等；在IPS结构类型下，过程类型也有2种，分别为[I—P—S]和[I—P—S—P]过程。

第四，过程类型呈范畴化特征。

研究发现，在所有过程类型中，[I—E—P—S]过程是IEPS结构类型中的原型过程，占比最高，为35.56%（教学过程示例见例1）。类似的还有IEP结构类型中的[I—E—P]过程和IPS结构类型中的[I—P—S]过程，占比分别为17.78%和11.11%。

例1 "把"字句中"S＋把＋O＋V＋在＋处所"的[I—E—P—S]教学过程。

I：教师通过呈现图片等方式进行导入，引出若干例句。

E：教师带领学生一起进行分析，说明"把"字句的结构。

P：开展一定量的不同形式的练习。

S：进行总结。（某样本）

四、对语法教学结构和过程"实然"与"应然"研究的对比分析

以上对初级汉语语法教学结构和过程"应然"进行了描写，并通过对一定规模规范化汉语教学"实然"的实证研究得出了相

应的结论。在此，我们把两者进行对比分析。通过对比，思考"应然"在"实然"中的体现，以及"实然"对"应然"的反拨作用。

4.1 对语法教学结构"实然"与"应然"研究的对比分析

4.1.1 结构构件对比分析

根据表2和表4，我们可以得到初级汉语语法教学结构构件的"应然"描写结果与"实然"研究结果对照表，如表6所示（按结构构件代码音序排列）。

表6 语法教学结构构件"应然"与"实然"对照表

结构构件	"应然"描写结果（提到份数/文献总份数）	"实然"研究结果（实际出现样本数/总样本数）	"应然"与"实然"支持情况
E	9/13=69.23%	36/45=80%	"实然"支持率高
I	12/13=92.31%	45/45=100%	"实然"支持率高
P	13/13=100%	45/45=100%	全部支持
S	5/13=38.46%	33/45=73.33%	"实然"支持率高

从表6可以得到如下两点结论：

第一，"I（导入）、E（说明）、P（练习）、S（总结）"构成语法教学结构构件的集合。

关于初级汉语语法教学的结构构件，"应然"中包括的可能的构件集合为：I（导入）、E（说明）、P（练习）、S（总结），共4个；"实然"中并未发现有别于上述4个构件的其他构件。另外，"应然"和"实然"研究结果中的最少构件数均为2（I和P），最多均为4（I、E、P、S）。这一结果表明：目前对初级汉语语法教学结构构件是有共识的，是相对清晰和明确的；同时，也从侧面反映了本研究选取的样本具有代表性和典型性。

第二,"P(练习)"是语法教学的必要组成部分,"I(导入)"也是。

"应然"探讨中均包括"P(练习)",且绝大部分都提到了"I(导入)";而"实然"中I和P两个构件在所有样本中都出现了。在这一点上,"应然"与"实然"基本是一致的。这充分说明"练习"和"导入"两个构件是语法教学的必要组成部分。事实上,在以往的研究中,学者们已经对二者的作用在理论上给予了充分的阐述和分析,如:语法点学习环节的"第一步就是语法点的导入"(张辉、杨楠,2006:54),"导入环节作为语法教学的起点至关重要"(韩玉国,2014),"练习语法点是语法教学的最主要的环节"(崔永华、杨寄洲主编,2002:75)。

4.1.2 结构类型对比分析

根据表2和表4,我们将"应然"与"实然"中结构类型的有无进行对比,如表7所示(按结构类型代码音序排列)。

表7 语法教学结构类型"应然"与"实然"对照表[①]

结构类型	"应然"结构类型	"实然"结构类型
EP 结构	+	−
IEP 结构	+	+
IEPS 结构	+	+
IP 结构	+	+
IPS 结构	+	+

表7显示,"应然"中的绝大部分结构类型在"实然"中找

---

① 表中"+"表示有,"-"表示无。

到了证据。从表7还可以看出，"应然"中共有5种结构类型，而"实然"研究共发现了4种结构类型，"实然"包含在"应然"之中。两个集合相比，"应然"研究中论及的IEPS结构、IEP结构、IPS结构和IP结构等4种结构类型在"实然"研究中均出现了；而"应然"研究中论及的EP结构在"实然"研究中未发现。我们认为，一方面，持该观点的学者可能重点强调了语法教学中的"讲"和"练"，将结构类型归纳为EP结构。另一方面，在实际教学中，可能存在"导入"环节过简的情况。

4.1.3 对语法教学结构构件和类型的新认识

通过对比分析，我们可以得出如下两点新认识：

第一，"S（总结）"项很可能是影响语法教学效果的重要参数，这有待实验验证。

"应然"描写结果显示，"S（总结）"项较少被提及（占38.46%），而在"实然"研究中该项出现频次较高（占73.33%）。这说明在规范化汉语语法教学中，教师对构件S给予了高度重视。而事实上，自崔永华（1989）明确提出该项后，王钟华主编（1999：71）、翟艳和苏英霞编著（2010：58）、姜丽萍编著（2011：265）和韩玉国（2014）的相关著作也相继明确提出该项。但是，相比I、E、P项在"应然"中被提及的频次，S项被提及和强调得不够，这对于以"应然"认知为指导的新手教师建立教学认知来说，或许不是一种完备性知识。考虑到本文实证研究所用数据的性质定性为规范化汉语教学样本，我们认为"S（总结）"项很可能是影响语法教学效果的重要参数。当然，这有待进一步的教学实验加以验证。

第二，结构类型呈现范畴化特征。

"应然"与"实然":初级汉语语法教学结构和过程研究　　165

本研究"应然"描写得出的 5 种结构类型中,被关注程度最高、提及最多的结构类型为 IEP 结构。可以说,结构类型呈现范畴化特征,且 IEP 结构可以看作是"应然"中的原型结构。而在"实然"研究得出的 4 种结构类型中,出现最多的结构类型为 IEPS 结构,占 55.56%。同样可以说,结构类型呈现范畴化特征,且 IEP 结构可以看作是"实然"中的原型结构。

4.2 对语法教学过程"实然"与"应然"研究的对比分析

下面我们对"应然"和"实然"教学过程从构件的组合和排列上做进一步的解析,如表 8 所示(按"应然"过程类型代码音序及"实然"过程类型代码音序排列)。

表 8　语法教学过程类型"应然"与"实然"解析表

"应然"过程类型	"实然"过程的样本数、类型及变体解析		
	样本数	类型	原型及变体解析
E—P	0	(无)	(无)
I—E—P	8	I—E—P	I　—EP
	3	I—P—E—P	I—P—EP
I—E—P—S	1	I—E—P—E—P—S	I　—EP[EP]　—S
	1	I—E—P—E—S	I　—EP[E]　—S
	1	I—E—P—E—S—P	I　—EP[E]　—S—P
	16	I—E—P—S	I　—EP　—S
	2	I—E—P—S—P	I　—EP　—S—P
	2	I—E—P—S—P—S	I　—EP　—S—P—S
	1	I—P—E—P—S	I—P—EP　—S—P
	1	I—P—E—S	I—P—E　—S
I—P	1	I—P	I—P
I—P—S	5	I—P—S	I—P　—S
I—P—S—P	3	I—P—S—P	I—P　—S—P

通过对比分析，我们可以得到如下4项认识：

第一，"应然"中的5种过程类型可以看作是语法教学理论和实践研究的结晶。

本研究结果表明，语法教学过程的"应然"与"实然"不完全一致。具体来说，"应然"探讨中论及的6种过程类型中的5种在"实然"中均出现了，它们是：[I—E—P]、[I—E—P—S]、[I—P]、[I—P—S]、[I—P—S—P]；并且，这5种"应然"类型在"实然"中出现的总频次占优势（占73.33%），这说明"应然"的这5种过程类型从理论和实践的角度看，都是值得信赖的。

第二，"应然"和"实然"中的过程类型都不是单一和固定不变的。某些类型为大概率事件，值得实际教学中参考和借鉴。

本研究"应然"描写中归纳出了6种过程类型，"实然"研究结果发现了13种过程类型。这一方面表明，语法教学过程类型多样，而不是单一和固定不变的，同时也体现了教师对教学方法的灵活运用；另一方面表明，过程类型是非常有限和相对集中的若干种，而不是结构构件的随机或任意排列。[I—E—P—S]过程为大概率事件，值得教学中参考和应用。鉴于"应然"和"实然"研究的背景，可以说其有限和集中的特点体现出语法教学理论和教学模式的制约作用。

第三，"实然"中出现了许多"应然"过程类型的变体形式，应进一步探讨其应用的背景或条件，并纳入教学认知的视野。

"应然"中的6种过程类型在"实然"中出现的有5种，而"实然"研究中发现的[I—E—P—S—P]等8种过程类型在"应然"探讨中未见到具体论述。根据表8，这5种"应然"过程类型与"实然"的13种过程类型相比较，"实然"中的诸多过程类型可看作是"应然"过程类型的变体形式,可由"应然"原型变体得到。如[I—E—P—E—P—S]可看作是[I—[E—P]—[E—P]—S],即原型[I—E—P—S]的变体。其他还有若干类似的情形,具体见例2和例3。将上述变体研究成果纳入教学认知的视野,有利于语言教学创新或在不同教学目标下选用适切的语言教学方法。

例2 该样本的教学过程为[I—E—P—E—S],可看作是[I—E—P[E]—S]。与原型[I—E—P—S]相比,中间多了一个[E]。在类似例1的过程中,又进行了第二次说明。

I:教师通过动作导入,引出例句。

E:教师主要讲解了"把"字句的结构。

P:进行了练习。

E:教师又强调了"把"字句的结构语义特征,进行了第二次说明。

S:带领学生一起总结。(某样本)

例3 该样本的教学过程为[I—E—P—S—P—S],可以看作是[I—E—P—S[—P—S]]。与原型[I—E—P—S]相比,后面多了[—P—S]。实际情况是,教师进行了导入、说明、练习和总结之后,又做了一次练习和总结。

I:教师通过图片导入,引出例句。

E:教师带领学生一起进行分析,说明情态补语的结构。

P:一定量的练习。

S:通过黑板板书总结情态补语的结构、提问方式等。

P:又有一个总的交际性练习(所以多了一个P)。

S:教师再次进行了总结(所以又多了一个S)。(某样本)

这反映出原型是主流形式,语法教学既可遵循[I—E—P—

S］或［I—E—P］等教学过程原型，也可不拘泥于原型。"应然"体现的是"教学有法"，"实然"体现的是"法无定法"。同时，这些变体非常值得研究，学者们既需要对语法教学结构构件、结构类型和过程类型做更细致的描写，也应从理论上探讨各类（种）变体的依据。这正是通过数据挖掘方法，从可操作的角度更准确地把握教学模式的真谛（郑艳群，2016）。

第四，"应然"中对子过程［E—P］、［I—E］和［I—P］的认识，在"实然"中找到了证据。

崔永华、杨寄洲主编（2002：74）认为，解释语法点不是一个独立的过程，而是随着练习的进程而进行的。由表8可以看出，［E—P］子过程出现的频次最高，可以说"实然"实证研究为"应然"描写提供了强有力的证据。

另外，由表8还可以看出：［I—E］子过程出现的频次较高，即"导入"与"说明"相伴，这与苏英霞（2014）的观点相吻合。还有，［I—P］子过程，即"导入"之后不做说明就开始"练习"的情形，其出现的频次也相对较高，这与"在语法点导入之后，要通过大量的操练使学生进一步理解其意义，逐步熟悉并掌握其结构与使用的条件"（张辉、杨楠，2006：57）的教学理念相印证。

五、结语

根据上文的分析，针对初级汉语语法教学的结构和过程问题，已有的"应然"多出自权威专家之手，但表述并不一致或不完全一致。已有的代表性"实然"研究（王青，2006；吴倩，2014）是对某位学者的观点进行的个案研究。而本研究是对语法教学结构构件、结构和过程认识较为全面的研究，并且采用的数据样本同质性高，数据规模为以往同类研究的 9 至 11 倍。本研究的工作和主要结果可以概括为：（1）基于已有的文献开展了有关语法教学结构构件、结构类型和过程类型"应然"的研究。（2）使用《汉语教学数据库》开展了有关语法教学结构构件、结构类型和过程类型"实然"的研究。（3）对"应然"和"实然"研究进行了多方面对比分析。

与 AlphaGo 不同，AlphaGo Zero 的诞生正是在与世界顶尖围棋选手的对弈中不断改进升级的结果，其工作原理是深度学习。它的研发给人类以重要的启示。本研究可视为大数据视角下的汉语教学数据挖掘研究，它不仅为已有的研究提供了更多的佐证，还通过关联关系分析确认了语法教学中特定的子过程，这为进一步分析它的合理性，为构建教学理论模型打下了基础。基于本研究的结果，在此要特别说明的是：第一，对"应然"应该继续持深究的态度，一方面要做更细致的描写，另一方面应探究适用条件，如语法点的难易、学生的水平等级和反应等课堂教学的实际情况，并寻求在实践中检验。第二，对"实然"中的少数现象，鉴于数据的性质，不妨持积极的态度审视其是否为创新性教学实践，通过访谈等其他手段，探究其应用的理据，其中也不排除教学失误或设计不当的情形。

在一个体系下，使用信息处理的方法，通过教学计算，系统地对汉语教学进行精细化研究和描写；在一个虚拟空间中，以技术手段呈现汉语教学知识，为它"画像"（郑艳群，2000），这对于多层次、多维度的课堂教学研究是必要的，也是可行的。

参考文献

[1] 崔永华（1989）对外汉语语法课堂教学的一种模式，《世界汉语教学》第2期。

[2] 崔永华（1992）基础汉语阶段精读课课堂教学结构分析，《世界汉语教学》第3期。

[3] 崔永华、杨寄洲主编（2002）《汉语课堂教学技巧》，北京：北京语言大学出版社。

[4] 韩玉国（2014）汉语语法教学的语义引导，《国际汉语教学研究》第4期。

[5] 姜丽萍编著（2011）《汉语作为第二语言课堂教学》，北京：北京大学出版社。

[6] 姜丽萍、赵秀娟、吴春仙（2014）《综合课教学方法与技巧》，北京：北京语言大学出版社。

[7] 李先银（2011）表达导向的对外汉语语法教学模式及"把"字句的教学，见迟兰英主编《汉语速成教学研究》，北京：北京语言大学出版社。

[8] 李珠、姜丽萍（2008）《怎样教外国人汉语》，北京：北京语言大学出版社。

[9] 刘玉屏（2017）《汉语作为第二语言语法教学》，北京：中央民族大学出版社。

[10] 卢福波（2010）《汉语语法教学理论与方法》，北京：北京大学出版社。

[11] 苏英霞（2014）基于案例观察的语法教学失误分析，《国际汉语教学研究》第2期。

[12] 王青（2006）对外汉语初级阶段综合课的课堂教学模式研究，北京语言大学硕士学位论文。

[13] 王钟华主编（1999）《对外汉语教学初级阶段课程规范》，北京：北京语言文化大学出版社。

[14] 吴倩（2014）优秀教师综合课教学模式研究——以北语五位教师教学录像为考察对象，北京语言大学硕士学位论文。

[15] 吴中伟（2007）《怎样教语法——语法教学理论与实践》，上海：华东师范大学出版社。

[16] 翟艳、苏英霞编著（2010）《汉语作为第二语言技能教学》，北京：北京大学出版社。

[17] 张辉、杨楠（2006）《汉语综合课教学法》，北京：北京语言大学出版社。

[18] 郑艳群（2000）浅谈"虚拟词语空间"——多媒体汉语词典的发展设想，见《第六届国际汉语教学讨论会论文选》，北京：北京大学出版社。

[19] 郑艳群（2016）汉语教学数据挖掘：意义和方法，《语言文字应用》第4期。

[20] 周小兵、李海鸥主编（2004）《对外汉语教学入门》，广州：中山大学出版社。

基于多元化信息参照的汉语
教学分级测试体系构建 *

郭修敏

一、汉语分级测试的体系化及其建构意义

吕必松（1993）将对外汉语的教学活动分为四个不同的环节，其中之一就是测试。语言测试可以依据不同的标准进行分类，张凯（2002：22）从测试目的与用途的角度，划分出水平测验、成绩测验、能力倾向测验、分班测验和诊断性测验五种测验类型。目前，汉语教学普遍采取分级教学的形式，需要在正式教学开始前，通过分级测试对学习者进行分班与安置。高质量的分级测试对整个教学活动起着极其重要的良性先导作用，更是语言教学能否实现"因材施教"的先决条件。

由于界定概念时的关注点不同，分级测试（聚焦于受试者的水平等级区分）又被称为分班测试、编班测试（面向班级的编制与划分）或是安置性测试（关注的是对受试者的合理分配与安置）。本文采用的是"分级测试"这一术语。虽然名称使用有所

---

* 原文发表于《语言教学与研究》2018年第6期。

不同，但对于分级测试的内涵及其功能，学界的看法较为一致，是指"通过评估学习者汉语水平为入班等级提供参考依据、实现安置和分级功能的测验类型"（郭修敏，2017）。换言之，分级测试的主要功能是对特定的考生（学习者）群体划分等级、为之匹配适恰的入班等级，而分级的依据就是考生的汉语水平。然而事实上，就汉语教学的实际情况而言，分级测试的复杂性远远高于水平测试和成绩测试等其他测验类型[①]，影响学习者最终入班等级的因素包括但绝不仅限于汉语水平，还涉及学习者的学习背景、学习动机、学习风格和学习需求等非语言因素。要实现精准分级，我们不但要将以上各个因素纳入考虑范围，而且要对这些因素的相互关系、对分班结果的影响程度等都要考察清楚。这显然不是仅仅依靠单一的测验本身就能解决的，而是有赖于一个具备整体框架性、内部各环节和步骤有效关联的分级测试系统[②]。基于此，我们认为分级测试必须体系化，涵盖从分级测试题库的建立（包括带有预评估功能的自测题、正式的分级测试口试题和笔试题等）到学习者相关信息的收集、分析，再到追踪调查分级测试决策准确性的各层面内容，构建基于多元化信息参照的立体式汉语教学分级测试体系，从而为分班决策提供分级测验成绩（即语言能力层面），以及把学习者的学习背景、学习动机、学

[①] 相对而言，水平测试和成绩测试的功能与内涵比较简单明确，前者用于评估考生总体的语言能力，不受任何具体的教学大纲、教材内容的限制；而后者则考察受试者对特定教学内容的掌握程度。

[②] 在此，我们想对"测试"与"测验"的概念予以区分，厘清其内涵。测验一般是指某个特定的测验或某种具体的测验类型，对应于 language test；测试是指整个考试与评估过程，包括了具体的测验和其它的测试程序，如施测、评分甚至决策等环节，对应于 language testing。因此，我们认为分级测试应该是一个体系，而分级测验是整个测试体系中的一个重要内容。

习目标、学习风格（即多元信息层面）等多个相关因素作为参照点，进行多维度、立体式、动态化的综合评估，提高分班决策的有效性和精确性。

二、分级测试的研究背景和实践状况

2.1 分级测试的研究背景与现状

目前有关汉语教学分级测试的研究主要集中在测验试题的设计与实施方面，如李海燕、蔡云凌、刘颂浩（2003）探讨了分级测试中的口试题型；任春艳（2007）基于语法习得顺序，进行了简化分班测试的探索；赵秀娟（2012）设计了两套分级测试的笔试试卷；罗莲（2012a）进行了分级测试分数线划分的专门研究；郭修敏（2017）编制了分级测试客观卷，并对试卷的信效度进行了检验；伍秋萍、洪炜、邓淑兰（2017）构建了6项分班指标用于施测，同时进行了分级测试简化流程的实证研究。此外，也有学者就分级测试结果的跟踪调查、分级测试与欧洲语言共同参考框架（CEFR）的链接等问题展开探讨（辛平，2007；罗莲，2017）。但是综观现有的分级测试研究，有如下几个突出的问题：一是研究成果比较有限，而相较之下，国外语言教学界和测试界的分级测试研究数量明显更多，涉及的理论问题也更全面（如测验长度、测验维度、分数体系、项目功能差异问题等）；二是研究多着眼于应用层面，基本是围绕分级测试的试题研发和具体操作展开的，从理论层面对分级测试各个方面的问题进行系统研究的成果非常有限，其中陈作宏、邓秀均（2005）较为全面地讨论了分级测试的性质特点、等级标准等核心问题，柴省三（2011）

对分级测试的形式、目的和原则进行了初步探讨，罗莲（2012b）讨论了分级测试整体设计的各个环节，展示了与之对应的分级测试模式；三是研究视角始终局限于学习者汉语水平的等级划分，对直接影响分班结果的其他因素没有给予必要的关注，目前仅有罗莲（2011）明确提出，语言水平以外的学生个体差异同样属于分级的影响因素。

Wall *et al.*（1994）指出，分级测试最根本的目的，是将学生分配和安置到语言水平适宜的教学班级当中。然而从实际应用的层面来看，由于分级测试的不合理，相当一部分汉语教学单位都遭遇过学生大面积换班带来的困扰，甚至不得不临时增设新的教学班或是因调走人数太多而撤班。即使有的学生当时没有换班，但他所在等级与其实际水平和需求并不相符，结果是学生有情绪、学习效率低下；而教师则陷入班内学习者水平不一致、顾此失彼的困境当中。汉语教学需要一个能精准分级，保证入班稳定率、为提升教学效果提供良好保障的分级测试体系；但现实中不少分级测试缺乏有效性和可靠性，导致开学初换班期间教学秩序受影响，而其后的整个教学过程也难免进展不顺，这正是分级测试在"应然"与"实然"之间的矛盾与落差。究其原因，一是因为"分级测验既不属于大规模测试的范畴，也不属于商业化考试的范畴"（柴省三，2011），因此在试题研发、等级和决策制定等方面基本上是不同教学单位各自为政，很难实现专业团队来设计和开发试题，以保证分级测验的信度和效度。二是由于分级测试自身以及以之为依据的分班决策的复杂性。语言测验的功能主要有四类：选拔、诊断、评估和研究（张凯，2002：2—3）。而正如 Davies *et al.*（2002：145）指出的，分级测试通常具有两种功能：分级安置（placement）与诊断（diagnosis）。面对水平不一，且年龄、性别、母语背景、学习动机、学习风格等方面都存在各种差异的汉语学习者，最终的分班决策除了要依靠分级测验准确定位每位学习者的汉语水平，还需要综合考虑并关照学习者的个体差异和需求，甚至要根据已有信息预测学习者的学习潜能和倾向，才能真正合理地将学习者分到相应等级的班级。从这个意义上说，一个成功的分级测试不仅应具有水平测试——评估受试者总体语言水平的功能，还应当借鉴潜能测试——根据相关信息预测受试者学习潜能和学习进步程度的思路[①]；此外，也需要体现出对教材与教学大纲的针对性、实现测试内容对教学内容的良好取样——而这一点又与成绩测试不谋而合。一个测验身兼多种测验类型的特征与功能，分级测试的复杂性不言而喻。

2.2 当前汉语教学中分级测试的实践状况以及存在的问题

在实践中，不少汉语教学单位使用标准化水平测试作为分级测验试题，其中使用最广泛的是 HSK 考试。同时，也有的教学机构采用自己设计开发的试题，从测验的考查内容到分级标准都以相关教材的内容和难度为主要参考标准，比如北京大学某几年的分班测试，就属于这种以教材为基准的分班测试（刘超英、赵延风、陈莉，2000：223）。此外，也有教学单位综合使用分级测验的几种不同形式，以北京语言大学汉语速成学院速成系为例，采用的是笔试分班（使用老版 HSK 初中等试题）与口试分班（教师使用自编材料面试学生）相结合的测试形式。在目前的分级测

[①] 语言学习潜力受多方面因素的影响，如智商、年龄、记忆力、语言敏感度和语法结构敏感度等。语言潜能测试（aptitude test）是用以预测受试者是否具有学好某种陌生语言的潜力的测试。

验实践操作中，最突出的问题有两个：试题难度的适应性问题以及试题本身的质量问题。前一个问题主要体现在对 HSK 试题的使用上，而后一个问题则主要存在于分级测验试题的自主研发中。由于 HSK 试卷分为不同等级（老版 HSK 分为基础、初中等和高等；新版 HSK 分为 1—6 级），直接使用 HSK 试题难以确定合适的难度等级试卷。此外，HSK 试卷还存在着可用试卷有限、分数体系复杂、考试占用时间长等问题（陈作宏、邓秀均，2005；赵秀娟，2012）。而各教学机构自己编制的分级测试题，问题则在于试题信效度不高、对学习者汉语水平的区分能力不足。同时，目前绝大部分的汉语教学单位在进行分班决策时，其评判依据仅仅是学习者的分级测验分数，这与当下基于学习者特征分析和学习需求分析进行教学设计、实施教学安排的教学理念大相径庭。事实上，这也是我们在教学实践中不止一次遇到的难题：仅就学习者的汉语水平而言，当前所分配安置的班级适合学习者，但他（她）却由于一些其他的原因提出换班的要求（如学习者学习动机很强，愿意挑战更高难度等级；或是学习者的学习能力和跨文化适应能力较差，在学习过程中明显滞后于整个班级的进度等等），我们究竟是否应该满足学习者换班的需求，或者换一个角度考虑，在进行分班决策时就应提前考虑到这些影响因素，从而有效避免之后有可能出现的问题呢？

三、从等级评判到教学准备——分级测试跨学科研究的新视角

以往的汉语教学分级测试研究，基本都是从测验本身的角度

出发，探讨如何研发具有良好信效度的分级测验题，用于评估学习者的汉语水平等级，从而进行合理分级与安置。然而，结合教育学的相关理论来看，我们认为分级测试体系不应仅仅只是提供一个反映受试者当下语言水平的测验分数及其对应的等级，而是应当将研究视野延伸到他们在入班之后的学习过程，关注学习者最终的学习效果。从这个角度来看，语言测试结合教育学的跨学科理论探讨[①]，能为汉语分级测试体系的建构提供新的研究视角，帮助我们从单一的汉语水平评判者，转向全面观照学习者需求与具体情况、有机融入整体教学活动与教学过程的协作者；而分级测试体系的功能，也从单纯的等级评判转变为整个教学运行系统中的教学准备环节。

作为探究人类学习的本质及其形成机制的心理学理论，学习理论经历了行为主义——认知主义——建构主义的发展，教学的焦点也逐渐从"教"转向"学"。现代学习理论将学习者视为学习活动的主体，而学习过程就是一个"学习者主动接受刺激、积极参与意义构建和积极思维的过程"（何克抗等，2006：12）。在这一过程中，每个学习者都会把自己原有的知识、技能、情感和态度带入其中，这些因素都将共同影响整个学习过程和最终学习效果，而不仅限于已有知识水平的高低程度。这也是为什么我们不止一次遇到这样的困扰，即使在最初的分级测试后实现了同一教学等级内的学习者水平相当，但经过一段时间后就会出现或大或小的学习进展差异，甚至班内学习者水平两极分化严重——高水平学习

---

① 教育学主要为我们提供了基于现代学习理论和先进教学理念的研究思路；而语言测试则是基于测量学理论，为分级测试体系在操作性层面上的实现以及该体系性能的量化考核评估提供技术支持。

者由于教学内容过于简单、教学进度过慢而逐渐失去学习动力与学习兴趣；而低水平学习者则可能完全跟不上，乃至放弃学习。

在教育学界，致力于对以上学习者因素进行研究和考察的，主要是教学设计领域的研究者们[①]。为了发挥学习者在学习过程中的主动性和建构性、面向学习者进行合理有效的教学设计，对学习者的学习需求、心理特征、认知水平等方面的分析成为进行教学设计的前提。美国学者 Harless（1973）提出了教学设计的前端分析（front-end analysis）[②]，其中的重要一项就是学习者特征分析。而本文所构建的基于多元化信息参照的汉语分级测试体系，需要的正是跳出语言测试学科的窠臼，借鉴教育学中学习者分析的相关概念和方法进一步深入探讨。学习者分析主要包括以下三个方面：学习者一般特征分析、学习者初始能力分析和教学起点的确定、学习者学习风格分析（杨九民、梁林梅编著，2008：65—77；何克抗、郑永柏、谢幼如编著，2006：58—74；乌美娜主编，1994：108—127）。其中，学习者一般特征是指对学习者学习有关学科内容产生影响的心理和社会的特点（杨九民、梁林梅主编，2008：66），包括年龄、性别、认知成熟度、学习动机、生活经验、社会文化背景等因素。我们可以通过问卷法和访谈法

[①] 教学设计（instructional design）也称"教学系统设计"，指的是"把学习和教学的原理转化成对教学材料、活动、信息资源和规划这一系统的、反思性的过程"，其主要理论基础是传播理论、系统论、学习理论和教学理论（Smith & Ragan, 2005：34）。在中国，教学设计属于教育学下的二级学科教育技术学的一个研究方向。

[②] 前端分析是指"在教学设计过程开始时，先分析若干直接影响教学设计但又不属于具体设计事项的问题"（Harless, 1973），主要包括学习需要分析、教学内容分析、学习者特征分析和学习环境分析。

来收集学习者的性别、年龄等自然属性以及学习动机、母语背景、学习背景等一般特征信息。所谓初始能力，是指在学习某一特定的学科内容时，学习者已经具备的有关知识与技能的基础，以及他们对所学内容的认识和态度。初始能力分析一般包括预备技能分析、目标技能分析、学习态度分析，并以此为基础合理设立教学起点（乌美娜主编，1994：122）。在分级测试体系中，我们将主要借助测验法，通过分级测验来完成学习者初始能力的测评，确定语言能力的起点水平；使用态度量表了解其学习态度。而学习者的学习风格则代表了学习者持续一贯的、带有个性特征的学习策略和学习倾向（邵瑞珍主编，1997：260）。在教学实践中，我们也曾遇到各具特点的学习者，他们有的喜欢靠听课和做笔记学习知识点、有的偏好话题讨论以提高口语水平、有的倾向于通过完成交际任务学会"用汉语做事"，还有的希望借助小组活动的方式进行合作式学习……这种种不同的背后，正是学习风格的差异在起作用。通过对提出换班要求学习者的访谈，我们发现既有因为课上自由讨论时间不足而挫伤学习积极性的情况，也有由于教师对词汇语法使用规则总结不够，使学生感觉学习障碍无法逾越的现象。且不论这些教学方式本身的优劣，如果我们在进行分班决策时，能充分考虑到学习者学习风格的差异并对之进行测量与分类[1]，在汉语水平接近的前提下，尽量将学习风格一致的

---

[1] 学界已有一系列成熟的学习风格量表，如 kolb 量表、所罗门（Soloman）量表等。我们的分级测试体系研究拟采用 Reid (1987) 设计的调查表，其中包括6种学习风格：视觉型（用"眼"学习，偏好阅读、看书）、听觉型（用"耳"学习，偏好听课）、触觉型（偏好感受、体验和参与）、小组型（喜欢协同学习、与他人讨论）、独立型（喜欢个人独自学习）、动觉型（喜欢运用身体动作）。

学习者安置在相同的教学等级中，无疑可以有效避免因分班不合理而造成的这类教学难题，提升教学效果。

总而言之，结合教育学相关理论进行跨学科思考，使得我们的研究视野不再局限于具体的分级测验试题的设计和研发，而是把分级测试视为一个体系，通过全面收集包括学习者语言水平在内的多元化信息，有理据地进行学习者特征分析，将分级测试纳入教学设计当中，作为教学准备环节成为系统化教学活动的有机组成部分，从而为整个教学过程的推进和整体教学效果的提升奠定良好基础。

四、分级测试体系建构的内容与方法

如前所述，分级测试以往的研究多集中在试题编制和应用实施方面。然而，对于分级测试设计与实施的原则这一重要问题，学界却关注不够，也难以为实际操作提供有效的理论指导。柴省三（2011）指出，"分级测试的原则，就是指把学生安置到不同班级的标准和要求是什么"，并总结出在分级测试中，应遵循的学习目标一致性、语言技能同质性、语言水平起点相似性和教学附加值最大化四个总体性原则。陈作宏、邓秀均（2005）对于"老生"的安置以及学习者口试、笔试等级不一（即听说与读写能力不平衡）的问题提出了分班的具体操作原则。结合前人研究成果和教育学的相关理论，我们认为应从语言能力和学习者的多元信息这两个层面来确立分级测试体系的建构原则，其中包括：1. 语言水平起点相似性原则，即入班时同一等级内的学习者总体语言水平相当。这需要质量良好的分级测验题来评估考生语言能力水平。2. 语言技能同质性原则，即学习者之间的听、说、读、写各项技能相对均衡，这就要求分级测验中口试与笔试的有效结合。对于听说能力与读写能力差异过大的学生，可视情形建立如华裔班等特殊班。3. 除语言能力外的其他重要学习者特征一致性原则，即学生学习动机、学习风格和学习需求等相对统一，避免在学习进程中出现学生间过大的发展差异。这需要通过入班前的问卷调查和访谈来收集相关信息。

  由于分级测试及其决策影响因素的复杂性，合理有效的分级测试体系不仅需要对学习者的语言水平准确定位并根据水平的高低将考生区分为不同等级的群组，还要根据教学的实际情况（如教材与教学内容、教学等级设置等）将不同水平的考生分配到相应的教学等级当中。此外，很多时候分班结果还将受到一些非语言能力因素的影响，这就要求我们在进行分班决策时，应从不同层面综合考虑各个相关的影响因素。因此，从内容上看，一个完备的分级测试体系的建构，包括分级测验题库的研发、进行分级所依据的分级测验分数线的划分、通过学习者特征分析对分级所需辅助参考因素的确定等几个维度。

  基于此，我们将分别从这几个层面入手，一方面设计开发分级测验试题并建立题库，结合实际情况和试卷的分数体系确定合理的分数线，并收集测验结果对试题进行质量分析和信度、效度评估；一方面通过调查问卷和访谈等形式，收集学习者的一般特征、学习风格等相关信息，并对收集的数据信息进行统计分析。同时，开展学习者入班后学习情况的跟踪研究，综合以上各类信息为分班和调班决策提供多层面的参照信息和基于实证研究的数据支持，并考核评估分级测试体系的效能。以下是构建基于多元化信息的汉语分级测试体系的总体设计图（图 1）。

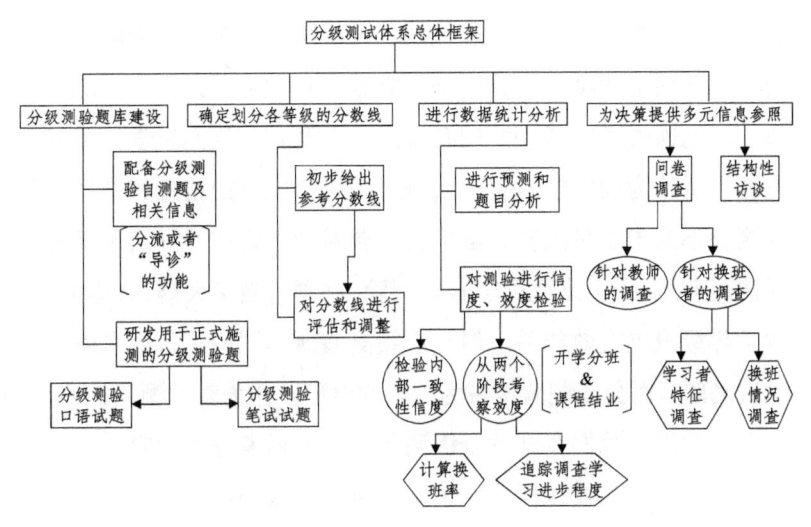

图 1 汉语分级测试体系总体设计图

4.1 开发应用于汉语教学的分级测验试题并建设题库

4.1.1 配备分级测验自测题和相关参考信息

首先我们需要设计出几套内容比较简单的自测题，作为集中分班时所使用的分级测验题的有益补充。试题完成后上传到本教学单位的网站，便于学生进行前期的自我评估，起到一个分流或者"导诊"的作用。此外，我们还将提供一些帮助学生了解自己所适合班级的辅助信息，比如大致说明各个等级水平的情况（需要掌握多少个汉字与词汇等），为各等级配备相关的介绍材料或是截取的各教学等级的真实课堂教学视频，并在综合课本（或其他主体课程的教材）中抽取一篇最有代表性的课文，以增加学生的具体认识，避免因学习者自身的问题而在报名中出现偏差。

4.1.2 设计开发用于正式集中施测的分级测验题

测验的开发一般需要通过提前确定测试的目的、测试的内容、测试方式和卷面构成来合理规划和设计试题。至于分级测试，我们首先要明确测试的目的不是孤立地考查学习者语言能力的绝对值，而是通过了解考生的现有汉语水平及其与我们教学等级的对应性，从而为确定学习者的入班等级提供准确的信息和依据。分级测验不同于水平测验，虽然也需要对考生现有的汉语水平进行评估，但从本质上来说属于教学测验，必须与教学大纲、教学内容、教学等级设置有效相关。但与成绩测验所不同的是，后者属于教学后测验，而分级测验可视为教学前测验。作为教学测验的一种，为保证效度，我们在开发分级测验时，必须考虑测验内容对总体待考查内容的良好取样，这也就决定了分级测试的内容应当是与教学内容相关的。同时，分级测验可以以口试、笔试或者最好是口试与笔试相结合的方式进行，题型更适合采用多项选择题等客观题型，题量则应综合考虑试题信度和测试时长两个方面并进行权衡。

在口试试题方面，我们进行了试题简化和评分标准量化的研究。初步设计是把所有的试题分为两大部分：初中级和中高级。把原有的例如"你是哪国人？你住在哪儿？"之类的一般性问题重新编排到自测题里，在集中分班测试时以体现教学要求为目的，把各等级的教学内容编入其中。首先，针对所开设的教学等级，广泛征求长期教授某等级、有丰富经验的教师的意见，从教材中抽取具有代表性的内容，为每一等级设计出若干难易程度相当、包含不同标志性语法点和重点词汇的测试题，并在每组题后标示出相应水平等级，便于教师操作。作为平行试题，教师可以从中选取1—2个来提问。如果考生能顺利回答，则可以进入更高水平等级的测试；如不能回答，则退回到低一等级班的测试中。这样可以控制教师在提问过程中的随意性，降低此对分班结果准确性造成的影响。其次，统一和规范评分标准。评分标准不明确容易导致面试过程中的主观性较大，面对同一水平的考生时，严厉度不同的教师有可能做出差别较大的主观评判，造成分班结果的不稳定和不准确。我们认为，在面试时，应尽可能加大对考生表现进行量化甄别的程度，比如在记录测试结果时用"0"代表学生听不懂或者回答完全错误；用"1"代表学生仅以词语或者简单句来回答问题，有少量错误；"2"代表学生能以复句或者语段回答问题，且准确率和完成度较好。通过以上调整，可以将教师的主观判断控制在一个相对较小的范围内，对考生水平的划分也变得相对简单，能回答出哪个等级的试题，就划定在相应的等级内。

在笔试试题方面，我们面对的主要难题是自主研发试题质量不理想；而直接使用HSK试题时，任何一个等级的试卷都无法全面覆盖不同水平等级的考生。郭修敏（2017）的做法是从新HSK各等级样卷中抽取试题编制分级测验，抽题的原则是考虑"试题难度和题型的合理比例，同时参照所设置教学班级对应的教学内容"。实证研究结果表明，只要抽取试题的方法科学合理，通过这种组卷方式完成的分级测试客观卷不仅难度适中，还具有良好的信度与效度，且在关于分级测验的学习者满意度问卷调查中得到较高的认可。

4.1.3 确定用于划分各等级的笔试分数线

为了提高分数线划分的准确性，建议通过初拟分数线、校正分数线这两个步骤来确定各等级的笔试分数线。以上述从 HSK 样卷中抽题组卷的方式为例，第一步可以基于教学实践和学习者 HSK 测验成绩的信息收集，对教学等级与 HSK 各等级的对应关系进行经验性总结（如北京语言大学汉语速成学院设置的 A—F 教学等级中，C 班和 D 班的学习者水平基本相当于新 HSK 5 级和 6 级），并初步拟定参考分数线。第二步，根据实际施测的结果，即考生的笔试成绩及其分班后最终所在等级的实际匹配情况，对初拟的分数线进行核查与调整。

由于测验分数是有误差的，我们对其分数做的是区间估计，受试者的测验得分应被视为一个范围而非一个点。因此在制定分级测验的分数线时，建议的做法是不要将之设定为某个绝对数值（如 C 班：60 分；D 班：70 分），这样在实际操作中容易加大分班误判的概率。尤其是我们的分级测试中还有口试建议等级等参考依据，因此完全可以把分数线划定为一个参考区间（如 C 班：55—65 分；D 班：60—75 分）；甚至可以允许各等级分数线存在分数重合的现象，在进行最终分班决策时，结合其他辅助判定信息为学习者划归与之匹配的教学等级。

4.2 通过统计分析，考查分级测验题的试题质量和分班决策有效性

4.2.1 对分级测验题进行预测和题目分析

命题完成后，比较理想的情况是采用大规模标准化水平测验的做法，通过预测对试题进行题目分析，获取难度、区分度和选项分布等试题参数，然后根据这些参数对试题质量进行评估并选取较为优质的试题用于正式施测，再通过逐步开发和增补试题来建立试题库。

我们将在学期末使用已完成本阶段学习任务的学习者（教学中我们称之为"老生"）作为被试，均衡考虑各个等级的比例和被试的性别、年龄、国籍等因素，从中抽取有代表性的学习者样本，采用集中预测的方式，让他们在等同于正式施测条件的情况下完成预测试题，并根据测试结果计算试题的难度、区分度和选项分布等参数，择优选出质量较好的试题组成分级测验试卷。

4.2.2 对正式施测所用的试题进行信度、效度检验

在信度验证方面，我们将使用 α 系数计算每套分级测验题的内部一致性信度。至于测验的效度，可以根据分级测试的任务与目标，将测试的有效性界定为两个方面的问题，一是测试分数能否准确反映考生现阶段的语言水平，并将不同水平的考生有效区分开；二是学习者入班后的适应程度和学习进展情况，即以测试为依据的安置结果是否可靠。与之对应的，分级测试的效度考查可以分为入学分班和学期结束两个阶段予以实施。具体的做法是首先统计在开学初分班后要求换班的总人数，并计算这一人数占全体学习者的比例（即换班率）。可以比较直观地认为，换班率越低、分班后的稳定率越高，说明我们的分级测验题越有效。然而事实上，导致学习者提出换班要求的因素，并非都来源于分级测验本身的不合理，而是往往会受到学习者个体特征因素（包括学习者一般特征、学习风格等）的影响。因此，可以在整个课程结束后，对产生换班现象的学习者进行追踪调查，以考察换班对他们学习效果的影响，并间接推测、分析原有分班建议的有效性。辛平（2007）指出，一个分级测试成功的表现之一，就是"学生分班后的学习成绩或者教师的等级评定"。因此，如果样本容量大小允许，可以在课程结业后，通过随机抽样等方法控制无关变

量,以是否换班作为组间变量,把全体学习者分为两组,一组为接受分级测验结果的未换班学习者,另一组为拒绝分级测验结果并最终换班学习的学习者。以这两组学习者的学业成绩、任课教师排名情况和 HSK 成绩等数据为统计量,通过 t 检验分析两组被试的学习进步程度是否具有显著性差异。

4.3 基于学习者特征分析,为分班、调班的最终决策提供多元信息依据

如前所述,很多时候学习者提出换班要求,并非由于分级测验本身的不合理,而是受到学习者自身因素的影响。因此,我们将配合问卷调查和访谈的汇总结果,为分班和调班的最终决策提供更充分的依据。一方面,我们设计了专门针对产生过换班现象的学习者的调查问卷,问卷主要包括两大部分:一是学习者特征调查(包括母语背景、学习动机、学习目的、学习风格等),二是对换班情况的调查(包括换班的方向、换班的跨度及次数——即跟踪换班轨迹、换班的原因及相关建议等)。我们期望基于学习者特征和学习需求等相关多元化信息,对产生换班的原因和与之相关的各项因素进行规律性的总结,并以此为依据对最终的分班结果提供解释和预测信息。另一方面,我们还将对教师进行问卷调查,收集他们对影响分班结果的非语言因素的相关意见和经验性看法(如在同等分级测试分数条件下,某些特定类型的学习者可以适当考虑在分班时相应地提高或者降低一个等级)。目前,关于换班的调查问卷我们已回收 126 份,接下来我们将继续发放调查问卷,扩大样本容量,并结合对学习者换班原因的结构性访谈,得出与学习者特征相关的各项综合信息以及这些因素对换班的影响。

我们广泛收集和汇总影响分班结果的多元化信息，其实质就是探究各个影响因素与合理的分班结果之间的相互关系。因此，我们将使用问卷法、访谈法和测验法等方法收集相关信息；此外，还可以"根据学习者在若干测量指标上的相似程度对之进行归类"（柴省三，2011）。我们期望通过分析和整理各个类别的数据信息，探寻出在汉语教学中，语言初始能力、听说读写等分项技能水平和学习态度、学习风格之类的学习者个人特征等多个变量与学习者最为匹配的入班等级之间的关系，从而对分班决策和调班给出有预测性的建议信息。

五、结语

基于分班决策的复杂性，要对具有不同汉语水平、具备各种学习者特征、拥有各自学习需求的汉语学习者进行合理的分级和安置，不能只依靠一个仅包含测验题的孤立的分级测验，而是有赖于一个系统化、立体式的分级测试体系。为此，本研究在结合教育学理论进行跨学科探讨的基础上，对如何构建基于多元化信息参照的汉语分级测试体系进行了总体设计，主要探讨了建立分级测试体系的原则和具体内容，并提出了评估该分级测试体系的效能的方法。

一个性能良好的分级测试体系，应不仅能准确评估学习者现有汉语水平，还能根据学习者的其他相关信息，对其入班后的学习发展特征和学习效果进行预测，实现定位加预测的双重功效。分级测试的最终目的是为学习者匹配与之相适应的教学等级，找到对此起预测作用的指标性变量，并确定变量之间的相互关系与权重比例[1],这是命制高质量试题以外分级测试体系研究中的一大难点。在后续研究中,需要通过良好的实验设计,全面收集有关的多元化信息(包括学习者初始汉语水平、学习者一般特征、听说读写技能的平衡性、学习风格等),并且根据变量的类型选择适当的统计方法,包括参数检验方法和非参数检验方法,深入探讨有明确作用的各种影响因素与分班结果的关系。同时,这也是我们研究的一个突破点,通过命制分级测试题并在施测后进行统计分析,配合问卷与访谈对学习者的换班情况以及学习者特征等信息进行数据收集和整理,改变以往仅根据学习者分级测验分数进行分班的单一评判模式,为构建分级测试体系提供全方位、多元化、基于实证研究的客观数据,使之成为全面观照学生个体情况和学习需求的立体式评价体系,实现分班结果的有效性、准确性和友好性。

参考文献

[1] 陈作宏、邓秀均(2005)外国留学生汉语进修班分班测试初探,《云南师范大学学报(对外汉语教学与研究版)》第 5 期。

[2] 柴省三(2011)关于留学生汉语入学分班测试决策效度的思考,《中国考试》第 10 期。

[3] 郭修敏(2017)面向 TCSL 的分级测试客观卷开发实证研究,《世界汉语教学》第 2 期。

---

① 问题包括:作为对入班建议等级共同起作用的笔试、口试成绩以及学习者特征等因素中,哪些可以通过简化过滤后不作为影响分班决策的指标?而那些必须考察的变量,它们与分级结果的实质性关系又是什么?彼此间的权重大小该如何分配?

[4] 何克抗、郑永柏、谢幼如编著（2006）《教学系统设计》，北京：高等教育出版社。

[5] 李海燕、蔡云凌、刘颂浩（2003）口语分班测试题型研究，《世界汉语教学》第4期。

[6] 刘超英、赵延风、陈莉（2000）从"B卷"看入学分班测试，见赵燕皎、李晓琪主编《北大海外教育（第三辑）》，北京：华语教学出版社。

[7] 罗莲（2011）对外汉语教学分级测试实证研究，《民族教育研究》第3期。

[8] 罗莲（2012a）汉语分级测试分数线划分研究，《语言文字应用》第3期。

[9] 罗莲（2012b）汉语作为第二语言的分级测试设计与实施，《山东师范大学学报（人文社会科学版）》第3期。

[10] 罗莲（2017）汉语分级测试与CEFR等级的连接研究，《语言文字应用》第2期。

[11] 吕必松（1993）对外汉语教学概论（讲义）（续五）第四章教学过程和教学活动，《世界汉语教学》第3期。

[12] 任春艳（2007）关于简化分班测试的实验研究，《语言教学与研究》第6期。

[13] 邵瑞珍主编（1997）《教育心理学》，上海：上海教育出版社。

[14] 乌美娜主编（1994）《教学设计》，北京：高等教育出版社。

[15] 伍秋萍、洪炜、邓淑兰（2017）汉字认读在汉语二语者入学分班测试中的应用——建构简易汉语能力鉴别指标的实证研究，《世界汉语教学》第3期。

[16] 辛平（2007）安置性测试的跟踪研究，《汉语学习》第6期。

[17] 杨九民、梁林梅编著（2008）《教学系统设计理论与实践》，北京：

北京大学出版社。

[18] 张凯（2002）《语言测验理论与实践》，北京：北京语言文化大学出版社。

[19] 赵秀娟（2012）来华留学生分班测试的笔试试卷建构研究，《语言文字应用》第 1 期。

[20] Davies, Alan, Annie Brown, Cathie Elder, Kathryn Hill, Tom Lumley & Tim McNamara (2002) *Dictionary of Language Testing.* Beijing: Foreign Language Teaching and Research Press.

[21] Harless, H. Joseph (1973) An Analysis of Front-end analysis. *Improving Human Performance: A Research Quarterly* 2 (4).

[22] Reid, M. Joy (1987) The learning style preferences of ESL students. *TESOL Quarterly*, 21 (1).

[23] Smith, L. Patricia & Tillman J. Ragan (2005) *Instructional Design.* Hoboken: John Wiley & Sons, Inc.

[24] Wall, Dianne, Caroline Clapham & J. Charles Alderson (1994) Evaluating a placement test. *Language Testing*, 11 (3).

学生视角的远程汉语教师
特质结构模型研究 *

张润芝

一、引言

远程学习不受时间空间限制的灵活性，使得越来越多的人通过网络来进行学习。随着世界各地汉语学习需求的增长，将远程教育应用于汉语国际教育中，是帮助汉语国际教育走出师资缺乏困境的一条可能的解决途径。MOOC 在全球范围内的快速崛起为远程汉语国际教育提供了新视域。而 MOOC 的质量在很大程度上取决于 MOOC 教师的素养，MOOC 发展与变革作用的发挥更是有赖于教师的主动和有效参与。目前，研究者们根据情境和对象的不同对教师在开展远程教学或远程语言教学过程中所应具备的知识、技能、能力或特征特性的范围和层次进行了不同的划分，由关注教学能力逐渐拓展到对人格、认知、教学等多维能力的注重，对远程教师特质的划分逐渐复杂化和综合化。不过由于汉语学习对象、知识与学习过程的特殊性，远程汉语教师特质所涵盖

---

* 原文发表于《现代远程教育研究》2018 年第 2 期。

的范围和层次也应具有特殊性。正是这些特性促使我们从学生视角对远程汉语教师特质结构模型进行探索。本研究主要采用文献分析和问卷调查两种方法展开研究。

二、假设模型构建

笔者通过对国内外汉语国际教育教师、远程教师、远程语言教师及远程汉语教师特质相关研究的系统梳理与分析，初步提出了远程汉语教师特质结构模型由8个能力要素构成，即专业技能、文化素养、IT技能、教学技能、组织管理能力、视频语言表达技巧、情感能力和交互引导技能，并初步归纳了每个能力要素包括的具体特征指标，即后续问卷设计的主要维度。

（1）专业技能。对于远程汉语教师来说，专业技能是指其适应远程汉语教学工作所需要的专业技术能力，是其在远程教育环境下顺利开展汉语国际教育教学工作的必要条件。长期以来，远程教师和学生都非常重视教师的专业技能（Jelfs et al., 2009），并将其认为是语言教师必备的一个重要特征。专业技能涵盖教师对目标语言的精通（Brosh, 1996），即教师应具备所教授语言的母语或者接近母语的语言能力，具体表现为清晰的口头语言表达（听、说、读、写）技能（Furiga, 1995）。类似地，由于汉语初学者或者汉语学习者遇到较难知识时都需要借助自身的母语或其熟悉的语言来辅助学习，因此远程汉语教师也应具备这些语言知识。同时，语言教师所提供的与语言学习相关的任何支持都应是适宜的，包括语言基本知识以及学习材料等（White et al., 2005）。对于远程汉语教师来说，这种适宜性还包括能掌握汉语语音、词汇、语法、汉字等基本教学原则和方法及听、说、读、写的基本教学原则和技巧。此外，了解学生如何学习字、词、句和语法并给予适当的帮助、熟悉所教授语言的发展特点等第二语言习得的基本理论和知识在远程汉语教学中也非常重要。

（2）文化素养。语言与文化之间是相互影响、相互制约的关系，语言的学习不可能脱离文化语境单独进行。本研究的文化素养是狭义的概念，主要指远程汉语教师对中国文化概念和中国国情的熟知，对不同文化背景、不同思维方式以及不同价值观的理解，以及对不同语言文化之间差异的通晓。远程汉语教师具备的文化素养直接影响远程汉语国际教育教学的顺利开展。大部分研究者将跨文化交际作为汉语国际教育教师必备的一种重要能力，认为跨文化交际能力主要表现为对语言教学中跨文化交际内容的界定与定位、应对与处理教学管理中的跨文化交际障碍（王晓音，2013）。远程汉语教师除了是一位跨文化交际者，更是一位中国文化的传承者，传承的对象是来自不同文化背景的各国学生。因此，他不仅应该理解和尊重各国文化，而且应对其所传授的中华文化和中国国情知识非常熟悉且保持着基本的尊重和认同，同时也应能很好地进行中外文化比较分析。这样的远程汉语教师才能很好地将汉语知识与技能传递给不同文化、不同背景的学生。

（3）IT技能。IT技能是指远程汉语教师在开展教育教学活动中所必需的信息技术能力。对于远程汉语学习来说，师生之间必须借助技术手段实现频繁的交互，才能促进汉语知识的获取与水平的提升。首先，在线教学平台是远程汉语教学开展的主要场所，因此在线教学平台的应用能力应是远程汉语教师具备的最基本的 IT 技能。其次，相关研究显示学习者普遍认为教师可自信地使用视频交流工具、通过邮件或论坛与学习者保持联系是最重要的两项技术能力（Murphy，2015：45—62）。除此之外，远程汉语教师还应能够解决教学过程中常见的技术问题，如平台中的作业链接找不到、如何查看课程公告、如何在论坛上提问等。

（4）教学技能。教学技能是指远程汉语教师综合运用专业知识及汉语教学法理论促进学生学习的一系列教学行为方式。相关研究指出教师的教学技能会影响学生的学习动机（Xiao，2012），尤其是教师的教学方法以及对教学内容的把握（Prosser et al.，2010）。对于汉语国际教育教师来说，课程教学设计能力、领会和运用课堂教学原则及方法应是其开展远程教学的重要目标能力（李坚等，2007）。同时，教师是否具备感知远程学生特殊需求的能力、对实践以及知识建构的反思能力、对重难点的识别与处理能力和对学生的学习表现进行评价的能力等，也是其远程教学成功与否的关键（Hampel，2009）。

（5）组织管理能力。教师的组织管理能力是指教师对教育活动的计划决策、组织指挥、监督控制等方面的能力，在整个教师特质结构中占据重要地位，会直接影响教育的效果（张亦文，2000）。良好的组织管理能力有利于教师与学生建立良好的师生关系，进而提高学生学习语言的积极性。Murphy 等人研究发现教师对学习活动或材料的组织与管理是远程语言教师组织管理能力的重要构成（Murphy et al.，2011）。与传统面对面教学相比，远程汉语教师的角色更加多样化，他们不仅是教学者，更是组织者、管理者和监督者，这就要求他们除了具备活动与资源的组织管理能力外，还需对学生的学习进度进行安排、对学生的学习过程进行监控。

（6）视频语言表达技巧。远程汉语教学中相当一部分课程资源是以视频的形式展示，这就要求教师需掌握一定的视频语言表达技巧，即教师录制视频课程或开展视频直播时的语言使用技巧，以便能清楚地将汉语知识与听说读写技能传递给学生。视频语言表达技巧具体包括在线有声语言的处理和在线无声语言的处理。对于教师来说，有声语言技巧的灵活运用对学生的学习效果将产生重要的影响。在线有声语言的处理包括语感、语流与语气的应用、语速的控制、声音的弹性与穿透力的处理。语感是语言水平的重要组成部分，是对语言文字分析、理解、体会、吸收全过程的高度浓缩。在有声语言的表达进程中，自然状态的语流会有中断和延续，声音中断的地方是停顿，而延续的地方是连接，停顿和连接是有声语言表达中的标点符号，是有声语言的外部表达技巧之一（苏城，2014）。语气即说话的口气，语气之强弱、长短、清浊、粗细、宽窄等变化，均能产生不同的声音效果。语速即说话的快慢，语速控制得当在一定程度会减轻学生的学习压力。声音的弹性指的是声音的伸缩性和可变性。声音的穿透力指的是声音洪亮度和声色特点，声音的弹性与穿透力直接作用于学生的注意力。除了有声语言表达技巧外，视频授课时，教师通过无声语言作用于学习者的视觉，可以提高学习者对授课内容的视觉注意，增强学生学习的动力，吸引学生持续完成课程的学习，进而提高学习效果。在无声语言表达技巧中，比较有代表性的是对肢体语言和表情语言的处理。研究表明有肢体语言和面部表情的教师比一直呆板地站着讲话的教师更能吸引学生的注意（Sueyoshi *et al.*, 2005）。

（7）情感能力。情感能力是教师以情绪或情感为操作对象所表现出的一种智力，包括情绪识别、情绪体验、情绪沟通、情绪激励、情绪感染、情绪调控和情绪评价能力（王俊山，2011）。情感能力与情感素质密不可分。相关研究表明，语言教师的情感素质会对学生的学习动机、学习体验和学习结果等产生影响。首先，一个好的语言教师的基本情感特征应包括灵活、热情、魅力、和蔼、平等、幽默、创造力和诚实等（Borg，2006）。汉语国际教育教师的积极情感倾向如亲和力、感染力、耐心等有助于为学生创造积极体验（徐彩华，2009）。其次，大部分教师认为远程语言教师的情感素质（如热情、平易近人、鼓舞性等）和专业知识同等重要，大部分学生认为远程语言教师具有诚实性、开放性、谦虚等情感素质会直接影响他们学习动机的持续性（Murphy et al.，2010）。此外，会影响学生学习效果的责任心也应作为远程语言教师情感素质的一个重要方面；与在线语言教师的工作表现存在积极正相关的情绪稳定性也是有效教学的重要影响因素，影响程度达30%（Holmes et al.，2015）。因此，在上述基础上，结合问卷试测时教师和学生们普遍反映的远程教学过程中进行情绪识别比较难的情况，本文归纳了情感能力的5个方面及对教师性格特征的要求：第一，情绪体验能力，指善于体会学生情绪、情感的能力。要求教师具有耐心、和蔼、善解人意、亲和力、能换位思考、尊重学生独特个性、对学生有无私博爱等特征。第二，情绪沟通能力，指善于和学生进行情绪交流的能力。要求教师是一个热情、开放、平易近人且有责任心的人。第三，情绪激励能力，指从情绪方面对学生指引疏导和欣赏激励的能力。要求教师具有鼓舞性、对学生有合理发展期望、谦虚等特点。第四，情绪感染能力，指善于表现自己或调动学生情感的能力，如教师的魅力、感染力、开放性等。第五，情绪调控和评价能力，指善于调节和控制自己情绪、情感的能力，能对自己或学生的情绪进行评价和反省的能力，如教师自身情绪的稳定性。

（8）交互引导技能。交际语言教学的重要原则之一是重视学习者在学习过程中的实际交互作用。交互引导技能是指远程汉语教师在远程教学情境下促进学生个体或者群体之间发生多种形式、多种性质和不同程度的交流和对话，以促进有效学习的能力。Cynthia White（2010）认为由于远程汉语国际教育学习者来自不同的国家，具备不同的文化背景，学习者之间存在一定的交流和对话障碍，且在语言学习需求和能力上也存在较大的差异，因此基于学生个性化的需求或困难为学生提供个性化的交互支持非常必要。Murphy（2015：45—62）的研究发现，在学习者眼中较为重要的几项交互支持技能分别为建立友好的氛围、提供及时明确及个性化的反馈、了解学习者的优势并根据学习者的水平提供适当的支持等。在引导方面，远程汉语教师应在充分了解每一位学生的个性特征和学习兴趣的情况下，采用一系列措施来激发和维持学生的学习动机，积极引导学生对材料进行深度加工，积极参与网上话题讨论以提高学生的参与度和沉浸感，积极引导学生进行汉语听说读写训练以帮助学生获得汉语学习所必须的语言输入输出机会，从而促进学生的有效学习。

基于上述分析，本研究形成了远程汉语教师特质结构假设模型，如表1所示。

表 1　远程汉语教师特质结构假设模型

能力要素	可测量指标	指标编号
专业技能（y1）	汉语基础知识和听说读写技能	q1
	学习者母语或所熟悉语言的基础知识和听说读写技能	q2
	汉语教学法的基本理论与知识	q3
	第二语言习得的基本理论与知识	q4
文化素养（y2）	对中华文化和中国国情知识的掌握与尊重认同	q5
	对学习者所属国文化的理解与尊重	q6
	跨文化交际能力	q7
IT 技能（y3）	教学平台应用能力	q8
	同异步交流工具的选择与应用能力	q9
	常见技术问题的处理能力	q10
教学技能（y4）	内容驾驭能力	q11
	基本教学原则的理解和教学方法的掌握	q12
	学习需求与重难点的识别和处理能力	q13
	远程课程设计能力	q14
	教学评价能力	q15
	教学反思能力	q16
组织管理能力（y5）	学习资源的组织与管理	q17
	学习活动的组织与管理	q18
	学习进度的安排	q19
	学习过程的监控	q20
视频语言表达技巧（y6）	语感	q21
	语流的应用	q22
	语气的应用	q23
	语速的控制	q24
	声音弹性与穿透力的处理	q25

续表

能力要素	可测量指标	指标编号
视频语言表达技巧（y6）	肢体语言的处理	q26
	表情语言的处理	q27
情感能力（y7）	情绪体验	q28
	情绪沟通	q29
	情绪激励	q30
	情绪感染	q31
	情绪调控和评价能力	q32
交互引导技能（y8）	学习氛围的创设	q33
	个性化的支持	q34
	提问与反馈技巧	q35
	激发与维持学习动机的能力	q36
	引导学生有效学习的能力	q37
	提高学生参与度与沉浸感的能力	q38

三、问卷设计与数据收集

3.1 问卷设计

由于汉语学习者来自不同的国家，具有不同的文化背景，对于教师能力的需求会有特殊性，因此从学生视角去探索远程汉语教师特质结构很有必要。本研究主要通过对学生的调查，收集学生对于远程汉语教师应具备能力的真实看法，从而对已形成的假设模型进行检验与修正，使得这些要素及其指标能够体现学生眼中的远程汉语教师所应具备的知识技能的层次性、递进性和边界性。

学生调查问卷由两部分构成。第一部分用于获取被调查者的基本信息，共包括 7 个题目；第二部分测量教师的能力要素及其特征指标，共 38 个题目（分别对应 q1—q38）。第二部分采用李克特五级量表，要求被调查人员根据自己的学习经验或学习需求，对远程汉语教师每一项能力要素的具体特征指标在促进学习上所起作用的重要程度（1 = 完全不重要、2 = 比较不重要、3 = 一般、4 = 比较重要、5 = 非常重要）进行真实的判断。

本次调研对象为学习过汉语的外国学生。考虑到其汉语语言理解水平的差异，为了更好地提高问卷填写的效果，一方面，问卷题目设计为中英文结合方式；另一方面，调研对象优先选择有一定汉语基础、能进行基本对话、目前正在学习较高级别汉语以及对汉语教师应具备的能力有一定认知的外国学习者。在问卷设计好后，进行了试测，试测时重点关注题目是否合适及易于理解，然后根据外国学生的反馈对一些题目的中英文表述进行了修改，最终确定了问卷终稿（上述假设模型也是经问卷试测后进行调整的最终版）。

3.2 数据收集

正式问卷形成后，本研究采用实地和网络两种方式收集数据，共收集学生问卷 344 份，剔除未认真填写及空白处较多的问卷后，最终获得有效问卷 325 份，有效回收率为 94.48%，填答率良好，具体情况见表2。其中女生176份，男生149份，问卷分布比较均衡。

问卷共调研来自 41 个国家的学生。其中，占比最高的是韩国，达到32%；其次是日本与泰国，分别占 14.8% 和 10.5%；越南、柬埔寨、缅甸、马来西亚、新加坡和印度尼西亚等占比达 15.7%，亚洲国家总占比达到 73%，这些国家的学生是学习汉语的主力。欧美国家总占比为15%，主要有意大利、美国、英国、澳大利亚、西班牙和法国等。其余国家或地区占到7.1%。上述参与调研学生所在国家的分布符合现有汉语学习者的分布现状，说明调研对象抽样比较合理，他们的意见可以代表大多数外国学习者的态度与看法。

表2　基本信息统计表

属性	类别	频次	百分比
性别	男	149	45.8%
	女	176	54.2%
国家	韩国	104	32%
	日本	48	14.8%
	泰国	34	10.5%
	其他	123	37.8%
	未填写	16	4.9%
年龄	20岁以下	66	20.3%
	21~30岁	234	72%
	31~40岁	17	5.25%
	41~50岁	2	0.6%
	50岁以上	6	1.85%
学历层次	预科在读	26	8%
	本科在读	148	45.5%
	研究生在读	65	20%
	进修或培训	64	19.7%
	其他	22	6.8%

续表

属性	类别	频次	百分比
学习汉语的时间	1年以下	32	9.8%
	1~3年	161	49.5%
	3~5年	89	27.5%
	5年以上	43	13.2%
通过网络学习汉语的时间	1年以下	177	54.5%
	1~3年	100	30.8%
	3~5年	27	8.3%
	5年以上	12	3.7%
	未填写	9	2.7%
学习汉语的原因	对中国语言与文化感兴趣	133	40.9%
	未来想从事汉语教学类工作	71	21.8%
	现有工作需要	60	18.5%
	家人希望我学习汉语	39	12%
	其他	22	6.8%

从调查对象的年龄分布看，30岁以下的占比达92.3%，40岁以上的占比约2.45%，说明学习汉语的外国学习者中年轻人居多，不过因网络学习的便捷性，一些有工作有家庭的中青年群体也占有一定比例。另外，这些学生的教育层次在本科以上的达65.5%，进修或培训的为19.7%，预科在读占比仅为8%，说明学生所受教育水平较高，从侧面保证了问卷填写的可靠性。

从调查对象学习汉语的时间看，1年以上学习者达到90%左右，基本符合最初的调研要求。虽然这些学生通过网络、手机学习汉语的时间占比中 1 年以下的增加为 54.5%，其他时间段的都相应有所减少，但是在互联网时代，大家都或多或少接触网络学习，因此完全可以结合自己的汉语学习经历及学习需求，对远程汉语教师应具备能力的重要程度进行判断。另外，从学习汉语的原因看，对中国语言或文化感兴趣的占到 40.9%，现有工作需要与未来想从事汉语教学类工作的占到 40.3%，这两项合计达 81.2%，说明大多数学习者的学习积极性与动机较强，这也有助于保证问卷数据的有效性。

四、数据分析与模型修正

4.1 信效度分析

本研究采用 SPSS22.0 对问卷数据进行简单处理和分析。首先，对缺失值、异常值进行处理，利用众数填补缺失值，并删除明显异常值；其次，对样本的基本信息进行统计（结果见表 2）；最后，对问卷结构的信效度进行检验。

4.1.1 信度检验

本研究采用 Cranbach's α 系数来检验调查问卷的信度。通常情况下，Cranbach's α 系数在 0.6 以上，被认为可信度较高。一方面，各个能力要素的 α 值均达到 0.6 以上：本研究的问卷整体可靠性系数达到 0.955，大于 0.9，说明问卷整体可靠性非常好。另一方面，α 专业技能 = 0.618，α 文化素养 = 0.707，α IT 技能 = 0.687，α 教学技能 = 0.832，α 组织管理能力 = 0.805，α 视频语言表达技巧 = 0.851，α 情感能力 = 0.861，α 交互引导技能 = 0.802。因此，该问卷通过了信度检验。

4.1.2 效度检验

本研究采用探索性因子分析，对问卷效度进行检验。一般情况下要求 KMO 样本测度大于 0.6 和 Bartlett's 球状检验的 Sig. 值小于 0.05，问卷才适合做因子分析，进而才能检验问卷的结构效度。KMO 样本测度用以检验变量间偏相关是否足够小，Bartlett's 球状检验用于检验各变量之间是否各自独立。分析结果显示，KMO 值为 0.945，远大于 0.6，Bartlett's 球状检验显著性 p 值为 0.000，小于 0.05，说明该调查问卷适合做因子分析。运用 SPSS22.0，采用主成分分析法分别对问卷中涉及的每一组变量进行单一维度检验，检验结果如表 3 所示。数据显示，每一组变量的第 1 主成分特征值均大于 1，而其他主成分的特征值均小于 1，且与第一主成分的特征值相差较大，因此该问卷的每一组变量均通过"单一维度"检验，说明各个能力要素下设计的指标能够较为集中地反映其内涵，因此我们认为该问卷具有较好的结构效度。

表 3 结构效度检验

变量组	第 1 主成分特征值	第 2 主成分特征值
专业技能	1.929	0.946
文化素养	1.894	0.608
IT 技能	1.845	0.594
教学技能	3.282	0.761
组织管理能力	2.533	0.595
视频语言表达技巧	3.704	0.893
情感能力	3.221	0.582
交互引导技能	3.062	0.992

4.2 假设模型检验与修正

为了对假设模型进行检验与修正,本研究利用结构方程模型分析法进行验证性因素分析(Confirmatory Factor Analysis, CFA),主要采用的工具为 Mplus。结构方程模型分为测量模型和结构模型,验证性因素分析是结构方程模型的重要组成部分,主要处理测量指标与潜变量之间的关系,也被称为测量模型(王孟成,2014)。在分析过程中,需不断地根据修正指数对模型进行调整,以使模型各个拟合指数均达到相应要求,这样才能形成比较合适的模型。

为保证数据分析的准确,本研究先对数据进行了正态性检验。检验结果中,双侧多变量斜角检验的 $p = 0.00$,双侧多变量峰度检验的 $p = 0.00$,说明该数据有显著多元偏度与峭度,不符合正态分布。由于 MLR 稳健最大似然估计法(Robust Maximum Likelihood Estimator)既能处理非正态分布数据,又能处理数据缺失,且不必假设"全随机缺失",而允许"随机缺失"(王济川、王小倩、姜宝法,2011),因此,本研究采用 MLR 进行验证性因素分析。

起初,我们进行了一阶验证性因子分析,设置模型为:
MODEL:
y1 BY q1-q4;(y1 =专业技能)
y2 BY q5-q7;(y2 =文化素养)
y3 BY q8-q10;(y3 = IT 技能)
y4 BY q11-q16;(y4 =教学技能)
y5 BY q17-q20;(y5 =组织管理能力)
y6 BY q21-q27;(y6 =视频语言表达技巧)

y7 BY q28—q32；（y7 =情感能力）

y8 BY q33—q38；（y8 =交互引导技能）

分析结果发现，假设的 8 个因子（y1—y8）之间的相关系数很高（最低相关系数在 0.640，最高达到 0.919）。而一个具有多因子的 CFA 模型，如果较低阶的因子间紧密相关，且在理论上它们可以代表更广义的概念，那么，我们就可以把较低阶的因子看作是新的测量标识来估计较高阶的因子结构（王济川、王小倩、姜宝法，2011）。本研究中的 8 个因子之间紧密相关，且在理论上存在一个以专业技能、文化素养、IT 技能和教学技能等为基础的更广义的概念——远程汉语教师特质结构。因而，我们设定远程汉语教师特质结构为二阶因子，构建二阶因子 CFA 模型。增加模型设置：

y0 BY y1—y8；（y0 =远程汉语教师特质结构）构建二阶因子 CFA 模型后，形成的初始模型拟合指数如表 4 所示。

通常，研究者采用比较拟合指标（Comparative Fit Index，CFI）、标准化残差均方根（Standardized Root-Mean-Square Residual，SRMR）和近似误差均方根（Root-Mean-Square Error of Approximation，RMSEA）等拟合指数评价模型的适配度。一般认为当 CFI > 0.90，SRMR < 0.08，RMSEA < 0.08 时，模型拟合较好。此外，按照要求，$x^2/df \leq 3$，被认为是比较合适的拟合指数。而精确拟合优度检验的 $P_{RMSEA} \leq 0.05$ 要大于 0.05，不拒绝 RMSEA ≤ 0.05 的零假设，才能认为模型精确拟合。

本研究的 $x^2/df = 1.74 < 3$，拟合指数 SRMR = 0.054 < 0.08，RMSEA = 0.048 < 0.08，$P_{RMSEA} \leq 0.05 = 0.774 > 0.05$。只有 CFI 和 TLI 未达到拟合指标，但比较接近 0.9，因此，我们根据

Mplus 提供的修正指数 MI 进行了模型修正。

表 4 远程汉语教师特质结构 CFA 初始模型拟合指数

Model	x^2/df	TLI	CFI	AIC	BIC	SRMR	RMSEA (90%C.I.)	P
拟合指标	1.74	0.885	0.893	26631.492	27093.118	0.054	0.048 (0.043, 0.052)	0.774

通过 MI 指数我们发现，"q26 WITH q27"的 MI 指数高达 42.987，分析发现 q26（肢体语言的处理）和 q27（表情语言的处理）均属无声语言表达的内容，认为 q26 和 q27 存在相关是合理的，因此在 MODEL 指令中设定语句"q26 WITH q27"使其相关。结果，模型拟合有所改善：CFI = 0.902 > 0.9，TLI = 0.895。但 TLI 仍小于 0.9，因此，我们还需要进一步修正。

此时，q33（网上学习氛围的创设）与 q34、q22 和 q9 均有共线性问题，MI 指数分别为：q34 WITH q33 = 29.406，q33 WITH q22 = 10.747，q33 WITH q9 = 10.302，且 q33 的 x^2 仅为 0.177，对 y8（交互引导能力）的解释度仅为 17.7%，解释力度较差。因此删除 q33 题项。

再次进行验证性因子分析后，各项模型拟合指数变为：CFI = 0.915 > 0.90，TLI = 0.908 > 0.9，SRMR = 0.051 < 0.08，RMSEA = 0.043 < 0.05，P_{RMSEA} ≤ 0.05 = 0.988 > 0.05，各指标均达到标准，说明模型拟合度较好。修正后的 CFA 模型结果如图 1 所示，y0 的 8 个因子和 y1—y7 因子的所有指标均出现在图中，y8 因子中的 q33 指标未出现在该图中。

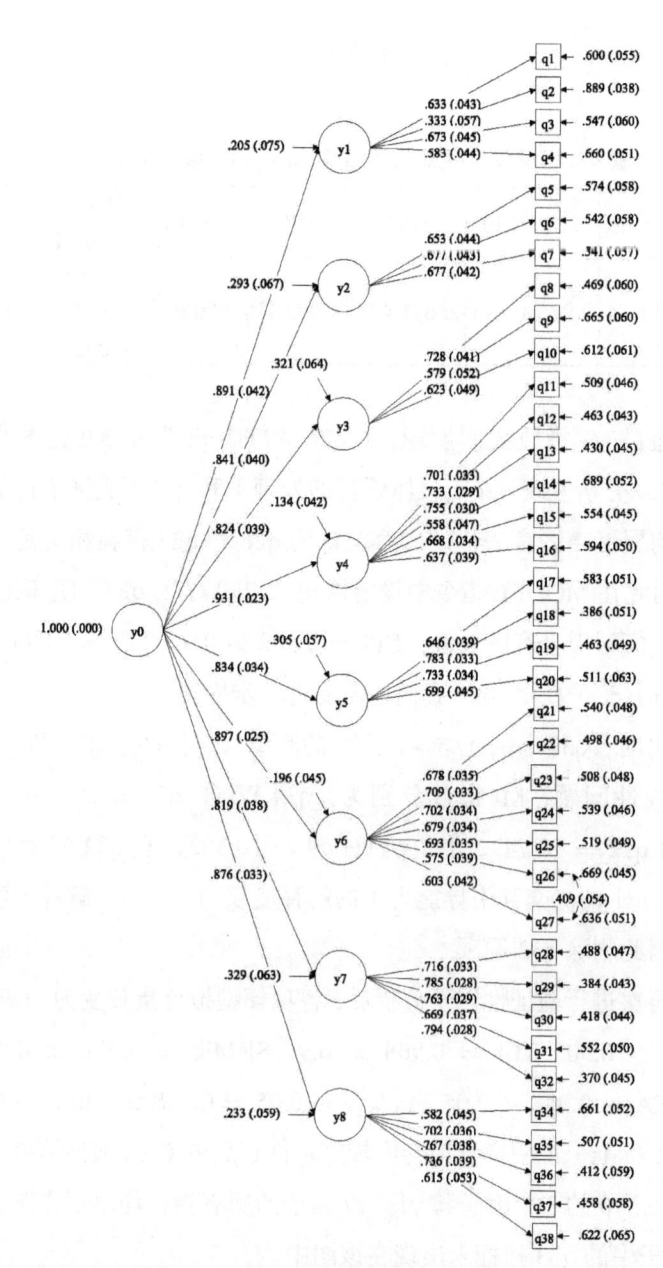

图 1 修正后的远程汉语教师特质结构的二阶 CFA 模型

五、总结

在上述研究结论基础上,为了更好地对学生视角的远程汉语教师特质结构模型进行理论演绎,本文结合对远程汉语教师从新手到专家成长所需的过程能力分析,将经过检验与修正的 8 个能力要素进行了归类,分为初级能力要素、中级能力要素和高级能力要素三种。

(1)初级能力要素。初级能力要素是远程汉语国际教育新手教师必备的,是开展远程教学最基本的技能。我们将远程汉语新手教师所处的阶段称为"关注网上生存适应性阶段"。因此,初级能力要素是远程汉语新手教师逐渐解决自己网上生存适应性问题的关键。为了能顺利开展远程汉语教学,新手教师首先应具有教授汉语所需的专业技能。其次,新手教师还需具备中华文化与跨文化交际等方面的文化素养,以恰当地将汉语中蕴含的博大精深的文化信息传递给不同文化背景的学生。最后,新手教师还应具备开展远程教学所需的最基本的 IT 技能,以能顺利开展远程汉语教学。

(2)中级能力要素。中级能力要素是新手教师向专家教师发展的中间阶段所具备的能力。当远程汉语新手教师感到自己完全能够顺利开展并适应远程汉语教学时,会越来越关注学生的学习结果,会把精力放在录好每个视频、组织好每份材料、设计并实施好每个网上活动等方面,我们将这一阶段称为"关注网上课程设计与教学活动组织阶段"。因此,中级能力要素是远程汉语教师成长过程中必须掌握的技能。因此,在这个阶段,教师应掌握远程汉语课程设计的教学技能,具备组织活动与安排学习进度等组织管理能力，掌握录制讲课视频或开展视频直播时的语言表达技巧。

（3）高级能力要素。高级能力要素是新手教师成长为远程汉语专家教师时所应具备的能力。当远程汉语教师顺利适应前两个阶段，将开始考虑学生的个别差异，他们会意识到同一方法对不同学生的效果不同，应为不同的学生确定不同的目标、选用不同的方法。我们将这一阶段称为"关注网上学习者个性化阶段"。语言学习是一种技能学习，且汉字具有结构复杂、表意多样、词汇组合灵活、隐形语法关系丰富等特点，决定了一些学生在学习过程中易产生畏难甚至放弃的情绪，这就要求远程教师具备较强的情感能力，及时发现、体验这种情绪，并进行有效的情绪沟通和激励等。同时，学生持续、有效的学习还有赖于教师为其提供的个性化交互支持和有效引导。这些是远程汉语教师应具备的因材施教的高级能力，概括来说就是情感能力和交互引导技能。

由上，我们可以看出初级能力要素、中级能力要素和高级能力要素之间是相互联系、相互作用的，反映了远程汉语教师从新手成长为专家过程中的能力变化，它们之间通过有机耦合形成学生视角的远程汉语国际教育教师特质结构模型（见图2）。

该模型具有重要的理论价值与实践意义。首先，该模型从学生视角出发，将远程新手教师到远程专家教师的成长分为三个阶段并反映了每个阶段所应具备的能力，可为远程教育领域探索远程教师能力构成提供新的视角与分析框架，有助于丰富远程教育基本理论。其次，该模型可为汉语国际教育教师能力研究提供新的思路，也是后续继续深入探索远程汉语国际教育教师能力的重要理论基础。最后，该模型具有良好的实践应用前景，模型中提到的不同层次的能力，可作为远程汉语实践机构开展教师选聘与培训的重要依据。同时该模型也可以为远程汉语学习支持服务的开展提供参考。

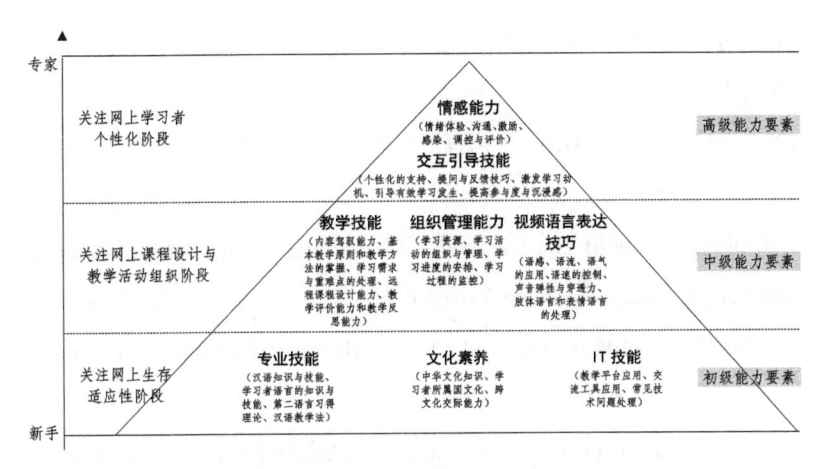

图2 学生视角的远程汉语国际教育教师特质结构理论模型

参考文献

[1] 李坚、唐燕儿（2007）东南亚汉语教师远程教育教与学模式及媒体选择探索，《广州广播电视大学学报》第1期。

[2] 苏城（2014）停连在有声语言表达中的重要性初探，《中国传媒科技》第10期。

[3] 王济川、王小倩、姜宝法（2011）《结构方程模型：方法与应用》，北京：高等教育出版社。

[4] 王俊山（2011）中小学班主任的情感素质研究，上海师范大学博士学位论文。

[5] 王孟成（2014）《潜变量建模与Mplus应用·基础篇》，重庆：重

庆大学出版社。

[6] 王晓音（2013）对外汉语教师素质研究，陕西师范大学博士学位论文。

[7] 徐彩华（2009）对外汉语教师教学效能感的特点，《语言教学与研究》第 3 期。

[8] 张亦文（2000）浅析教师的组织管理能力，《山西财经大学学报》第 S1 期。

[9] Cynthia White（2010）《远程语言教学》，武和平译，北京：外语教学与研究出版社。

[10] Borg, S. (2006) The Distinctive Characteristics of Foreign Language Teachers. *Language Teaching Research*, 10 (1).

[11] Brosh, H. (1996) Perceived Characteristics of an Effective Language Teacher. *Foreign Language Annals*, 29 (2).

[12] Furiga, L. J. (1995) Knowledge and Skills for Distance Learning Instructors: A Modified Delphi Study. Walden University.

[13] Hampel,R. (2009) Training Teachers for the Multimedia Age: Developing Teacher Expertise to Enhance Online Learner Interaction and Collaboration. *Innovation in Language Learning & Teaching*, 3 (1).

[14] Holmes, C., Kirwan, J. R. & Bova, M. *et al.* (2015) An Investigation of Personality Traits in Relation to Job Performance of Online Instructors. *Online Journal of Distance Learning Administration*, 18 (1) .

[15] Jelfs, A., Richardson, J. T. E. & Price, L. (2009) Student and Tutor Perceptions of Effective Tutoring in Distance Education. *Distance Education*, 30 (3).

[16] Murphy, L. (2015) Online Language Teaching: The Learner's Perspective. In R. Hampel & U. Stickler (eds) . *Developing Online Language Teaching:*

Research-based Pedagogies and Reflective Practices. Basingstoke, UK: Palgrave Macmillan.

[17] Murphy, L., Shelley, M. & Baumann, U. (2010) Qualities of Effective Tutors in Distance Language Teaching: Student Perceptions. *Innovation in Language Learning & Teaching*, 4 (2).

[18] Murphy, L., Shelley, M. & White, C. *et al.* (2011) Tutor and Student Perceptions of What Makes an Effective Distance Language Teacher. *Distance Education*, 32 (3).

[19] Prosser, M., Ramsden, P. & Trigwell, K. *et al.* (2010) Dissonance in Experience of Teaching and its Relation to the Quality of Student Learning. *Studies in Higher Education*, 28 (1).

[20] Sueyoshi, A. & Hardison, D. (2005) The Role of Gestures and Facial Cues in Second Language Listening Comprehension. *Language Learning*, 55(4).

[21] White, C., Murphy, L. & Shelley, M. *et al.* (2005) Towards an Understanding of Attributes and Expertise in Distance Language Teaching: Tutor Maxims. *Research in Distance Education*, (9).

[22] Xiao, J. H. (2012) Tutors' Influence on Distance Language Students' Learning Motivation: Voices from Learners and Tutors. *Distance Education*, 33(3).

基于语料库统计的"音—形"激活概率及加工机制 *

李梅秀　Daniel S. Worlton　邢红兵

一、引言

　　形、音、义在心理词典中的联结关系及其加工机制是语言加工中很重要的问题,三者在心理词典中是相互联结的,并且在语言加工过程中相互作用。其中,"音—形"(从音到形)的加工情况是一个重要方面。弄清楚"音—形"加工机制,对于深入了解母语者心理词典加工机制、预测二语学习者习得情况、矫治"音—形"加工问题导致的阅读障碍等都有一定的参考意义。

　　在国外词汇识别领域,Van Orden 和 Goldinger(1994)提出的共振模型认为语音和词形之间存在双向共振关系,即语音的激活会影响词形激活,反过来词形的激活也会影响语音的激活。后来的一系列研究证实了这种关系,并且发现词汇加工过程中存在反馈一致性效应(feedback consistent effect),即与拼读一致的词(一个语音只对应一个词形)相比,拼读不一致的

---

* 原文发表于《心理学探新》2018 年第 1 期。

词（一个语音对应多个词形）的识别速度更慢，错误率更高。因为在词汇加工过程中，同音词形会被激活，相互间产生竞争（Pattamadilok, Morais, Ventura & Kolinsky, 2007; Petrova, Gaskell & Ferrand, 2011; Ventura, Morais & Kolinsky, 2007; Ziegler, Petrova & Ferrand, 2008）。

在汉语的研究中也发现了这种一致性效应。比如来自成人的一些研究发现"音—形"加工过程中有同音字的比无同音字的加工难度更大（Zhou & Marslen-Wilson, 1994）；与同音字家族小的情况相比，同音字家族大的加工难度更大（周海燕，舒华，2008; Wang, Li, Ning & Zhang, 2012）。

然而，值得注意的是，在英语中，同音词家族成员多数只有2个，多音词也多数只有2个读音。因此，考察英语的"音—形"加工（即语音到字形或词形的加工，下文简称"音—形"加工）机制基本上只需分为拼读一致和拼读不一致两种情况。但是汉语的音、形关系比类似英语这样的拼音文字系统复杂得多。从音到形的角度看，音节载字量（一个音节对应的汉字数量称为该音节的"载字量"，即相关研究中所说的同音字家族数量）最多达92个，平均载字量为8.31（苏新春，林进展，2006）。从形到音的角度看，汉语多音字一般有两到三个读音，有些多音字的读音多达6个，而且多音字在常用汉字中的比例及其在语料中的使用率都比较高。据刘云汉（2012）统计，3500常用字中共有多音字507个，占14.5%；Worlton（2014）统计的8953个汉字中有901个多音字，占10%，其使用率占语料库近一半的字次。

显然，汉语"音—形"关系类型不能简单地分为一致（一音对应一字或一字对应一音）和不一致（一音多字或一字多音）两种情况，因为后者的交叉对应关系还可以分为很多情况，这使得汉语音、形之间的联结关系和激活机制比"音—形"对应关系相对比较简单的拼音文字要复杂得多，加工机制也会更复杂。

近年来，在心理词典表征和音、形、义加工的相关研究中，研究者越来越重视汉语的这一特点。很多研究以独立的汉字为实验材料，结合同音字的频度差异，考察了同音字家族数、同音字具体频率、音节的累积频率等因素在"音—形"加工中的作用。多数研究证实了在汉字加工中存在同音字家族数效应，并且发现同音字对目标汉字的影响受频度因素的制约（陈宝国，宁爱华，2005），各个同音字在加工过程中的激活程度存在差异（王文娜，2006；李小健、方杰、楼婧，2011；李小健、王文娜、李晓倩，2011；方杰、李小健、罗畏畏，2014）。

陈宝国、宁爱华（2005）的视、听跨通道判断实验结果显示，当呈现的汉字为低频字时，其同音字越多，判断时间越长，但呈现的汉字为高频字时，没有同音字效应。说明在"音—形"加工过程中高频字的激活程度比较高，受同音字的干扰比较小。

李小健、王文娜等人进行的一系列相关研究进一步证实了同音字数的影响和同音字激活程度差异的存在。王文娜（2006）以一个单音节听写任务和两个"音—字"同音匹配判断任务来考察汉语单字词"音—形"加工过程中的同音字激活情况，结果发现高频字比低频字更容易激活，并且有优先通达最高频同音字的倾向。另外，同音字家族大的音节通达速度慢于同音字家族小的音节。李小健、方杰、楼婧（2011）和方杰、李小健、罗畏畏（2014）的研究采用跨通道"音—字"判断任务考察汉语同音字具体频率和同音字数在听觉词汇通达中的作用，结果显示汉字具体频率高的组反应时长显著短于汉字具体频率低的组,正确率也更高;汉字具体频率和同音字数之间相互牵制,在二者的相互作用中具体频率起主导作用。李小健、王文娜、李晓倩(2011)用一个单音节听写实验和一个"音—字"判断实验重点考察了同音字族内的听觉通道词频效应,结果也显示存在同音字族内的听觉通道字频效应,同音字族内频度越高的字通达的机会越大,最高频字通常得到最多的通达机会。

从这些研究结果来看,当输入一个汉语音节时,会激活多个同音字,但激活程度有很大差异,表现为频度越高的字越容易激活,并且倾向于优先激活最高频字,说明不同频度的汉字在"音—形"加工中的激活程度是不一样的。这些研究成果对相关的研究有很多启发,但是,关于多音字的问题还需要探讨。以上提到的研究并没有对研究中所采用的字频进行说明,如果研究中采用的字频来自不区分多音字的汉字文本语料,那么得到的结果是不准确的。以往多数字频统计只是统计了字形的频率,并不区分多音字。比如:在字频词典中查到"和"的频度为 0.00785,这个频度很可能包括"和(hé)""和(hè)""和(huó)""和(huò)""和(hú)"的频度。音节"huò"对应的几个比较常用的汉字字形按《汉字字频词典》中的频率从大到小排列依次为:和(0.00785)、或(0.00054)、获(0.00050)、货(0.00029)。那么,按照"频率越高的汉字越容易被激活"的结论,听到"huò"这个音节时这四个字的激活强度顺序(从大到小)应该是:和>或>获>货。然而,试测的结果显示,当听到"huò"时,这四个字被激活的概率(从大到小)为:或>获>货>和。与按照具体读音统计得到的频度顺序一致:或(0.1348)、获(0.0285)、货(0.0220)、和（0.0002）。显然，只有考虑多音字问题，按实际读音统计得到的频度才能体现这个激活规律。另外，有些研究为了控制相关因素，实验材料的选择避开多音字，那么这样得到的结果就不能预测多音字的"音—形"加工机制。

总之，已有研究多数证实了在"音—形"加工过程中存在一致性效应和频度效应。然而，由于汉字形与音的双向对应关系比较复杂，不能简单地分为一致或不一致两种情况，因为不一致的对应关系还包括一对多、多对一、多对多等多种情况，频度效应在不同对应关系中所起的作用必定会不一样。因此，要深入观察不同对应关系的"音—形"加工机制，需要综合考虑音、形对应关系和频度。

为了解决这个问题，研究首先通过基于语料库的统计数据计算出了"音—形"激活概率（即在语料库中出现某个音节时，其对应某个汉字的概率），并通过一个独立音节的听写实验来验证这种基于语料库统计的激活概率是否反映实际加工过程中的激活情况。如果基于语料库统计得到的激活概率反映真实的激活情况，就可以通过该"音—形"激活概率推测一个音节在加工过程中激活各个汉字的概率，可以基于该概率值构建"音—形"加工模型，模拟心理词典的加工。

二、"音—形"激活概率

Worlton（2014）建立的音节统计数据库已经解决了前面提出的多音字的问题。该数据库包含8953个汉字（type）、1400多个音节，提供所有汉字和音节的频率，以及汉字与音节的共现频率。在此基础上求出了语料库中的"音—形"对应概率（即一个音节对应于某个汉字的概率），具体计算方法如下。

将音节和汉字视为随机变量，用"Z"代表汉字，"Y"代表音节，那么，根据贝叶斯公式，汉字"Z"和音节"Y"共现的概率为：$P(Z\cap Y)=P(Y|Z)P(Z)=P(Z|Y)P(Y)$。$P(Z)$和$P(Y)$分别代表汉字的频率和音节的频率。$P(Y|Z)$指语料库中某个汉字"$Z$"对应于某个音节"$Y$"的概率，$P(Z|Y)$指语料库中某个音节"$Y$"对应于某个汉字"$Z$"的概率。在当前研究中，$P(Y|Z)$、$P(Y)$、$P(Z)$均为已知变量（均为前期相关研究所建混合数据模型得到的数据）。根据上述贝叶斯公式，可推导出音节对应汉字的概率公式：

$$P(Z|Y)=\frac{P(Y|Z)P(Z)}{P(Y)}$$

以计算音节"shuì"对应于汉字"说"的概率为例，已知：$P(\text{shuì}|\text{说})=0.028090$，$P(\text{说})=0.004523$，$P(\text{shuì})=0.000537$。那么"shuì"对应于"说"的概率为：

$$P(\text{说}|\text{shuì})=\frac{P(\text{shuì}|\text{说})P(\text{说})}{P(\text{shuì})}=\frac{0.028090\times 0.004523}{0.000537}=0.236594$$

由此得到，语料库中出现"shuì"时，对应于汉字"说"的概率为0.236594。

研究假设这样求得的概率值反映实际加工中语音激活字形的概率，因此将其称为"音—形"激活概率（下文简称"激活概率"，用"PZY"表示），PZY值的范围均为0到1之间，每个音节与其对应的所有汉字的PZY值之和为1。

从统计的结果来看，多字音节可按"音—形"激活概率分为两类：一类为有优势字的音节，这类音节的特点是与之对应的多个汉字中某一个汉字的激活概率大于 0.5，研究称这个汉字为该音节的绝对优势字；另一类是无绝对优势字的音节，即与各个对应汉字的激活概率分布趋于平均的音节，其中激活概率最高的汉字称为该音节的相对优势字（例子见图1—图4）。

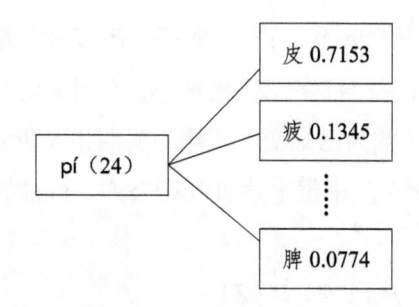

```
pí（24） ── 皮 0.7153
         ── 疲 0.1345
         ⋮
         ── 脾 0.0774
```

图1　载字量高、有绝对优势字的音节

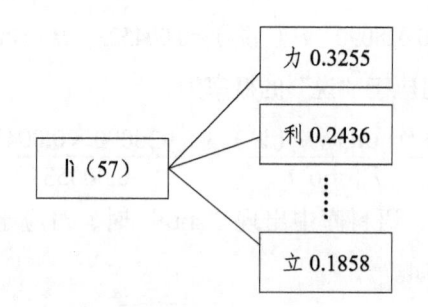

```
lì（57） ── 力 0.3255
        ── 利 0.2436
        ⋮
        ── 立 0.1858
```

图2　载字量高、无绝对优势字的音节

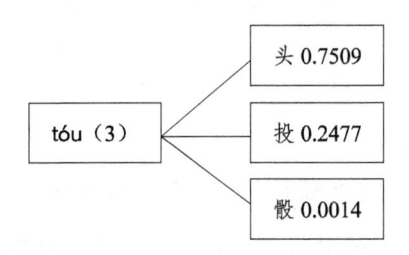

基于语料库统计的"音—形"激活概率及加工机制　223

```
tóu（3） ─┬─ 头 0.7509
         ├─ 投 0.2477
         └─ 骰 0.0014
```

图 3　载字量低、有绝对优势字的音节

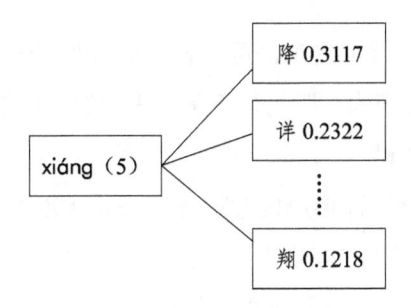

```
xiáng（5）─┬─ 降 0.3117
           ├─ 详 0.2322
           ⋮
           └─ 翔 0.1218
```

图 4　载字量低、无绝对优势字的音节

　　图 1—图 4 括号中的数字为音节的载字量，汉字后面的数字表示"音—形"激活概率。如果这种基于语料库得到的激活概率反映实际加工中的"音—形"激活概率，那么图 1 和图 3 将优先通达第一个汉字，各个汉字的激活强度从上到下逐渐减弱。而图 2 和图 4 的汉字在"音—形"激活过程中被激活的随机性会比较大。另外，即使"音—形"对应概率分布模式基本相同，如果载字量不同，平均每个汉字分得的激活概率大小有差异，"音—形"激活情况也会不同，即图 1 和图 3 之间、图 2 和图 4 之间在加工机制上也会有一定差异。

三、实验研究

3.1 实验设计

本实验采用 2×2 的两因素被试内实验设计，因素一为音节载字量，分高、低两个水平，因素二为音节类型，分有绝对优势字和无绝对优势字（即只有相对优势字）两个水平。

3.2 被试

61 名普通话标准的汉语母语者，均为北京语言大学硕士研究生，视力或矫正视力、听力均正常，未参加过相似的实验。

3.3 实验材料

从第 2 部分统计形成的数据库中选出 100 个音节，按图 1—图 4 所示音节类型分成四组，每组 25 个音节，音节的邻域密度[①]和频度为主要的控制变量（平均值见表 1）。

表 1 实验材料相关数据平均值和例子

		最高 PZY 值	载字量	邻域密度	频度	例子
载字量高	有优势字	0.7219 (0.10028)	23.6 (7.85)	16.0 (4.69)	0.0017 (0.0018)	pí
	无优势字	0.3585 (0.10008)	25.5 (8.72)	16.8 (5.81)	0.0016 (0.0012)	lì
载字量低	有优势字	0.7865 (0.12679)	3.3 (0.93)	16.5 (5.08)	0.0014 (0.022)	tóu
	无优势字	0.4134 (0.08756)	5.3 (2.0)	16.9 (5.23)	0.0008 (0.0009)	xiáng

---

① 邻域密度是指某个音节的邻居数量，一个音节的邻居是指与这个音节发音上相似、某些音位相同的音节，即通过增加、删减或替换一个音节的某个音位或声调得到的合法音节就是该音节的邻居（李梅秀，2014）。

实验材料的重复测量方差分析结果显示，PZY值组间差异主效应显著，$F(3, 96)=110.276$，$p < 0.0005$；载字量高水平上和载字量低水平上有优势字组和无优势字组间PZY值差异均显著（均为$p < 0.0005$；不同载字量水平上两个有优势字组之间和两个无优势字组之间PZY值差异均不显著（优势字组间：$p=0.136$，无优势字组间：$p=0.255$）。

载字量组间差异主效应显著，$F(3, 96)=96.943$，$p < 0.0005$；有优势字组和无优势字组内载字量水平差异显著（均为$p < 0.0005$）；载字量高有优势字组和载字量高无优势字组之间以及载字量低有优势字和载字量低无优势字组之间载字量差异均不显著（分别为$p=0.677$，$p=0.645$）。

邻域密度组间差异主效应不显著，$F(3, 96)=0.159$，$p=0.923$；频率组间差异主效应不显著，$F(3, 96)=2.020$，$p=0.116$。

统计结果说明材料的相关变量值符合分组要求，控制变量得到了有效控制。

所有音节的音频均来自一名普通话水平为一级乙等（94分）的中国女发音人，用专业的录音设备在录音室录制。所有实验音节按随机顺序排列，并通过人工核查，保证所有相邻音节之间不构成双音节词，然后按随机排好的顺序编辑成一个连续的音频，每个音节前面以"嘟"声开头，每两个音节之间间隔3000ms（通过试测确定3000ms时间足够被试写下一个汉字，但是没有富余时间修改或写第一反应以外的字）。

3.4 实验程序

实验在一个安静的多媒体教室进行，集体施测，要求被试每听到一个音节之后，在3000ms内写下最先想到的一个汉字，写好以后不可以返回修改。整个实验时长约 7 分钟。

3.5 实验结果

3.5.1 两因素被试内方差分析

在最后的统计分析中，被试写出的汉字与目标音节不能对应的情况均视为错误。最终，所有被试计入统计分析（所有被试正确率均达到 90% 以上，被试平均正确率为 94.47%）；所有项目也计入统计（所有项目正确率均在 85% 以上，项目的平均正确率为 87.74%）。

分别以优势字产出率、字种数、各字产出率与 PZY 值的拟合度、错误率为因变量进行统计分析。其中，优势字产出率指被试写出 PZY 值最高的汉字（优势字或相对优势字）的平均比例；字种数指每个音节对应的所有汉字中被被试写出的字种数量；优势字产出率与 PZY 值的拟合度是某个汉字被被试写出的频率与其在语料库中的"音—形"对应概率的拟合度（通过拟合度分析所得的值）；错误率是指被试写出的汉字不符合对应音节的比例。具体实验结果如表 2 所示。

表 2 汉字产出情况和错误率（括号中为标准差）

	有绝对优势字		无绝对优势字	
	载字量高	载字量低	载字量高	载字量低
优势字产出率（%）	44.55（27.75）	56.58（31.80）	29.38（22.81）	45.68（32.71）
字种数（个）	5.64（2.18）	2.36（0.76）	7.24（1.71）	3.16（0.99）
各字产出率与 PZY 值拟合度	256.52（496.61）	256.16（465.48）	237.57（384.25）	46.77（54.66）
错误率（%）	2.95（4.73）	3.28（6.35）	3.08（5.36）	14.82（16.78）

优势字产出率的方差分析结果显示，音节类型主效应显著，有绝对优势字的音节，被试产出绝对优势字的比例高于无绝对优势字组被试产出相对优势字的比例，$F(1, 24)=4.276$，$p=0.05$；载字量主效应显著，载字量低的组，被试更容易产出优势字（绝对优势字或相对优势字），$F(1, 24)=7.487$，$p<0.05$；音节类型和载字量的交互作用不显著，$F(1, 24)=0.128$，$p=0.723$。

字种数的方差分析结果显示，音节类型主效应显著，有绝对优势字的组，被试产出的字种数少于无绝对优势字的组，$F(1, 24)=192.000$，$p<0.0005$；载字量主效应显著，载字量高的组产出的字种数多于载字量低的组，$F(1, 24)=246.674$，$p<0.0005$；音节类型和载字量交互作用显著，$F(1, 24)=14.769$，$p=0.001$。简单效应检验结果显示，在载字量低的水平上，音节类型的简单效应显著，$F(1, 24)=48.00$，$p<0.0005$；但是，在载字量高的水平上，音节类型的简单效应更显著，$F(1, 24)=109.71$，$p<0.0005$。

各个汉字产出率与PZY值拟合度方差分析结果显示，音节类型主效应不显著，$F(1, 24)=1.516$，$p=0.230$；载字量主效应不显著，$F(1, 24)=1.884$，$p=0.183$；音节类型和载字量交互作用不显著，$F(1, 24)=2.377$，$p=0.136$。

错误率方差分析结果显示，音节类型主效应显著，有绝对优势字组错误率低于无绝对优势字组，$F(1, 24)=25.334$，$p<0.0005$；载字量主效应显著，载字量低的组错误率更高，$F(1, 24)=20.600$，$p<0.0005$；音节类型和载字量交互效应显著，$F(1, 24)=29.509$，$p<0.0005$。简单效应检验的

结果显示，在载字量高的水平上，音节类型的简单效应不显著，$F(1, 24)=0.32$，$p=0.574$；在载字量低的水平上，音节类型的简单效应显著，$F(1, 24)=27.51$，$p<0.0005$。

3.5.2 回归分析

由于影响汉字加工的因素较多，除了"音—形"概率值所涉及的字频和多音字之外，前面的分析结果以及已有相关研究结果均显示载字量也有很大影响，相关研究还证实汉字笔画数（如彭聃龄、王春茂，1997；杨沙沙，2015）、形声字的形旁或声旁（如王协顺、吴岩、赵思敏等，2016）等也有影响。另外，根据被试的产出结果，如果一个音节对应的汉字中有成词语素和非词语素，被试倾向于写出成词的汉字，由此推测成词与否也对加工带来一定影响。

因此，为了观察"音—形"激活概率在加工过程中的独特作用，对"音—形"激活概率（PZY）、载字量、笔画数、是否为形声字（形声字=1，非形声字=0）、是否成词（成词=1，不成词=0）五个自变量和产出率进行了相关分析（见表3）。

表3 四个自变量及汉字产出率的相关矩阵

	产出率	PZY	载字量	笔画数	形声字否	成词否
产出率	1					
PZY	0.562**	1				
载字量	−0.291**	−0.357**	1			
笔画数	−0.118*	−0.211**	−0.115*	1		
形声字否	−0.136**	−0.206**	−0.051	0.295**	1	
成词否	0.353**	0.262**	−0.201**	−0.069	−0.159**	1

从表3的相关矩阵中可以看到,"音—形"激活概率、载字量、是否为形声字、是否成词都和产出率显著相关。其中,"音—形"激活概率与产出率的相关度最高 (r=0.562,$p < 0.0005$),是否成词次之 (r=0.353,$p < 0.0005$)。另外,其他变量之间也存在一定的相关。

我们进一步以"音—形"激活概率、载字量、笔画数、是否为形声字、是否成词五个变量为自变量,产出率为因变量进行了回归分析。采用 Enter 法进行回归分析,得到 R^2=0.365,表明五个自变量能够解释产出率总变异的 36.5%。显著性检验表明,自变量可解释的因变量变异与误差变异相比是统计上显著的,$F(5,452)$=51.918,$p < 0.0005$。系数分析发现,PZY 值和是否成词都对产出率有重要影响。进一步的层次回归分析结果显示,控制了其他三个变量之后,"音—形"激活概率的贡献仍然达到 22.5%(ΔR^2=0.225),其贡献在统计上是显著的($p < 0.0005$)。该结果表明,"音—形"激活概率确实有其他变量不能解释的作用,是"音—形"加工过程中汉字产出率的一个重要预测指标,可以反映实际加工中的"音—形"激活情况。

3.5.3 错误率分布情况

为了进一步了解"音—形"加工过程中除了对应汉字的字形,还有哪些表征可能会被激活,研究还对错误类型进行了分类统计。错误情况如图 5 所示。

图 5 错误率分布

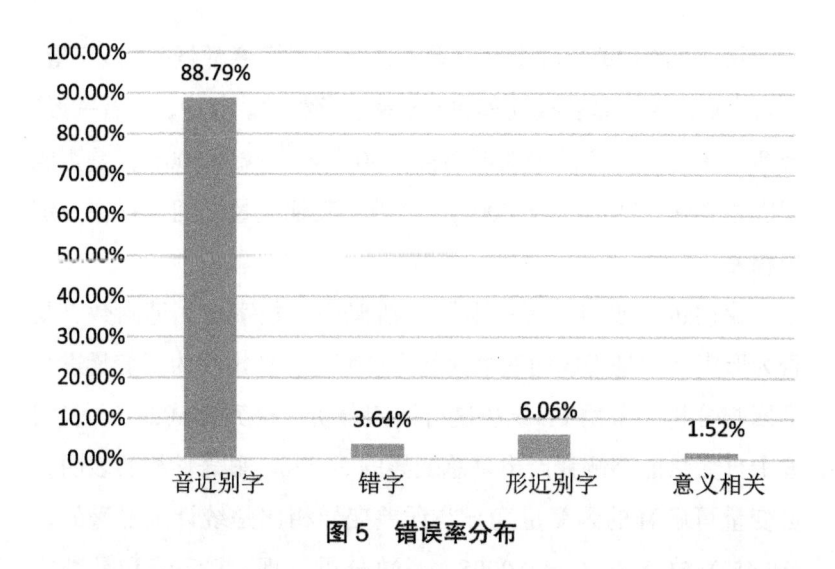

出现的错误可分为四大类：音近别字（如：bìng→定）、错字（如多笔画或者少笔画）、形近别字（如：yin1→困）、意义相关别字（如：xie1→休，该错误同时属于音近别字，因此也计入"音近别字"）。其中，音近别字最多，88%以上的错误输出都是音近别字，其他类型的错误非常少，都在10%以下。

这个结果至少可以说明两点：（1）"音—形"加工过程中，与目标音节相似的语音也会部分激活；（2）"音—形"加工过程中，相关的正字法信息和相关语义也部分参与了加工。

四、讨论

研究结果显示，汉语"音—形"加工过程中，不同"音—形"关系类型的音节在激活机制上存在差异，表现为：（1）有绝对优势字组有明显的优势字效应，优势字的平均产出率达到约50%。（2）有绝对优势字组产出的字种数（平均4个字）少于无绝对优势字组（约5.2个字）。说明有绝对优势字的音节在"音—形"加工过程中，主要集中激活与之联结概率最高的几个汉字，这几个汉字的激活值远高于PZY值较低的汉字，其在产出中占绝对优势，一定程度上抑制了其他同音字的激活；而无绝对优势字的音节，其对应的各个同音字被激活的概率比较平均，因此在听写过程中被写出的机会也较均等。（3）从回归分析的结果来看，PZY值在"音—形"加工过程中有着其他因素所没有的预测作用。从产出率与PZY值拟合度的被试内方差分析结果来看，不同类型音节PZY值对实际加工中"音—形"激活概率的预测作用也是一样的，表现为无论是有优势字组还是无优势字组，对应汉字的产出率与其PZY值的拟合度都是一样的，没有显著差异。（4）有绝对优势字的组错误率较低。这是因为有绝对优势字的音节倾向于优先激活绝对优势字，受音近、形近或意义相关汉字的影响较小，而无绝对优势字的音节，对应的多个汉字都有差不多的激活概率，每个汉字得到的激活度相对较低，容易受到音近、形近或意义相关汉字的干扰，甚至输出这些汉字。这些结果都说明基于语料库得到的"音—形"激活概率基本反映实际的激活情况。

另外，载字量也会影响"音—形"激活机制，表现为：（1）与载字量高的音节相比，载字量低的音节更倾向于激活优势字，这是因为根据计算"音—形"激活概率的方法，每个音节激活其对应的所有汉字的概率值之和都是1，载字量高的音节，每个汉字分得的PZY值相对较低，即使同为有优势字或有相对优势字的音节，载字量高的音节激活优势字或相对优势字的概率要低于载字量低的组，因此，表现出了载字量高的组激活优势字或相对优势字的概率低于载字量低的组。（2）载字量低的组产出的字种数相对较少，除了因为载字量低的音节对应的汉字更少，另外一个原因是载字量低的音节优势字激活概率较高，其他同音字的激活概率相对更低。（3）在不同载字量水平上，"音—形"加工过程中音节类型差异的表现也不同，载字量高的组，有优势字和无优势字产出的字种数相差更大，这是因为载字量高的水平上，有绝对优势字的组，绝对优势字以外的同音字 PZY 值都很低（因为有更多的同音字"分享" PZY 值），这些字的激活水平相应地都很低；在载字量低的水平上，大部分音节绝对优势字与其他同音字之间的激活值差异相对较小，绝对优势字以外的同音字也有一定的竞争力，因此产出的字种数要多一些；而对于无绝对优势字的音节来讲，无论是载字量高的组还是载字量低的组，同音字之间的 PZY 值都比较平均，被写出来的概率都差不多。（4）从错误率上看，载字量越低的音节，对应汉字产出的错误率越高。这可能是因为载字量低的音节在"音—形"加工中可选择的输出相对较少，容易受到音近、形近或意义相关汉字的干扰。

通过这些结果，可以肯定的是，同音字家族内各个成员被激活的概率存在明显的差异，这一结果支持李小健、王文娜等关于汉语同音字表征激活具有不同等性的发现（王文娜，2006；李小健、方杰、楼婧，2011；李小健、王文娜、李晓倩，2011）。这种激活强度的差异可以用基于语料库的"音—形"激活概率来预测。

另外，通过错误类型的统计发现，在"音—形"加工过程中，还会激活音节对应汉字字形以外的信息，包括邻居音节（读音相似的音节），还有形近或意义相关的汉字。说明"音—形"的加工过程并不是简单地从音到形的单向激活过程，相关的语音、正字法和语义信息也会被激活，周海燕和舒华（2008）的研究也发现"音—形"加工过程中受到语义的影响。因此，虽然目前的"音—形"激活概率已经基本可以预测实际的加工情况，但在未来的研究中，如果要更加精确地预测和模拟"音—形"激活情况，语义也是需要考虑的一个因素。

通过以上讨论，可以得出这样几点认识：首先，汉语心理词典中"音—形"的加工机制在某种程度上表现为一个概率模型，心理词典的加工机制取决于二者之间的联结概率，这种概率可以用基于语料库统计得到的概率值来预测。其次，音、形、义的加工在某种程度上会相互影响，从其中任何一种表征到另一种表征的加工过程必定会不同程度地激活第三种表征，只是激活强度有差异，至于哪种表征的激活强度更强取决于具体的加工目的。

五、结论

基于语料统计得到的"音—形"激活概率基本反映实际的"音—形"激活情况："音—形"激活概率越高的汉字被激活的概率和强度越高，并且有明显的优势字效应。"音—形"的加工还受载字量、笔画数、是否为形声字、是否成词等因素的影响，部分与目标音节和目标汉字相关的语音、字形和语义信息也参与到加工中，但基于频率和多音字信息得到的统计概率仍然具有独立于这些因素的预测功能。

参考文献

[1] 陈宝国、宁爱华（2005）汉字识别中的同音字效应：语音影响字形加工的证据，《心理学探新》第 4 期。

[2] 方杰、李小健、罗畏畏（2014）汉语音节累积词频对同音字听觉词汇表征的激活作用，《心理学报》第 4 期。

[3] 李小健、方杰、楼婧（2011）汉语同音字具体频率和同音字数在听觉词汇通达中的相互作用，《心理科学》第 1 期。

[4] 李小健、王文娜、李晓倩（2011）同音字族内的听觉通道词频效应与同音字表征的激活，《心理学报》第 7 期。

[5] 刘云汉（2012）常用多音字的读音考察，《廊坊师范学院学报（社会科学版）》第 5 期。

[6] 彭聃龄、王春茂（1997）汉字加工的基本单元：来自笔画数效应和部件数效应的证据，《心理学报》第 1 期。

[7] 苏新春、林进展（2006）普通话音节数及载字量的统计分析——基于《现代汉语词典》注音材料，《中国语文》第 3 期。

[8] 王文娜（2006）同音字音节的听觉词汇通达研究，华南师范大学硕士学位论文。

[9] 王协顺、吴岩、赵思敏、倪超、张明（2016）形旁和声旁在形声字识别中的作用，《心理学报》第 2 期。

[10] 杨沙沙（2015）汉字加工中的笔画数效应：来自 ERP 的证据，西南大学硕士学位论文。

[11] 周海燕、舒华（2008）汉语音—形通达过程的同音字家族效应和语义透明度效应，《心理科学》第 4 期。

[12] Pattamadilok, C., Morais, J., Ventura, P. & Kolinsky, R. (2007) The locus of the orthographic consistency effect in auditory word recognition: Further

evidence from French. *Language and Cognitive Processes*, 22.

[13] Petrova, A., Gaskell, M. G. & Ferrand, L. (2011) Orthographic consistency and word frequency effects in auditory word recognition: New evidence from lexical decision and rime detection. *Frontiers in Psychology*, 2 (4).

[14] Van Orden, G. C. & Goldinger, S. D. (1994) Interdependence of form and function in cognitive systems explains perception of printed words. *Journal of Experimental Psychology: Human Perception and Performance*, 20 (6).

[15] Ventura, P., Morais, J. & Kolinsky, R. (2007) The development of the orthographic consistency effect in speech recognition: From sublexical to lexical involvement.*Cognition*,105 (3).

[16] Wang, W., Li, X., Ning, N. & Zhang, J. X. (2012) The nature of the homophone density effect: An ERP study with Chinese spoken monosyllable homophones. *Neuroscience Letters*, 516 (1).

[17] Worlton, D.S.（2014）超越汉字：现代汉语音节动态统计分析，见李晓琪、贾谊民、徐娟《数字化汉语教学（2014）》，北京：清华大学出版社。

[18] Zhou, X. m & Marslen-Wilson, W.D. (1994) Words morphemes and syllables in the Chinese mental lexicon. *Language and Cognitive Processes*,9 (3).

[19] Ziegler, J. C, Petrova, A. & Ferrand, L. (2008) Feedback consistency effects in visual and auditory word recognition: Where do we stand after more than a decade? *Journal of Experimental Psychology: Learning Memory & Cognition*, 34 (3).

面向书写教学的手写汉字图像笔画还原 *

荀恩东　吕晓晨　安维华　孙燕南

随着信息技术的发展,计算机辅助汉字书写的研究工作越来越受到重视。人们希望利用相关技术改进传统的汉字书写教学方法,并实现汉字书写规范性的自动化评判。

早期的计算机辅助汉字书写工作只是将模板汉字以动画形式演示给用户(Lam H. C. et al.,1993;Lam H. C. et al., 2001),或者让用户采用描红的形式完成交互。这些方式并不能主动地发现用户的书写缺陷,并提供针对性的指导。还有一些工作采用实时方式进行汉字书写指导(Tan C., 2002:339—344;Chen G. et al., 2008:132—138),这种不停打断用户书写过程的交互形式也不够友好。

为了实现智能化的计算机辅助汉字书写(Hu Z. et al., 2009),人们已经开始探索手写汉字的笔画还原技术。笔画还原的基本思路是,先让用户一次性地完成目标汉字的书写,然后采用自动化方法将其与正确的模板汉字进行精确的笔画匹配。根据匹配结果,可以针对该次书写给出正误评判(多笔、少笔等)和

---

* 原文发表于《北京大学学报(自然科学版)》2015 年第 2 期。

规范性指导（笔画交搭关系、长短比例等）。可见，笔画还原是智能化汉字书写评判的基础。

笔画还原的处理对象分为联机手写汉字（Tang K. et al., 2006：176—188）和脱机手写汉字两类。前者是由数码笔、手写板等数字终端记录的手写数据，包含笔画路径坐标和时序信息；后者是由传统纸笔书写产生的经过数字化得到的静态手写汉字图像。

相比而言，对脱机手写汉字图像进行笔画还原的研究具有更广泛的应用价值：可以为以汉字书写为考核目标的纸质试卷提供自动评判；可以嵌入移动数码终端，随时拍摄任意汉字，并再现其应有的正确书写过程；可以对任意汉字进行笔画拆解，实现基于笔画拼组的智能造字。因此，本文重点研究脱机手写汉字图像的笔画还原技术，并为汉字书写规范性的自动评测奠定基础。

目前，专门从书写教学角度研究脱机手写汉字图像笔画还原的工作还比较少，大部分成果来源于OCR领域。该领域的相关工作包括两方面：笔画提取和笔序重建。笔画提取技术已经有很多积累，例如：外围轮廓法（史伟、傅彦、陈安龙等，2008）、数学形态法（王建平、钱自拓、王金玲等，2005）、段化法（刘峡壁、贾云得，2004）、区域分解法（陈睿、唐雁、邱玉辉，2003）、模糊区域检测法（曹忠升、苏哲文、王元珍等，2009）、基于细化的方法（张世辉、孔令富，2002；张晓青、王国文、曹海云等，1999）、基于距离的方法（张世辉，2003）、基于方向游程长度的方法（王宏志、姜昱明，2005；赵建平、车丹，2005）、基于编码的方法（李正华、胡奇光，2004）、基于神经元网络的方法（王建平、徐奇，2010）等。

由于 OCR 的目标是在模板库中寻找与待识别手写字总体特征最匹配的汉字。所以上述算法存在一定的局限性。上述方法一般只关心横竖撇捺等简单笔画特征，不关心复杂笔画；不关心笔画精确的路径坐标；很少关心笔画间细微的拓扑关系；并且，允许笔画提取结果存在一定的误差。

笔序重建技术一般来源于基于结构信息的 OCR 研究。文献（陈志平、林亚平、李军义，2000）采用基于书写规则的思路重建手写字笔序，并根据它与模板字真实笔序间的相似度进行调整。这种方法只能处理部分简单的常用汉字，不适用于大字符集汉字的处理。文献（李国宏、施鹏飞，2006）通过搜寻最小代价的汉密尔顿路径来重构手写数字字符的笔序，不适用于手写汉字。文献（曹忠升、苏哲文、王元珍，2009）从笔迹鉴定的角度进行笔序重建，不关心手写字与模板字的对应关系。

以书写教学为目的的笔画还原问题假设，被书写的目标汉字是已知的。在此前提下，还原出各种手写体汉字与模板汉字的笔画对应关系。该问题要求笔画还原的结果具有非常好的精度，并且能够对书写问题进行精确定位（多笔、少笔等），能够反馈手写汉字和目标汉字在字形结构上的细节差异（笔画交搭关系、比例关系等）。可见，上述 OCR 领域的技术尚不能满足这些要求。

为此，本文从图形学的角度出发，为手写体汉字的笔画还原问题定义一种字形相似度模型。我们利用 $A*$ 算法（详见后文）求解该模型，算法中使用的启发策略和剪枝策略保证了计算结果的准确性。

一、问题描述

本文笔画还原的策略是，正确提取手写汉字图像中的笔画骨架，并将其与相应模板字中的笔画进行精确匹配。如图1所示，本文方法包含4个步骤：模板字的采集、手写汉字骨架的提取、骨架的消歧和笔画匹配。下面详细说明各步骤。

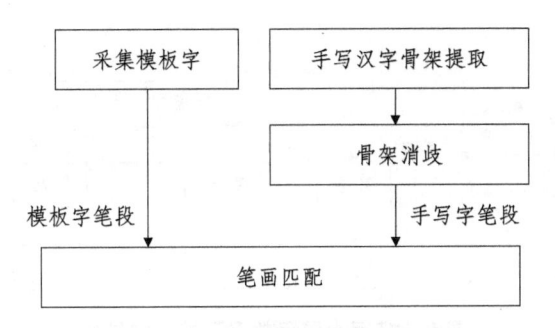

图1　手写汉字图像的笔画还原流程

二、模板字的采集

模板字包括书写信息和结构信息。在书写信息方面，本文将模板字表示为笔画和笔段的二级结构。笔画是指不间断地一次性连续写成的线条，笔段是指不包含拐点的平滑线段。一个笔画可以包含一个或多个笔段。

图2给出模板字"发"的显示效果及其书写信息。它包含5个笔画，其中第一和第三个笔画各包含两个笔段，其他笔画各包含一个笔段。笔画和笔段的存储顺序与汉字的书写顺序一致。如果某个笔段是直线段，那么只需存储它的首尾两个端点（如图2

中的 A_1）；如果某个笔段是曲线段，那么为了保证平滑效果，需要存储笔段上的多个采样点（如图 2 中的 A_3）。

在结构信息方面，本文存储了模板字中各个笔段之间的位置关系和衔接关系。

为了获取上述模板字信息，我们设计一个标注工具，以 truetype 黑体字库中的字形为标准，采用手工方式标注 3500 个模板汉字。

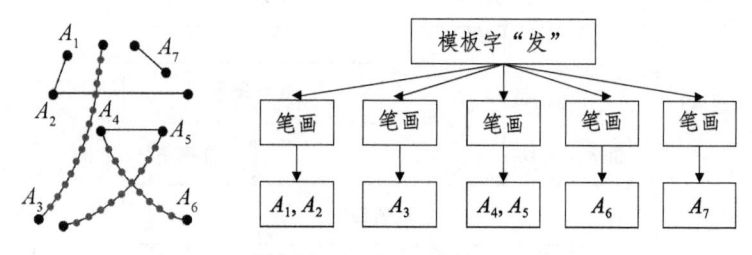

图 2　模板字显示效果及其存储结构

三、手写汉字骨架的提取

骨架提取的目的在于去除图像中笔迹的宽度信息，获取笔迹的矢量信息。为此，我们首先对手写汉字图像进行滤波去噪、二值化等预处理，然后采用细化算法获取手写骨架。

经过对多种细化算法比较，本文选用 Hilditch 算法（Gonzalez R. C. et al., 2003）对预处理后的汉字图像进行细化。该算法的优点在于：细化后的骨架尽可能接近笔画中心线，且骨架路径在八邻域上是连通的，从而避免了笔画断裂。图 3（a）为手写"发"字的细化效果。

显然，骨架像素点中连通度为 2 的点为笔画路径点，其他点为笔画端点和交叉点。端点和交叉点将笔画路径分割为一系列的不规则线段。我们采用动射线算法遍历每条线段，从而计算出各个线段中的拐点。

端点、交叉点、拐点以及这些点之间的连通关系已经能够详细描述手写汉字图像的字形结构，所以，我们将连通度为 2 的像素点暂时删除，以直线段直接连接具有连通性的上述特征点，得到最简化的手写汉字矢量信息，如图 3（b）所示。这种简化处理不会影响后续笔画匹配的精度。

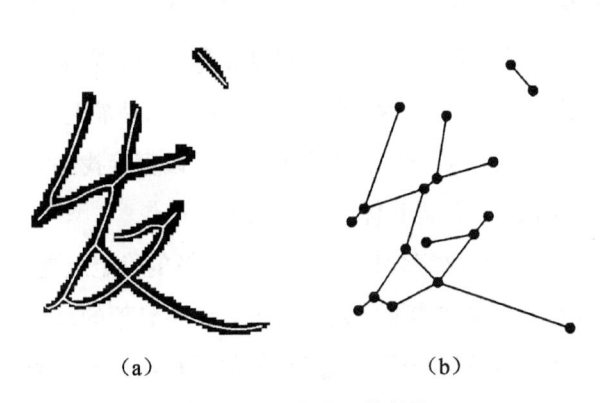

（a）　　　　　　　（b）

图 3　手写汉字骨架的提取：
（a）中白色线条为细化后的笔迹中心线；
（b）为简化后的字形骨架

四、手写汉字骨架的消歧

细化操作会使汉字拓扑结构产生歧义变形。经过大量样本的分析发现，手写骨架中可能存在两种歧义变形，如图 4 所示。

为了消除这些歧义变形，我们使用脚本语言为每个汉字字符编写一个消歧规则。某个汉字的消歧规则适用于该汉字的所有手写体实例。使用相应的消歧规则对第3节的字形骨架进行处理后，便可消除图4中的歧义变形。

对于某个特定的汉字，消歧规则的编写思路包括以下两个步骤。

（1）确定手写骨架中的稳定点

手写汉字骨架中的稳定点同时满足两个特征：在骨架提取时，不会产生图4中的歧义变形；在任何手写样本中，它的拓扑特征都绝对稳定。

例如，"大"字第二笔的起点就是稳定点，它满足：骨架提取时不会产生歧义变形，在任何手写样本中都是最上方的极值点。所以，在为"大"字编写消歧规则时，可以直接找到字形骨架中最上方的极值点，并将其标记为第二笔的起点。

对于某个手写汉字骨架，不同的人理解的稳定点是不一样的。为了计算方便，本文的思路是：在手写汉字骨架的最小凸包上寻找笔画端点，如果某个笔画端点在任何手写体样本中都表现为某个方向上的极值点，那么就将其标注出来。

基于上述思路，可以为每个汉字字符定义一个或多个稳定点属性。通过查询这些属性，便可以获取手写字形骨架中的稳定点，并能够标注它们所在的笔画。

（2）根据稳定点推断衍生点

衍生点指字形骨架中除稳定点以外的端点、拐点和交叉点。需要注意的是：由于书写笔迹的宽度变化不定，所以衍生点的歧义变形具有不确定性。这一步的目标是，找到已经产生歧义变形的衍生点,并消除歧义,即:将属于同一个四岔点的两个三岔点进行合并,将拐点处的毛刺进行删除。

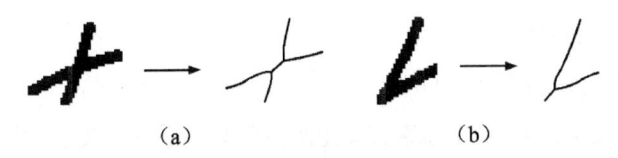

图4 骨架的歧义变形:
(a)一个四岔点变形为两个三岔点;
(b)笔画转折处产生毛刺

处理思路如下:从某个稳定点出发,参照字形结构在骨架路径中找到相邻的某个衍生点;判断它是否发生歧义变形;如果发生歧义变形,那么就消除变形;依此类推,直到骨架路径无法扩展或者衍生点特征无法确定为止。

例如,上一步已经确定"大"字第二笔起点为关键点,从该点向下搜索,找到的衍生点应该为第一、二笔的交点。该点可能产生图4(a)所示的变形。所以,我们从第二笔起点向下搜索,如果在骨架路径中直接找到一个四岔点,那么就将其标记为第一、二笔的交点并继续扩展搜索;如果只找到两个相邻的三岔点,那么就将它们合并为一个四岔点,并将该点标记为第一、二笔的交点,然后继续扩展搜索;如果没有找到满足上述要求的衍生点,则搜索终止。

可见,本节中消歧规则的编写完全基于人们对汉字拓扑结构的主观认知。这种基于知识工程的策略具有如下特点:具有非常好的可扩展性和可编辑性,能够适应汉字的各种书写变形和常见书写错误,能够适应歧义变形的不确定性。

需要注意的是，由于手写的随意性（笔迹抖动、笔画粘连、笔画分离等），消歧操作可能无法遍历和标注出所有的衍生点，所以也就不可能消除所有的歧义变形。对此，我们会在笔画匹配阶段进一步处理。

图5（a）是针对图4（b）的消歧结果。消歧处理后，根据端点、拐点以及交叉点，我们将手写骨架切分为一系列分支，如图5（b）所示，这些分支将用于后续的笔画匹配。

五、笔画匹配

为了简化说明，给出如下定义：按照汉字书写笔顺，某个模板字由有序笔段序列 $A=\{A_1, A_2, \cdots, An\}$ 构成，笔段 A_i 由笔画的端点和拐点切分而成，如图2所示；与模板字对应的某个手写骨架由集合 $B=\{B_1, B_2, \cdots, B_m\}$ 构成，B_i 由骨架中的端点、拐点以及交叉点切分而成，如图5（b）所示。本节的目标是，将集合 A 与集合 B 进行正确匹配。

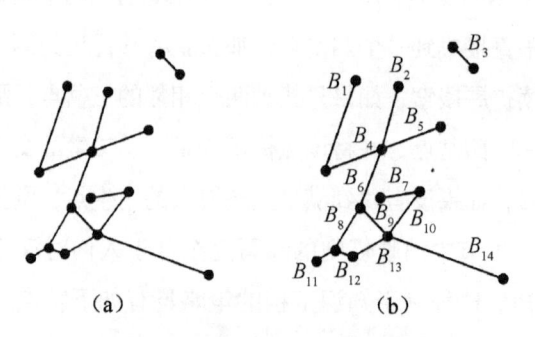

（a）　　　　　（b）

图5　手写字形骨架的消歧

（a）消歧后的字形骨架；（b）骨架分支的标注结果

5.1 字形相似性模型

一般情况下,集合 B 中的元素数目多于集合 A。将集合 B 中元素进行合并和重排序,可以得到新的集合 $B=\{B_1, B_2, \cdots, B_n\}$,使得 B 中元素数目与 A 相同。对集合 B 中的多个笔段进行合并的原则为:这些笔段首尾相邻,可以形成一条连通路径。

在合并和重排序后的所有结果中,与 A 相似度最高的集合 $B=\{B'_1, B'_2, \cdots, B'_n\}$ 便为匹配结果,即:

$$B'=\mathrm{argmax}\{P(B|A)\}, \tag{1}$$

由贝叶斯公式,可得:

$$\begin{aligned}B' &= \mathrm{argmax}\{P(B|A)\} \\ &= \mathrm{argmax}\{P(A|B) \times P(B)\} \\ &= \mathrm{argmax}\{\prod_{i=1}^{n} P(A_i|B_i) \times P(B)\},\end{aligned} \tag{2}$$

其中,$P(A_i|B_i)$ 表示模板字笔段 A_i 与手写字笔段 B_i 的相似性,$P(B)$ 表示手写字的字形合理性。

本文将 $P(A_i|B_i)$ 定义为

$$P(A_i|B_i)=\alpha X(A_i, B_i)+\beta Y(A_i, B_i)+\gamma Z(A_i, B_i), \tag{3}$$

$$X(A_i, B_i)=\frac{\cos(A_i, B_i)}{2\pi}, \tag{4}$$

$$Y(A_i, B_i)=\frac{|\overline{A}_i-\overline{B}_i|}{\mathrm{size}}, \tag{5}$$

$$Z(A_i, B_i)=1-\min\left\{\frac{|A_i|}{|B_i|}, \frac{|B_i|}{|A_i|}\right\}。 \tag{6}$$

其中,$X(A_i, B_i)$ 表示笔段之间的角度相似性,$Y(A_i, B_i)$ 表示笔段之间的位置相似性,$Z(A_i, B_i)$ 表示笔段之间的尺寸比

例相似性，α，β，γ 表示权重系数。A_i 为笔段 A_i 首尾点连线形成的向量，$\overline{A_i}$ 为笔段 A_i 的路径中心，$|A_i|$ 为笔段 A_i 的长度，size 为字形大小归一化后的尺寸。

本文将 $P(B)$ 定义为式（7），其含义是，计算集合 B 中任意相邻笔段所形成的凸包面积，并考察它与模板字中相应笔段所形成凸包面积的相似性，以此来衡量手写字笔段序列的字形合理性。

$$P(B)=\sum_{i=1}^{n-1} \frac{|\Delta(B_i, B_{i+1})-\Delta(A_i, A_{i+1})|}{\Delta(A_i, A_{i+1})} \times \frac{1}{n-1}, \qquad (7)$$

其中，$\Delta(B_i, B_{i+1})$ 表示由笔段 B_i 和 B_{i+1} 构成的凸包面积。

5.2 基于 A^* 算法的求解

本文采用 A^* 算法求解上述字形相似性模型。A^* 算法是一种在目标解空间中进行全局路径规划的搜索算法，通过启发函数来估算每一步搜索达到的位置。启发函数的一般表达如下：

$$F_k = G_k + H_k \quad (1 \leqslant k \leqslant n), \qquad (8)$$

其中，G_k 表示从搜索路径的起始点到当前节点所花费的实际代价，H_k 表示从当前节点到搜索路径的终点所花费的估算代价。

由于已知模板字笔段集合 A 中的元素是有序的，所以可以按照该序列展开搜索路径。此时只需解决两个问题：确定每一步搜索的实际代价 G_k 和估算代价 H_k。

根据式（2），G_k 可以定义为

$$G_k = \prod_{i=1}^{k} P(A_i|B_i) \times P(B_1 B_2 \cdots B_k), \qquad (9)$$

其中，$P(A_i|B_i)$ 的计算方法如式（3）所示，$P(B_1 B_2 \cdots B_k)$ 的计算方法如式（7）所示。

在计算当前节点到路径终点的估算代价 H_k 时，将余下的未匹配笔段集合中最不可能匹配组合的相似度累计值作为 H_k 即可。计算公式如下：

$$H_k = \sum_{i=k+1}^{n} \min\{P(A_i|B_i)\} 。 \tag{10}$$

5.3 相关问题说明

5.3.1 A*算法中候选搜索空间的构造

首先，将手写字形骨架表示为一个加权图 $G=(V, E)$。其中，顶点集合 V 为骨架中的所有笔段；边集合 E 表示笔段之间的连接关系。如果手写骨架中两个笔段首尾相连，那么在图 G 中对应的两个顶点之间就有一条边相连，该边的权重为相应两条笔段的夹角。图 6 为图 5 中"发"字形骨架的加权图（权重忽略）。

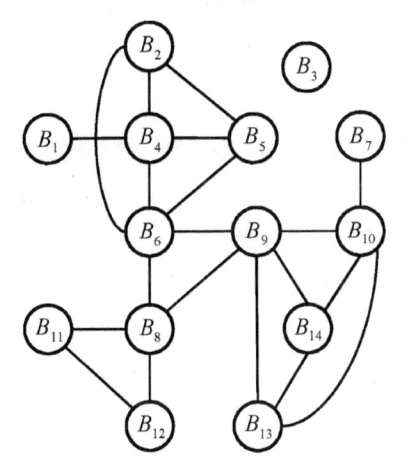

图 6　手写字形骨架的加权图示意

接下来，将图 G 切分为若干个连通子图，并保证每个子图满足如下条件：子图中的所有边形成一个简单通路，且无回路；子图中所有边的权重累计小于某个阈值。这样，每个子图中任意数目的相互连通的顶点均有可能对应于模板汉字上的一个笔段。我们可以遍历每个子图和每个模板字笔段 A_i，并通过计算式（3）是否满足阈值要求来确定模板字笔段 A_i 的候选匹配笔段。

另外，第4节消歧步骤中已经获得一些特征点约束信息，例如：关键点、衍生点所在笔段等。这些信息在一定程度上约束了手写字笔段与模板字笔段在特征点上的对应关系。所以，利用这些约束信息可以进一步缩小每个模板字笔段 A_i 的候选空间。表1是由图5（b）为"发"字构造的搜索空间。

还需注意的是，第4节消歧步骤并不能消除手写骨架中的所有歧义。如果手写骨架中仍存在一个四岔点变为两个三岔点的歧义变形，那么在切分子图时就可能会出现两个子图共用一个笔段的情况。

表1　图5（b）中"发"字的搜索空间

模板字笔段	候选搜索空间
A_1	B_1
A_2	B_4+B_5
A_3	$B_2+B_6+B_8+B_{11}$，$B_2+B_6+B_8$，B_2+B_6
A_4	B_7
A_5	$B_{10}+B_{13}+B_{12}$，$B_{10}+B_{13}$
A_6	B_9+B_{14}
A_7	B_3

在这种情况下,首先将骨架中的这个共用笔段收缩为一个点,然后重新进行子图切分。

5.3.2 搜索过程中的剪枝处理

在 $A*$ 算法求解时,本文通过模板字笔段之间的拓扑关系进行剪枝。也就是说,如果当前搜索路径中已经将模板字中的笔段 A_i 与手写字中的笔段 B_j 进行匹配,那么在对模板字中的后续笔段进行匹配搜索时,就可以利用它与 A_i 的位置关系裁剪搜索路径。例如,如果接下来需要搜索 A_k 的匹配笔段,而 A_k 与 A_i 是首尾相邻的关系,那么此时就可以把 A_k 的候选笔段中所有与 B_j 相距较远的笔段忽略。

5.4 正确解筛选

上述 $A*$ 算法的计算结果往往不止一个,但是我们只需要一个正确的笔画还原结果。为此,需要对候选解集进行检测,具体策略如下。

首先,根据式(8)的取值对候选解集进行升序排列(我们只选择前 10 个候选解)。然后依据该次序对候选结果进行如下阈值检测。

(1)整字比例阈值。

(2)各个部件比例阈值,各个部件之间的相对位置关系阈值。

(3)笔段间衔接关系阈值,笔段之间的位置关系阈值。

如果某个候选结果通过上述所有阈值检测,则直接将其视为最终结果进行输出,不再检测后续的候选结果;如果所有候选结果都未能通过检测,则说明手写汉字存在书写错误,那么输出解集中的第一个候选结果,以供后续的错误识别。

六、实验分析

本文对"本、表、尘、成、出、大、代、导、到、动、度、发、法、工、国、华、上、社、世、市、务、系、以、元、在、展、中、组"这28个汉字的共518个正确书写的手写样本进行笔画还原实验。其中，501个样本能够得到正确的笔画还原结果，准确率达到96.7%。

以"发"和"成"字的手写样本为例，最终还原结果如图7的前两行所示。其中，左侧为手写实例，右侧为笔画还原之后的有序的手写字笔段序列。

本文还选择一些印刷体汉字图像进行测试。结果证明，本方法能够很好地处理宋体、楷体、隶书等书写规范且笔画分明的字体。例如，图7的第三行是对宋体"国"字的笔画还原结果。但是，本方法不大适用于行楷、草书等字体，因为这些字体往往笔画连绵，甚至结构简省，不符合规范汉字的要求。

本文的应用目标不仅在于规范汉字的笔序展示，而且重点在于面向汉字初学者的计算机辅助书写教学和书写水平测试。因此，没有对各种复杂书法字、连笔字进行笔画还原测试。这方面的实验结果还有待进一步分析。

对于常规书写的汉字，如果出现多笔、少笔等简单书写错误，本方法能够给出正确书写部分的笔画还原结果，从而能够定位书写错误的具体位置。这为后续的书写规范性的自动评判奠定了基础。如图8所示，本文方法能够正确识别出"民"字末笔缺少的提勾。

图 7　笔画还原结果示例

图 8　存在书写错误的汉字示例

6.1　笔画还原的准确性

5.4 节对 A^* 算法的前 10 个候选结果进行了筛选，得到满足要求的正确解。为考察正确解在候选解集中的排序位置，本文进行了统计实验。

如图 9 所示，对 501 个得到正确笔画还原结果的样本进行统计，图中横轴表示正确解在候选解集中出现的位置，正确解的位置越靠前，则筛选的速度越快。由图 9 可知，正确解出现在前 10 位的概率为 100%，出现在第 1 位的概率为 90.2%。所以，5.4 节的筛选策略是有效的。

518 个测试样本中，有 17 个样本没能得到正确的笔画还原结果，原因包括如下 3 点。（1）手写汉字中存在笔画重叠或覆盖，使得字形骨架不正确（共 5 个样本）。例如，图 10 中"度"字的第七、八笔重叠严重，导致字形骨架不正确。（2）手写汉字中存在笔画首尾粘连，使得对汉字骨架的笔段切分不正确（共 3 个样本）。例如，图 11 中"展"字骨架的第一笔和第六笔产生粘连，并且过渡平滑无明显拐点。这样就无法将二者切分开，导致笔画还原不正确。（3）消歧规则失效（共 9 个样本）。

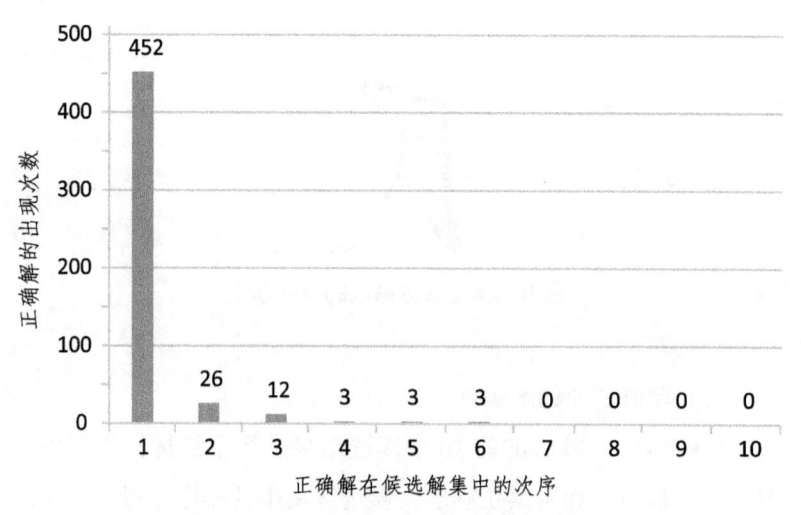

图 9　501 个手写样本的正确解排序位置

图 10　笔画重叠或覆盖的汉字示例

图 11　细化导致的笔段缺失示例

对于上述前两个原因,我们计划在笔画匹配阶段,通过适当的笔段共用、笔段再细分等手段扩展 A^* 算法的候选搜索空间,从而得到正确的匹配结果。对于上述第 3 个原因,下面进行详细说明。

6.2 消歧操作分析

在 9 个消歧规则失效的样本中,包含两种情况:(1)在不应该将两个三岔点合并为一个四岔点的地方,进行了错误的合并;(2)在应该将两个三岔点合并为一个四岔点的地方,没有进行合并。

由于消歧规则是基于知识工程的思想,由人工编写的,编写过程中既要考虑各种手写体变形,又要考虑歧义发生的不确定性,所以很难达到 100% 的准确率。目前,通过对 518 个测试样本的统计，对于四岔点变形的消歧准确率为98.7%，召回率为94.1%。

本文中消歧规则的设计思路具有可编辑性，可以随时修改规则，包容新的歧义现象。所以，我们会在后续工作中继续优化消歧规则的编写方案，进一步提高准确率和召回率。另外，我们还会对一些基于数字图像处理的消歧算法进行尝试。

6.3 A^*算法的效率

我们从前文所述的501个能够完成正确笔画还原的手写样本中随机选择200个样本，分别统计本文A^*算法和传统贪心算法的计算效果，统计结果见表2。

相比本文的A^*算法，贪心算法的正确解在候选解集中的首位率由88%下降到63%。另外，随汉字笔画复杂度的上升，本文A^*算法在效率上也更有优势。

表2　A^*算法和贪心算法的对比

正确解在候选解集中的次序	正确解在该次序的出现次数	
	A^*算法	贪心算法
1	176	126
2	16	27
3	5	15
4	1	16
5	2	1
6	0	8
7	0	7

七、结论

本文提出一种面向书写教学的手写汉字图像笔画还原方法。该方法通过骨架提取、骨架消歧、笔画匹配等步骤将手写字笔画和模板字笔画匹配起来，模拟出手写字应有的正确书写过程。其中，笔画匹配步骤采用具有启发性的 $A*$ 算法，取得较高的精度。

手写汉字图像的正确书写演示只是本文方法的一个简单应用。我们的最终目标是汉字书写规范性的自动评判。本文方法得到的手写字与模板字之间精确的笔画匹配关系，已经为此打下基础。下一步，我们将采用基于统计的方法挖掘规范汉字的评判要素，例如：笔画之间的长度比例、笔画之间的交搭阈值等。这样，结合本文工作，便可以自动评价手写汉字的规范性。将来，针对不同用户，还可以给出个性化的书写指导和练习提示。

参考文献

[1] 曹忠升、苏哲文、王元珍（2009）一种脱机手写汉字书写顺序恢复模型，《中国图象图形学报》第 10 期。

[2] 曹忠升、苏哲文、王元珍等（2009）基于模糊区域检测的手写汉字笔画提取方法，《中国图象图形学报》第 11 期。

[3] 陈睿、唐雁、邱玉辉（2003）基于笔画段分割和组合的汉字笔画提取模型，《计算机科学》第 10 期。

[4] 陈治平、林亚平、李军义（2000）基于笔划和笔顺的汉字识别算法，《湖南大学学报（自然科学版）》第 4 期。

[5] 李国宏、施鹏飞（2006）基于笔段结构的手写体数字字符笔迹顺序信息重构，《模式识别与人工智能》第 2 期。

[6] 刘峡壁、贾云得（2004）汉字笔段形成规律及其提取方法,《计算机学报》第 3 期。

[7] 李正华、胡奇光（2004）汉字笔画提取的算法与实现,《计算机应用与软件》第 7 期。

[8] 史伟、傅彦，陈安龙等（2008）一种动态的汉字笔段提取方法,《计算机应用研究》第 7 期。

[9] 王建平、钱自拓，王金玲等（2005）基于数学形态学的图像汉字笔划细化和提取,《合肥工业大学学报（自然科学版）》第 11 期。

[10] 王宏志、姜昱明（2005）基于笔划包围盒的脱机手写体汉字分割算法,《计算机工程与设计》第 3 期。

[11] 王建平、徐奇（2010）基于过程神经元网络的汉字笔段提取算法研究,《计算机应用研究》第 5 期。

[12] 张世辉、孔令富（2002）一种新的基于细化的汉字笔画抽取方法及其在汉字识别中的应用,《计算机工程与应用》第 16 期。

[13] 张晓青、王国文、曹海云等（1999）基于细化的手写汉字的笔段提取方法,《哈尔滨工业大学学报》第 5 期。

[14] 张世辉（2003）一种新的基于距离的汉字笔画抽取方法,《计算机工程》第 14 期。

[15] 赵建平、车丹（2005）手写体笔迹单笔划提取算法,《长春理工大学学报》第 4 期。

[16] Chen G., Yao H., Jheng Y. (2008) On-line assessment for the stroke order of Chinese characters writing. In Work-shop Proceedings of ICCE2008. Hamburg.

[17] Hu Z., Xu Y., Huang L., *et al.* (2009) A Chinese handwriting education system with automatic error detection. *Journal of Software* 4.

[18] Gonzalez R. C., Woods R. E. (2003) *Digital image processing*. London: Prentice Hall.

[19] Lam H. C., Pun K. H., Leung S. T., *et al.* (1993) Computer- assisted-learning for learning Chinese characters. *Intl Journal of the Chinese and Oriental Languages Processing Society* 3 (1).

[20] Lam H. C., Ki W. W., Law N., *et al.* (2001) Designing CALL for learning Chinese characters. *Journal of Computer Assisted Learning* 17.

[21] Tam V., Yeung K. W. (2010) Learning to write Chinese characters with correct stroke sequences on mobile devices. In *Proceedings of ICETC2010. Shanghai.*

[22] Tan C. (2002) An algorithm for on-line strokes verification of Chinese characters using discrete features. In *Proceedings of IWFHR2002. Ontario.*

[23] Tang K., Li K., Leung H. (2006) A web-based Chinese handwriting education system with automatic feed-back and analysis. *Lecture Notes in Computer Science* 4181.

汉语作为第二语言作文句法错误自动诊断技术评测综述*

饶高琦

一、引言

近年来面向英语学习者的作文自动批改技术发展迅速，成为语言信息处理领域应用研究的新热点，也产生了如 Helping Our Own(HOO)这样的文本纠错技术评测（Dale & Kilgarrif, 2011：1—8；Dale et al., 2012：54—62）。CoNLL2013 和 CoNLL2014 则聚焦句法错误的诊断和修正，也在语言信息处理领域引起了教育应用研究的热潮（Ng et al., 2013：1—14；Ng et al., 2014：1—12）。

目前为英语作为第二语言学习者开发的语言信息处理技术相对较多，面向汉语作为第二语言学习者的工作则十分有限。当前的应用研究主要基于统计机器学习技术（Chang et al., 2012；Ng et al., 2013：1—4；Yu & Chen, 2012：3003—3017），基于规则分析的方法（Lee et al., 2013）或将两者结合的方法（Lee et al., 2014：67—70）。由于目前学术界缺乏面向汉语的句法错误诊断评测，

---

* 原文发表于北京语言大学对外汉语研究中心编（2018）《汉语应用语言学研究（第7辑）》，北京：商务印书馆，第118—127页。

2014年国际教育电算化会议（International Conference on Computers in Education，ICCE）上面向教育应用的自然语言处理（Natural Language Processing Techniques for Educational Applications，NLP-TEA）工作坊开始组织面向汉语作为第二语言学习者的中文句法错误自动诊断评测（Yu et al.，2014：42—47）。其后该评测在2015到2017年分别与计算语言学国际学术年会（Annual Conference of Computational Linguistics，ACL-IJCNLP-2015）国际计算语言学学术会议（Conference on Computational Linguistics，COLING-2016）和自然语言处理国际联合会议（IJCNLP-2017）共同举办（Yu et al.，2014：42—47；Lee et al.，2015：1—6；Rao et al.，2017：1—8）。2018年，该技术评测将再次与计算语言学国际学术年会（ACL-2018）在澳大利亚墨尔本共同举办。

该技术评测的目标旨在为学术界提供一个公开可比较的测试平台，以帮助验证不同的计算手段和语言学特征在句法自动诊断方面的作用，并促进不同技术路线的经验交流。

二、任务描述

CGED技术评测的目标是对汉语作为第二语言学习者的作文实现句法错误自动发现和判别。为平衡数据稀疏问题，在任务中我们模仿CoNLL评测的通行做法，将多样性的错误归并为四类：字符串冗余（redundant string，标记为R）、字符串缺失（missing string，标记为M）、字符串错误（selection error，标记为S）和语序错误（word ordering error，标记为W）。系统输入句子可能包含有一个或多个错误。评测要求参赛系统识别错误类型，并标记出其在句子中的位置和范围。2016年以前，系统输入为单句，之后增长为段落单元（unit，由1到5个句子组成）。每个输入小段有唯一独立序列号，标记为"sid"。为评测系统判断假阳性（即文本不包含错误的情况）的性能，测试集中还包含有部分无错误小段。对于这种情况，系统应返回"sid，correct"。对于包含有错误的段落单元，输出格式为"sid，错误起始偏移量，错误终了偏移量，错误类型"。偏移量为当前位置从段落单元首开始计算的字数（包含标点符号）。错误类型为冗余、确实、错误和语序中的一种。表1和图1为SGML格式的训练数据示例。2014年和2015年评测任务中仅组织了使用TOCFL（Test of Chinese as a Foreign Language）数据的繁体字版竞赛（Lee et al., 2015: 1—6）。2016年评测任务同时设立TOCFL和HSK（Hanyu Shuiping Kaoshi）繁体和简体两个竞赛单元（Cui et al., 2011; Zhang et al., 2013; Lee et al., 2016: 1—6）。2017年和2018年仅有简体中文HSK版数据的竞赛单元。

三、数据描述

CGED评测活动为所有参赛团队提供三个数据集：训练集、开发集和测试集。其中训练集和开发集均包含答案，测试集仅公布待处理语句，评测活动结束后公开测试集答案。训练集供参赛团队对模型进行调试训练之用；开发集格式和测试集相同并带有答案，供参赛团队设计系统输入、输出接口之用；测试集为评测组织方对系统进行时使用的数据。

表 1　任务输入语句举例

TOCFL（Traditional Chinese）	HSK（Standard Chinese）
● Example 1 Input:（sid=A2-0007-2） 聽說妳打算開一個慶祝會。可惜我不能參加。因為那個時候我有別的事。當然我也要參加給你慶祝慶祝。 Output: A2-0007-2, 38, 39, R （Notes:"參加"is a redundant word）	● Example 1 Input:（sid=00038800481） 我根本不能了解这妇女辞职回家的现象。在这个时代，为什么放弃自己的工作，就回家当家庭主妇？ Output: 00038800481, 6, 7, S 　　　　00038800481, 8, 8, R （Notes:"了解"should be"理解". In addition,"这"is a redundant word）
● Example 2 Input:（sid=A2-0011-1） 我聽到你找到工作。恭喜恭喜！ Output: A2-0011-1, 2, 3, S A2-0011-1, 9, 9, M （Notes:"聽到"should be"聽說". Besides, a word "了" is missing. The correct sentence should be"我聽說你找到工作了"。 ● Example 3 Input:（sid=A2-0011-3） 我覺得對你很抱歉。我也很想去，可是沒有辦法。 Output: A2-0011-3, correct	● Example 2 Input:（sid=00038800464）我真不明白。她们可能是追求一些前代的浪漫。 Output: 00038800464, correct ● Example 3 Input:（sid=00038801261）人战胜了饥饿，才努力为了下一代作更好的、更健康的东西。 Output: 00038801261, 9, 9, M 　　　　00038801261, 16, 16, S （Notes:"能"is missing. The word"作"should be"做". The correct sentence is"才能努力为了下一代做更好的、更健康的东西"）

```
<DOC>
<TEXT id="A2-0005-1">
我聽說你打算開一個慶祝會。對不起,我要參加,可是沒有空。你開一個慶祝會的時候我不能會參加,是因為我在外國做工作。
</TEXT>
<CORRECTION>
我聽說你打算開一個慶祝會。對不起,我要參加,可是沒有空。你開慶祝會的時候我不能參加,是因為我在外國工作。
</CORRECTION>
<ERROR start_off="31"end_off="32" type="R"></ERROR>
<ERROR start_off="42"end_off="42" type="R"></ERROR>
<ERROR start_off="53"end_off="53" type="R"></ERROR>
</DOC>
<DOC>
<TEXT id="200210543634250003_2_1x3">
对于"安乐死"的看法,向来都是一个极具争议性的题目,因为毕竟每个人对于死亡的观念都不一样,怎样的情况下去判断,也自然产生出很多主观和客观的理论。每个人都有着生存的权利,也代表着每个人都能去决定如何结束自己的生命的权利。在我的个人观点中,如果一个长期受着病魔折磨的人,会是十分痛苦的事,不仅是病人本身,以致病者的家人和朋友,都是一件难受的事。
</TEXT>
<CORRECTION>
对于"安乐死"的看法,向来都是一个极具争议性的题目,因为毕竟每个人对于死亡的观念都不一样,无论在怎样的情况下去判断,都自然产生出很多主观和客观的理论。每个人都有着生存的权利,也代表着每个人都能去决定如何结束自己的生命。在我的个人观点中,如果一个长期受着病魔折磨的人活着,会是十分痛苦的事,不仅是病人本身,对于病者的家人和朋友,都是一件难受的事。
</CORRECTION>
<ERROR start_off="46" end_off="46" type="M"></ERROR>
<ERROR start_off="56" end_off="56" type="S"></ERROR>
<ERROR start_off="106" end_off="108" type="R"></ERROR>
<ERROR start_off="133" end_off="133" type="M"></ERROR>
<ERROR start_off="151" end_off="152" type="S"></ERROR>
</DOC>
```

图 1　SGML 格式下训练集例句(TOCFEL 竞赛大单元繁体字版和 HSK 简体字版)

表 2 训练集错误分布

评测	单元	段落	错误点	冗余	缺失	错误	语序
CGED 2016	TOCFL	10,693	24,492 (100%)	4,472 (18.26%)	8,739 (35.68%)	9,897 (40.41%)	1,384 (5.65%)
CGED 2016	HSK	10,071	24,797 (100%)	5,538 (22.33%)	6,623 (26.71%)	10949 (44.15%)	1,687 (6.80%)
CGED 2017	HSK	10,449	26,448 (100%)	5,852 (22.13%)	7,010 (26.50%)	11,591 (43.83%)	1,995 (7.54%)

训练集中所有小段均包含至少一处错误，并由受训的汉语母语标注人员标出位置、类型和答案，使用 SGML 格式存储。CGED2016 和 CGED2017 评测的错误类型与数量分布如表 2 所示。测试集仅提供待判断的语句，并包含有（对参赛系统而言）数量不明的正确段落单元。对于包含错误的段落单元，其类型分布与训练集相仿。正确段落单元的数量比例由对 HSK 作文考试数据中正确句子与错误句子的比例确定。CGED2016 与 CGED2017 的测试集错误类型分布如表 3 所示。

表 3 测试集错误分析和统计

评测	单元	段落	正确数	错误段数	错误点	冗余	缺失	错误	语序
CGED 2016	TOCFL	3,528	1,703 (48.3%)	1,825 (51.7%)	4,103 (100%)	782 (19.06%)	1,482 (36.12%)	1,613 (39.31%)	226 (5.51%)
CGED 2016	HSK	3,011	1,539 (51.1%)	1,472 (48.9%)	3,695 (100%)	802 (21.71%)	991 (26.82%)	1620 (43.84%)	282 (7.63%)
CGED 2017	HSK	3,154	1,173 (48.4%)	1,628 (51.6%)	4,876 (100%)	1,062 (21.78%)	1,274 (26.13%)	2,155 (44.20%)	385 (7.90%)

四、评测指标

CGED 评测使用准确率（Accuracy）、精确率（Precision）、召回率（Recall）和 F1 值来评价系统性能。准确率是系统输出和答案之间正确结果在全集中的比例，是系统性能的综合评价；精确率表征系统输出的结果中正确结果数量占系统输出结果的比例，即侧重找准的能力；召回率表征系统输出的结果中正确结果数量占答案结果的比例，即侧重找全的能力；F1 值为精确率和召回率的调和平均数，与准确率相似，也是对系统性能的综合评价。为避免系统盲目追求评测指标而丧失对语言多样性的容忍能力，评测还设计了假阳性（False Positive）指标，即系统错判的数量占系统输出结果的比例。

表 4 为四种指标的计算方法和评测矩阵。其中 TP（真阳性）为被正确判定的错误点数量；FP（假阳性）为原文正确，但被判定为错误的错误点数量；TN（真阴性）为不包含错误，同时也被判定为正确的段落单元数；FN（假阴性）为包含有错误，但被判定为正确的段落单元数。

评测指标计算方式如下所示：

False Positive Rate = FP / (FP+TN)

Accuracy = (TP+TN) / (TP+FP+TN+FN)

Precision = TP / (TP+FP)

Recall = TP / (TP+FN)

F1 = 2 × Precision × Recall / (Precision + Recall)

表 4　评测矩阵

评测矩阵		系统结果	
^	^	阳性（判别为错误）	阴性（判别为正确）
答案	阳性	TP（True Positive，真阳性）	FN（False Negative，假阴性）
^	阴性	FP（False Positive，假阳性）	TN（True Negative，真阴性）

CGED 评测从四个方面对系统性能进行评测：

1. 侦测层（Detective-level）：对段落单元是否包含错误做二分判断。

2. 识别层（Identification-level）：本层子任务为多分类问题，即给出错误点的错误类型。

3. 定位层（Position-level）：在识别错误点类型的基础上对错误点的位置和错误点的覆盖范围进行判断。

4. 修正层（Correction-level）：在与 ACL2018 共同举行的 CGED2018 评测（目前进行中）中，参赛系统首次被要求提交针对错误字符串（S）和字符串缺失（M）两种错误类型的修正答案（即对错误字符串的替换字符串和针对字符串缺失错误的补全字符串）。根据对错误点的置信度，系统可以决定提交 0 到 3 个可能答案。提交更多答案有助于提高召回率，但将降低精确率。

显然，四个评测层面具有累进的关系，即后一层的判定结果依赖于前一层的表现。因而定位层的 F1 值对整个系统的性能有较好的描述能力。

五、评测结果与分析

表 5 和表 6 是 CGED2016 和 CGED2017 两届评测的参数统计和定位层 F1 值。从判断是否有错误到错误类型,进而判断错误位置,最高成绩来自哈尔滨工业大学自然语言处理与信息检索实验室,F1 值为 0.3855(Zheng *et al*., 2016: 49—56)。总的来说,虽然自 2014 年第一届评测开始以来,在各评测层面上最优系统均有进步,但尚无一个系统达到可以投入教学实用的程度。这从一个侧面反映了对第二语言学习者句法错误的有效自动诊断,任务难度极大。

表 5 CGED2016 评测参赛队伍与成绩

参赛单位(按缩写音序)	TOCFL 竞赛单元系统数	F1	HSK 竞赛单元系统数	F1
郑州大学自然语言处理实验室(ANO)	0	—	2	0.2666
华中师大(CCNU)	0	—	1	0.0121
朝阳科技大学(CYUT)	3	0.1248	3	0.2125
哈尔滨工业大学(HIT)	0	—	3	0.3855
北京大学计算语言学研究所(PKU)	3	—	3	0.0724
台湾交通大学+台湾台北科技大学(NCTU+NTUT)	3	0.0745	0	—
嘉义大学(NCYU)	3	0.0155	3	0.0183
郑州大学自然语言处理实验室(SKY)	0	—	3	0.3627
云南大学信息科学学院(YUN-HPCC)	3	0.0007	3	0.0035

表 6　CGED2017 评测参赛队伍与成绩

参赛单位（按缩写排序）	系统数	F1
阿里巴巴自然语言处理实验室（ALI-NLP）	3	0.2693
北京师范大学（BNU-ICIP）	3	0.1152
广州视源（CVTER）	2	0.0653
台湾海洋大学（NTOUA）	2	0.0348
云南大学信息科学学院（YUN-HPCC）	3	0.1255

纵观两届评测活动的技术报告，研究方法转移的趋势十分明显：从传统的统计建模向深度神经网络方法的过渡在短时间内已经实现。CGED2016 中，三分之一的系统是基于 N 元语法（Ngram）和精修条件随机场（Conditional Random Field, CRF）开发，并配合有大量规则模板进行前处理和后处理。而在一年后，全部参赛系统均使用长短时记忆神经网络（Long and Short-Term Memory, LSTM）和条件随机场串行的方法进行端到端的错误诊断。LSTM+CRF 已成为当前句法错误诊断任务的标准解决方案。

一方面，正如机器翻译、句法分析等其他语言信息处理任务，深度神经网络模型对训练数据的规模和质量较之传统统计机器学习模型有更高的要求。然而二语作文这一任务的公开标注数据，不论在质量还是规模上都与大语种平行语料和依存树库无法相比。目前已开放的简体字标注数据尚不足 6 万个错误点，并且增长缓慢。在质量上，以 HSK 竞赛单元为例，组织者将考试中的中介语作文直接数字化。由于考试要求严于打分而宽于错误标注，因而在一致性上与分词、情感识别等无法相比。且语言习得过程中的句法错误形成原因复杂，字符串层面的表观错误并不一定都能反映真实的偏误情况，尤其在语序与其他错误相叠加的情况中。

另一方面，面向对外汉语的语言信息处理技术研发刚刚起步，在学术界影响尚小。并且该任务在语言信息处理乃至人工智能领域中属于变现路径较长、缺乏足够商业利益刺激的类型（虽然在语言学界是屈指可数的应用出口），因而难以在学术界和工业界汇集研究力量，反过来也影响语言资源的建设速度。同样刚刚起步的新任务如阅读理解评测 SQuAD（Rajpurkar et al., 2016：2383—2392）则有完全不同的境遇。

综上所述，资源方面的问题是导致深度神经网络在本任务上未能取得如其他任务显著进步的部分原因。同样也由于资源的现状，本任务可以被视作一项低资源语言信息处理任务。

六、结论

本文综述了近两届中文句法错误监测技术评测和开展情况，梳理和回顾任务设计、数据准备、评测指标和评测结果等方面的工作。虽然该任务参赛系统尚无法投入一线教学实践，但已取得了无法轻视的进步，对面向汉语，尤其是汉语作为第二语言的计算机辅助语言教学、智能辅助语言学习的发展产生了重要的推动。

为了团结学术界和工业界的科研力量，同时面对前文所述的资源瓶颈问题，CGED 评测组织方已将自 2014 年第一届 CGED 评测任务以来的所有训练集、测试集、测试集答案和评测程序开放免费使用。下载地址参见：www.cged.tech。

参考文献

[1] Baolin Zhang & Xiliang Cui (2013) Design Concepts of "the Construction and Research of the Inter-language Corpus of Chinese from Global Learners". *Language Teaching and Linguistic Study* 5.

[2] Bo Zheng, Wanxiang Che, Jiang Guo, Ting Liu (2016) Chinese Grammatical Error Diagnosis with Long Short-Term Memory Networks. *Proc of 3rd Workshop on Natural Language Processing Techniques for Educational Applications(NLPTEA2016)*. Osaka, Japan, December 12, 2016.

[3] Chi-Hsin Yu & Hsin-Hsi Chen (2012) Detecting word ordering errors in Chinese sentences for learning Chinese as a foreign language. *In Proceedings of the 24th International Conference on Computational Linguistics (COLING'12)*. Bombay, India.

[4] Chung-Hsien Wu, Chao-Hong Liu, Matthew Harris, and Liang-Chih Yu (2010) Sentence correction incorporating relative position and parse template language models. *IEEE Transactions on Audio, Speech, and Language Processing*, 18(6).

[5] Gaoqi Rao, Baolin Zhang, Endong Xun (2017) IJCNLP-2017 Task 1: Chinese Grammatical Error Diagnosis. In Proceedings of the 8th International Joint Conference on Natural Language Processing, Shared Tasks. Taipei, China.

[6] Hwee Tou Ng, Siew Mei Wu, Ted Briscoe, Christian Hadiwinoto, Raymond Hendy Susanto & Christopher Bryant (2014) The CoNLL-2014 shared task on grammatical error correction. *In Proceedings of the 18th Conference on Computational Natural Language Learning (CoNLL'14): Shared Task*. Baltimore, Maryland, USA.

[7] Hwee Tou Ng, Siew Mei Wu, Yuanbin Wu, Christian Hadiwinoto & Joel Tetreault (2013) The CoNLL-2013 shared task on grammatical error correction. In Proceedings of the 17th Conference on Computational Natural Language Learning(CoNLL'13): Shared Task. Sofia, Bulgaria.

[8] Liang-Chih Yu, Lung-Hao Lee, and Li-Ping Chang (2014) Overview of grammatical error diagnosis for learning Chinese as foreign language. *In Proceedings of the 1stWorkshop on Natural Language Processing Techniques for Educational Applications (NLP-TEA'14)*. Nara, Japan.

[9] Lung-Hao Lee, Liang-Chih Yu, and Li-Ping Chang (2015) 22015 Overview of the NLP-TEA 2015 shared task for Chinese grammatical error diagnosis. *In Proceedings of the 2nd Workshop on Natural Language Processing Techniques for Educational Applications (NLP-TEA'15)*. Beijing, China.

[10] Lung-Hao Lee, Liang-Chih Yu, Kuei-Ching Lee, Yuen-Hsien Tseng, Li-Ping Chang & Hsin-Hsi Chen (2014) A sentence judgment system for grammatical error detection. *In Proceedings of the 25th International Conference on Computational Linguistics (COLING'14)*: Demos. Dublin, Ireland.

[11] Lung-Hao Lee, Li-Ping Chang, and Yuen-Hsien Tseng (2016) Developing learner corpus annotation for Chinese grammatical errors. *In Proceedings of the 20th International Conference on Asian Language Processing (IALP'16)*. Tainan, China.

[12] Lung-Hao Lee, Li-Ping Chang, Kuei-Ching Lee, Yuen-Hsien Tseng, and Hsin-Hsi Chen (2013) Linguistic rules based Chinese error detection for second language learning. *In Proceedings of the 21st International Conference*

on *Computers in Education(ICCE'13)*. Denpasar Bali, Indonesia.

[13] Lung-Hao Lee, Rao Gaoqi, Liang-Chih Yu, Xun, Eendong, Zhang Baolin, and Chang Li-Ping (2016) Overview of the NLP-TEA 2016 Shared Task for Chinese Grammatical Error Diagnosis. *The Workshop on Natural Language Processing Techniques for Educational Applications (NLP-TEA' 16)*. Osaka, Japan.

[14] Rajpurkar P, Zhang J, Lopyrev K, *et al*. (2016) SQuAD: 100,000+ Questions for Machine Comprehension of Text. In Conference on Empirical Methods in Natural Language Processing.

[15] Robert Dale & Adam Kilgarrif (2011) Helping our own: The HOO (2011) pilot shared task. *In Proceedings of the 13th European Workshop on Natural Language Generation(ENLG'11)*. Nancy, France.

[16] Robert Dale, Ilya Anisimoff & George Narroway (2012) HOO 2012: A report on the preposiiton and determiner error correction shared task. *In Proceedings of the 7th Workshop on the Innovative Use of NLP for Building Educational Applications(BEA'12)*. Montreal, Canada.

[17] Ru-Yng Chang, Chung-Hsien Wu & Philips Kokoh Prasetyo (2012) Error diagnosis of Chinese sentences usign inductive learning algorithm and decomposition-based testing mechanism. *ACM Transactions on Asian Language Information Processing*, 11(1).

[18] Xiliang Cui, Baolin Zhang (2011) The Principles for Building the "International Corpus of Learner Chinese". *Applied Linguistics* 2.

基于微信平台的汉语听力教学模式设计与应用 *

李靖华　王鸿滨

一、引言

信息化时代，计算机、通信、网络等现代信息技术和相关的智能技术广泛运用在国民经济和社会的各个领域。随着"互联网+"理念的普及，网络资源、社交媒体等信息化资源和手段正在以整合的方式融入传统的教育。

诞生于2011年的微信，目前已是国内最为流行的一种即时交流方式，据统计，2017年微信WeChat月活跃账户达9.89亿[①]。微信是集文字、图片、语音、视频传播于一体的社交平台，还具备强大的信息自主开发功能，能实现便捷快速的跨系统、多样化信息的传播。已有研究表明，社交媒体的参与能极大地促进成年人外语的自主学习（Mondahl & Razmerita，2014）。社交媒

＊ 原文发表于李晓琪、孙建荣、徐娟主编（2018）《第十一届中文教学现代化国际研讨会论文集》，北京：清华大学出版社，第43—49页。

① 数据来自腾讯2017年业绩，https://www.tencent.com/zh-cn/articles/8003481521633431.pdf。

体和 Web2.0 的大量运用迫切呼唤"教学方法 2.0"的尝试和建立。

目前国内已有不少研究探讨基于微信平台的各种教学模式。在英语教学领域,微信平台被运用于精读、阅读、批判性思维等方面,如龚嵘(2017)及贾凌玉、章国英、施称(2016)等的研究。在汉语教学领域,也有教师提出将微信应用于汉语口语、阅读、综合课的教学,如付春平(2017)、杨翼(2015)、左浪(2017)等,但目前尚未见到听力教学的相关研究。

本文将在建构主义教学设计理论的框架下,有机融合微信和传统课堂,构建基于微信平台的汉语听力教学模式。

二、研究背景

2.1 汉语听力教学与研究现状

汉语听力教学效果常常受到质疑。刘颂浩(2001)认为很多汉语听力教学的效果不理想,学生实际听力水平比较差。通过调查得出类似结论的还有刘超英(1993)和 Starr(2000)等。

在提出质疑的同时,很多学者也在寻求听力教学的有效方法。有的从教材需求上进行分析,认为听力教材的内容应该自然、广泛、真实(杨惠元,1996:26—27);有的则认为应该提供能实时更新、动态反馈和互动性强的网络版教材(吴思娜,2013)。在教学方法方面,关联理论、篇章理论、图式理论等新理论则纷纷被运用于听力教学之中。

最值得注意的是学者们对"听力理解"这一能力的本质进行的深刻探讨。如王小珊(1997:96—106)、李红印(2000)、刘颂浩(2001)对听力教学基本任务和主要内容的讨论,谭春健

（2001）对听力教学模式的思考等。这些学者的讨论引起我们对听力教学的本质进行反思。往常我们认为听力课是一种被动输入。听力课上的学生是被动地听，教师的任务是帮助学生理解听到的语言，在学生聆听前或后扫清听力材料中的语言"障碍"。但在真实的言语交际中，听的本质是为了获取新信息，以进一步进行交际互动，这一过程可能是被动的，但最终目的应该是主动的，是在接受新信息后重新构建说话者下一步的出发点。从这个角度来说，听力理解应该是建构的过程，听力教学应该是帮助学生通过听来积累、学习、激活新的知识，而不能止于理解。

基于现状，我们认为汉语听力教学非常适合移动化和建构主义式的学习。与智能设备的结合，尤其是与微信的结合是改变汉语听力教学效果受质疑的一个有效方法，是对传统汉语听力教学模式的一种创新。

2.2 移动学习与汉语听力教学

移动学习（M-learning）已是当今时代教育的主流学习方式，是指"一种通过电子设备进行的交互式的跨情境学习方式，具备使用个人电子设备、情景、交互这几个基本要素"（Helen Crompton，2013：47—49）。学习者利用移动设备和互联网进行学习的方式打破了传统教育地点和时间上的限制，带来了一种随时、随地、随心的全新情景化的交互式学习模式。

移动学习与汉语听力教学结合能带来诸多好处：首先，可以帮助教师将听力教学延伸到课外，为学生提供课外听力材料，提高教学效率。其次，可以使教师提供更加丰富、具有时效性以及更加满足学习者个性化学习的听力素材。最后，可以增强师生和生生的互动性，实现师生双向交流的实时性。教师能得到及时的教学反馈，提高教学水平。学生能随时与教师和同学联系，进行提问、合作学习等活动，增强学习效果。

2.3 系统教学设计理论与汉语听力教学

听力理解也是一种学习者主动加工的过程，是学习者在一定的语言水平的基础上，通过听力技能和认知策略，在真实情景下开展的任务式学习。学生不是被动的听力材料接收者，而是汉语知识与能力的自我建构者。

基于此，本文基于微信的汉语听力教学模式将采用 ADDIE 模型进行设计。该模型基于建构主义学习理论，在远程教育、移动学习研究中被广泛使用。ADDIE 模型将教学设计划分为 5 个环节：分析（Analysis）—设计（Design）—开发（Development）—实施（Implementation）—评价（Evaluation）（Kearsley，2000）。该模型认为搭建一个完整、系统的教学计划，应该：首先通过分析勾勒出整个教学系统的框架，了解各种因素的需求；然后进入设计阶段，根据分析结果描绘出教学内容、教学步骤等具体教学元素作为开发对象；接下来由开发者根据设计，落实到具体的课程之中；之后进入实施部分，教师根据教学内容，开展教学活动；最后对各步骤落实情况进行总结，了解教学设计的效果，提出改进方法。

三、基于微信平台的汉语听力教学模式

基于微信平台的汉语听力教学是一个以微信互联网社交媒体技术为中介，包含课堂教学和课后移动学习的综合性系统。在这一模式中，学习者在与各种主体以及移动学习环境的强交互作用

下,通过意义建构提高汉语听力水平。在进行教学设计的过程中,应遵循以下几个原则:

(1)突出强交互性。集学生的自主性学习和协作性学习为一体。

(2)突出建构性。突破听后理解的被动学习模式,引导学习者通过聆听学习新知识,建构心理认知。

(3)实现碎片化学习。充分利用碎片时间,移动学习模式下的碎片化学习特征与听力教学少量多次的练习需求能完美契合。

(4)实现多模态学习。将移动技术和网络技术与课堂教学进行整合,融合文字、图片、语音、小视频等多种模态的输入和转换,促进学生汉语听力的提高。

3.1 前端分析

移动学习主要涉及的要素有主体、客体、工具、控制、情境、沟通(Sharples et al., 2005)。其中移动学习的主体是指学习者,在技术上是使用者;客体则是学习内容,是移动互联设备传播的信息。主体和客体是构成移动学习的两大组成,本模型主要从这两个方面入手进行前端分析。

(1)分析学习者

语言教学和语言习得的主体是人。学习者在语言学习的过程中会表现出较大的个体差异,因此学习者因素是教师进行教学设计必须首要思考的问题。就本研究来说,重点需要分析的学习者因素有学习者背景、移动终端的使用情况、社交媒体的使用情况、对移动学习的接受情况、对移动学习的接受程度、学习风格和习惯等。

(2)教学内容分析

教学内容应涵盖三个维度：语言知识、听力策略、情感培养。

作为汉语教学的一部分，词汇、语法等语言点仍然是教学的一个重要部分。同时听力训练有着自身的特点和规律，善听者和不善听者在学习策略上也表现出显著的差异，因此微技能和学习策略训练是听力课的一个重点。除此之外，学习动机、兴趣、情感是维系移动学习的重要因素，因此情感培养也是本模型教学内容的一部分，以调动学习者移动学习的积极性、主动性。

3.2 设计阶段

本文的教学模式主要从学习内容与形式以及学习行为两方面进行设计。

(1)学习内容和形式的设计

以三维度的教学内容为基础，本模式的学习内容从场景上分为传统课堂教学内容和微信学习内容，两者各有分工和侧重，密切联系。传统课堂教学内容以重要的语言知识为主，听力策略为辅，更多地以结果为导向进行教学。微信学习是传统课堂教学的延伸和补充，可以以情感培养和听力策略训练为主，语言知识学习为辅。考虑到移动学习泛在化、碎片化的特点，微信教学中的内容需要精炼化、微型化。尤其是对于初级阶段的汉语学习者来说，每一段语音不宜超过 3 分钟，应尽量控制在 1 分钟之内。另外，还要注重内容的多样化、丰富化。目前大多数的听力教材以试题为导向，大部分内容以文字呈现，辅以图片。考虑到移动学习的易放弃行为，微信的线上教学内容宜以图片或视频为主，文字为辅。同时，传统纸质教材天然地在时效性上存在不足，微信端的教学应弥补这一不足，提供的听力录音应该是具备场景真实性和实时性的。

（2）学习行为的设计

作为传统课堂教学的延伸，基于微信的听力教学模式下的学习活动是多方交互的，可以是人—人交互、人—机交互，学习者的学习行为应该是两种类型，具体表现在：

自主型学习。教师通过微信公众号、朋友圈、微信群聊发布课程信息、公告、教学材料、学习自愿等内容。学习者通过智能移动终端接收、自定进程节奏地进行个性化的学习。教师还可以通过教学过程中遇到的共性问题，设置关键词和自动回复。学习者也可主动在公众号、群聊记录、朋友圈中搜索相关信息，进行自主学习。

协作型学习。利用微信一对一、一对多、多对多的即时通信功能，将学习者集中在虚拟的学习社群，进行共同协作式的学习。在微信的协作型学习中，教师充当问题和话题的发起者，由不同背景的汉语学习者进行解答和讨论；或者学生充当发起者，教师作为协助，激发知识的扩散与深化；或者作为课堂教学中任务的课外延伸，学习者分散在若干小组群中讨论，教师作为协助者和评价者参与。

3.3 开发阶段

这一阶段主要是考虑如何将分析和设计的成果与微信结合。微信端的教学活动主要通过微信公众平台和微信群来实现，后者的功能较为简单，不存在开发的问题，本研究主要介绍前者的功能开发。

微信公众平台于2012年正式上线，有三种类型：服务号、订阅号、企业号。本模式采用的是订阅号，订阅号的基本功能是每天向关注者群发 1 条消息;拥有基本的消息接收、回复接口;可以在聊天界面的底部添加自定义菜单。

微信订阅号的设计需要语言简练,操作便捷,学习程序清晰,导航功能合理,学习者能根据自身的需求快速选择感兴趣的内容或功能。微信平台可以设置三个自定义一级菜单,每个一级菜单下可以设置 5 个子菜单。为了更好地符合学习者的习惯,在操作上更具有指导意义,我们将三个一级菜单确定为:课前预习,课后复习和我有问题。"课前听听"的子菜单有两个,主要起生词预习和话题预热的功能(图 2)。"课后听听"的内容更丰富,有相关话题的多模态信息、课下讨论、相关活动等(图 3)。"我有问题"有两个子菜单分别对应跟老师的单独交流页面和微信群的交流页面。

图 1　微信订阅号介绍界面　　图 2　微信订阅号自定义菜单界面　　图 3　微信订阅号自定义菜单界面

作为教材学习的补充，公众号设置了每周一次消息群发推送，内容分为三个模块：轻松听、听力小策略和 HSK 实战练习（图 4）。

轻松听主要提供一些符合学生实际水平的实况录音；听力小策略则是对一些学习策略的专门性训练；HSK 则是选择 HSK 听力试题供学习者练习。

公众号还设置了关键词自动回复，在此功能下，学习者可以迅速找到任何一课的内容。如下图对第一课的定位（图 5）。

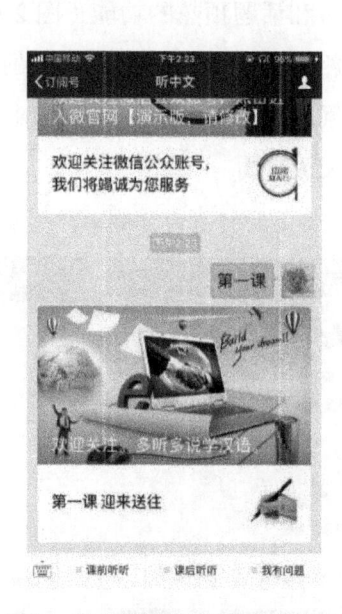

图 4　微信订阅号推送主界面　　图 5　微信订阅号自动回复界面

微信提供了强大的数据分析功能。利用好微信的分析功能有利于教师了解学习者的个体差异，做到精准教学。通过分析功能主要可以了解到：

（1）学习者的学习习惯。如喜欢什么时候阅读，发送消息的频率是多少，收听录音的频率是多少。这些问题都可以在公众号的小时报中找到答案。日报、周报功能则可以通过以日和周为单位的消息数据来确定在一个学期的长度之内，学习者的活跃点在哪里，对应于教学内容的计划，教师可以总结出学习者对哪些话题感兴趣，也可以准确分析出一个学期内学习者听力学习的兴奋期、倦怠期和恢复期。

（2）学习者的兴趣点。通过对图文消息的小时报、日报等功能，教师很容易了解到学习者的兴趣点。

（3）学习者的学习目标。使用菜单分析可以分析学习者使用微信学习的主要用途和目标。

3.4 实施阶段

（1）建设学习环境

首先准备好微信学习资源。包括每次图文推送的录音材料、视频、图片、文字，学习者常见问题的答复等。这些内容都可以在课前由教师准备好，然后利用微信公众号网页版进行平台的搭建。在微信网页版上设置好自动回复、自定义菜单等功能，推送消息以图文素材或多媒体素材的形式保存，需要时进行提取。除了微信官网，很多第三方网站提供公众号的数据管理和维护服务，如微讯云端、微信人家等。

（2）组建学习共同社群

学习者需要首先关注课程对应的微信公众号。除此之外，学习者还需要加入相应的微信群（多为班级群或课程群）以辅助公众号进行协作型学习。教师可以在公众号对关注者进行汉语水平、国籍、班级等标签分类，以便管理和精准群发。

（3）形成行为模式

在学习环境和共同体均建设完成后，基于微信平台的教学就可以正式运作。这期间教师需要形成自己的行为模式，还需要帮助学习者形成学习习惯。教师需要定期推送学习内容或任务，观察学习者的学习状态和效果、寻求学习者的反馈，最后进行教学反思。学习者则应在教师的引导下，养成课前、课后使用平台的习惯。

3.5 评估阶段

在教学完成后，教师应寻求学习者或同行的意见或建议，通过分析已有的数据和进行反思，来评价微信辅助课堂教学的实施效果。

四、总结与展望

基于微信平台的汉语听力教学模式是对传统听力课堂教学的一种创新，是普通教师在 Web2.0 时代下，借助微信平台为满足信息化移动学习需求做出的一种尝试。本文主要介绍了该模式的设计和初步的应用成果，随着教学的深入，该模式会日趋成熟。

在该模式的设计和应用过程中，也有不足和挑战：微信自身技术上的限制会在一定程度上影响体验效果，比如每天只能推送一篇群消息，上传的语音不能超过 60 秒，视频文件限制为 20MB 等。另外，除了公众号的日常维护外，每日的数据分析、社群互动都需要花费教师大量的时间，这对已经身负重担的教师是一个挑战。

微信是一个便捷高效的交互平台，提供了许多可供二次开发的开放接口，在今后的研究中，我们会进一步开发微信平台的功能，丰富教学资源，促进"课堂＋社区群＋订阅号"的有机融合，完善基于微信平台的汉语听力教学模式，使其更好地服务于国际汉语教育。

参考文献

[1] 付春平（2017）微信公众号辅助国际汉语教学研究——以《报刊阅读课》为例，安徽大学硕士学位论文。

[2] 龚嵘（2017）基于微信微课的学术英语学习者评判性思维概念建构，《北京第二外国语学院学报》第3期。

[3] 扈启亮（2017）基于微信的大学英语第二课堂教学模式探究，《牡丹江教育学院学报》第Z2期。

[4] 贾凌玉、章国英、施称（2016）基于微信公众平台和微社区的医学英语阅读翻转课程的设计与实践，《外语电化教学》第2期。

[5] 李红印（2000）汉语听力教学新论，《南京大学学报（哲学·人文科学·社会科学）》第5期。

[6] 刘超英（1993）从留学生入系听课的困难看中高级听力教学，北京大学硕士学位论文。

[7] 刘颂浩（2001）对外汉语听力教学研究述评，《世界汉语教学》第1期。

[8] 谭春健（2001）"听后理解"还是"理解后听"——初中级汉语听力教学模式探讨，见《中国对外汉语教学学会北京分会第二届学术年会论文集》，北京：北京语言文化大学出版社。

[9] 王小珊（1997）初级阶段听力课教学的基本任务——积累语言信息，见李杨主编《对外汉语教学课程研究》，北京：北京语言文化大学出版社。

[10] 吴思娜（2013）外国留学生听力课堂活动与教材需求分析，《汉语

学习》第1期。

[11] 杨惠元（1996）《汉语听力说话教学法》，北京：北京语言文化大学出版社。

[12] 杨夏（2014）基于微信公众平台的对外汉语口语教学研究，四川师范大学硕士学位论文。

[13] 杨翼（2015）微信支持下的汉语练习活动设计，《国际汉语教学研究》第1期。

[14] 左浪（2017）微信公众平台在对外汉语综合课中的运用研究，扬州大学硕士学位论文。

[15] Helen Crompton (2013) Mobile Learning: New Approach, New Theory. Berge Z. L., Muilenburg L. *Handbook of mobile learning*. London: Routledge.

[16] Kearsley, G. (2000) *Online Education: Learning and Teaching in Cyberspace*. Wadsworth: Thomson Learning.

[17] Mondahl & Razmerita (2014) Social Media, Collaboration and Social Learning: a study of Case-based Foreign Language Learning. *Electronic Journal of e-Learning* (12).

[18] Sharples, Mike & Taylor, Josie & Vavoula, Giasemi (2005) Towards a theory of mobile learning. *Proceedings of m-Learn*, (1) .

[19] Starr, Don (2000) Some issues in the teaching of British students at Chinese universities. "对以英语为母语者的汉语教学研讨会"论文，英国，牛津大学。

翻转课堂模式下的汉语课堂活动设计*

于 淼

一、引言

传统课堂通常是学生课前预习，教师课上讲解，布置家庭作业，学生课后完成。这种"千人一面"式的教学方式使学生被动地接受同样的教学内容，缺少有针对性的个性化教学，存在重理论、轻实践，重知识传授，轻能力培养的问题。

"翻转课堂"教学模式（Flipped Class Model）作为一种全新的教学模式，把传统的学习过程翻转过来，变成学生在课前完成新内容的学习，教师和学生在课上充分互动，进行答疑解惑、完成练习、汇报讨论等教学活动。这种模式使得每个学生都可以在课前根据自己的实际情况自主安排学习时间和学习进度，课堂上教师可以省去部分讲解等内容，将节省下来的时间用于与学生进行交流、研讨等互动活动，回答学生的问题并进行个别指导，形成"以学生为中心"的个性化课堂。翻转课堂与传统课堂在教学

---

* 原文发表于李晓琪、孙建荣、徐娟主编（2018）《第十一届中文教学现代化国际研讨会论文集》，北京：清华大学出版社，第 466—472 页。

理念、教学形式、教学内容、师生角色以及教学评价等方面的差异详见表1。

表1 翻转课堂与传统课堂的对比

	传统课堂	翻转课堂
教学理念	课堂内扩展到课堂外	课堂外延展到课堂内
教学形式	课堂讲解+课下作业	课前学习+课上活动
课堂内容	知识讲解和简单的练习	高水平的练习与活动
课堂时间	大部分时间是教师讲解	大部分时间是师生互动
教师角色	知识与课堂的主宰者	知识的提供者、学生的指导者、课堂的引导者
学生角色	知识的被动接受者	知识的主动吸收者
教学评价	纸质测试	多维度评价：参与度、贡献度、掌握度

从表1可以看出，翻转课堂教学模式的两个主要环节是课前和课上。课前教师要为学生提供材料来学习新知识，这是翻转课堂能够有效实施的基础。课上教师要通过组织课堂活动帮助学生实现知识内化，这是翻转课堂能够有效实施的关键，只有通过大量的、有意义的课堂活动，如案例分析、口头报告、小组讨论等，才能有效促进学生对知识的理解、内化以及能力的提升，因此，翻转课堂模式对教师课堂活动设计提出了较高的要求。本研究以初级汉语综合课为例，针对生词、语法和课文部分，探讨如何设计课堂教学活动，提高翻转课堂的教学效果。

二、理论基础

国外学者关于翻转课堂的研究主要集中在教学实践探索与应用、教学方法等理论研究、与传统教学模式的对比研究及教学实践效果的实证研究等，如 Bergmann 和 Sams 于 2011 年出版了专著 *Flip Your Classroom: Reach Every Student in Every Class Every Day*，介绍了实施翻转课堂的亲身经历与经验，并总结了翻转课堂相关理论。美国富兰克林学院的 Robert Talbert，经过多年教学积累，总结了翻转课堂教学模式的重要环节，见图 1，课前学生通过观看教学视频、浏览网站内容、师生或生生在线交流等方式完成知识性内容的学习，通过少量有针对性的练习检测学生的学习成果，并为课上教学积累素材和依据。课上教师先通过测评检验学生的学习效果，然后解答学生在课前学习中出现的问题，通过组织各种教学活动，帮助学生完成知识的内化，最后师生共同进行总结，交流学习成果。

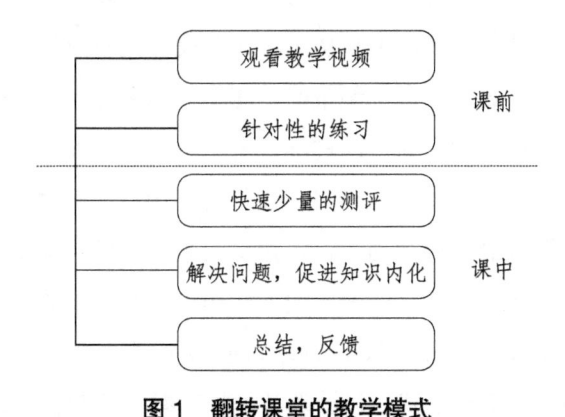

图 1 翻转课堂的教学模式

国内学者关于翻转课堂的研究从 2012 年开始快速增加，大多集中于翻转课堂的内涵与作用、教学模式、课程应用策略及其实证研究，关于翻转课堂下的教学活动设计的研究并不多，主要有活动设计模型的研究，如陈明选、杨娟（2015）将理解性学习与翻转课堂进行有机融合，归纳出着重理解的翻转课堂学习活动设计的五大要素，即居于课程核心的衍生性话题、指向具体学习表现的理解性学习目标、具有启发性的学习任务、支持翻转效果的环境资源以及贯穿整个学习过程的持续性评估，并依此构建了着重理解的翻转课堂学习活动设计模型。陈川、赵呈领、吴新全等（2015）借鉴学习生态思想描述翻转课堂结构及其要素，总结出翻转课堂生态体系具有群体性、流动性和开放性的特征，并依此构建翻转课堂生态学习活动设计模型。胡耀春、姜庆（2016）基于电子书包的翻转课堂教学模式的启发设计出电子书包支持下的翻转课堂学习活动模型，并对构建的学习活动模型进行了解释。王海燕、张向梨、裴培等（2017）从学习活动设计的视角，借鉴国外面向过程的指导性探究学习理念设计了翻转课堂学习活动。赵呈领、徐晶晶（2015）则从学习活动设计的视角指出学习活动可作为一种有效的教育干预策略，能降低不适应因素对学习效率的干扰，优化教学行为，促进学习者学习能力发展。还有将活动设计与具体学科相结合的研究，如刘丹（2015）探讨了基于翻转课堂的大学英语课程活动设计，指出大学英语翻转课堂可采取的活动形式有教师提问、实践应用、协作探究和成果展示等四种。张艳、杜亮亮（2017）基于 WebQuest 模式的六个模块，结合翻转课堂的教学组织形式，设计软件类课程教学活动，并以"Flash 二维动画"课程为案例展开介绍。

课堂活动设计的方式可以参考美国缅因州贝瑟尔国家培训实验室提出的学习金字塔理论（转引自姜艳玲、徐彤，2014），如图 2 所示。该理论用数字形象地显示了采用不同的教学活动，学习者两周以后还能记住多少内容。具体地说，单纯的课堂听讲，知识保留5%；单纯的阅读，知识保留10%；使用声音、图片的方式，知识保留20%；采用示范、演示的方法，知识保留30%；小组讨论，知识保留50%；实际演练、在做中学，知识保留70%；马上应用，教别人，知识能够保留90%。

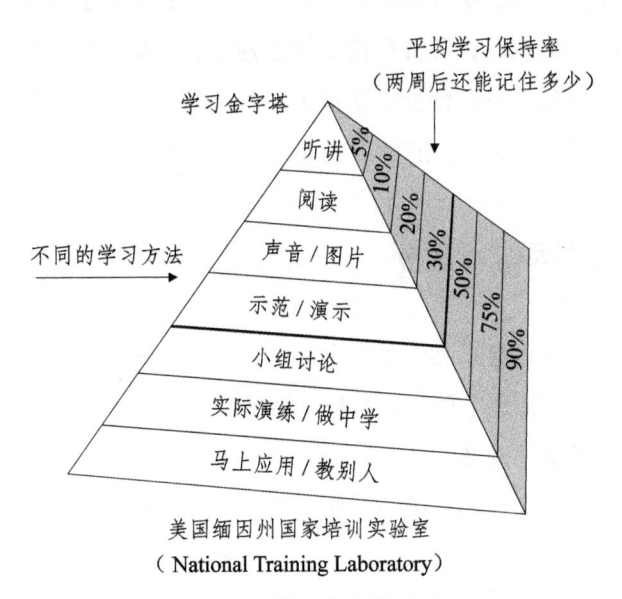

图 2　学习金字塔理论

可见，课堂上采用不同的教学活动能达到不同的学习效果。该理论启发教师要改变课堂灌输式的教学方法，应该设计不同的活动，使得学生能够眼、耳、手、口、脑多通道参与到学习中来，化被动学习为主动学习。

课堂活动设计的层次可以参考布鲁姆的"教育目标分类法"（洛林·安德森，2009），根据教育目标可以分为知道、领会、应用、分析、综合、评价六个层次。其中知道是指对事物的认识和记忆，是对知识记忆性的考查；领会是指对事物的理解，能对知识进行转化、解释和判断等；应用是指对概念、规则的运用，能把抽象概念运用于适当的情况；分析是指对概念、规则之间关系的把握，能辨别、区分各概念之间的关系；综合是以分析为基础，对各要素进行加工，重新组合成整体，它能使学生系统地分析和解决某些有联系的知识点；评价是指能够理性地、深刻地对事物做出有说服力的判断。该教育分类法指出，教师设置的活动有简单和复杂之分，课堂上应该按照学习目标分层次开展。

三、课堂活动设计例析

我们按照布鲁姆教育目标分类法，整理、归纳一些翻转课堂模式下汉语教师课上可开展的教学活动。

3.1 基于"知道"类的活动

此类活动主要用于检测学生对课前内容的学习和记忆情况，课堂上教师可采取快速问答或竞赛的形式进行考查。

对于生词来说，教师可以听写生词、展示生词请学生认读或者给出生词请学生说出扩展和搭配。如课前学习视频中重点词"帮忙"，教师给出扩展为"帮帮忙""帮一个忙"，课上教师就可以考查学生是否记住了该扩展。

对于语法来说，教师可以展示语法视频中用过的图片，让学生说出语法目标句。如课前视频中学习的语法点是表达动作经历"V+过",教师上课可以展示长城的图片,请学生复述出"我去过长城""我没去过长城"等例句。

对于课文来说,教师可以直接对课文的内容进行提问,包括概括性或细节性的问题。如教师可以问"课文中讲了一个什么故事""这个故事是什么时候发生的"等问题。

3.2 基于"领会"类的活动

此类活动主要用于检测学生是否理解课前学习中的内容,而不仅仅是死记硬背其中的内容,课堂上教师主要采取问答的形式进行考查。

对于生词来说,教师可以进行猜词类的游戏,考查学生对词语意义的理解。如请一名学生通过肢体表演或者利用已学过的词语进行近义表达,引导其他学生猜测新词。

对于语法来说,教师可以进行机械性和半机械半自由性的练习。如所学语法是"V+过",教师可以问"你去过长城吗""你坐过高铁没有""你吃过哪些中国菜"等问题。

对于课文来说,教师可以请学生用自己的话复述课文或者请学生对课文进行串讲,包括对课文内容、词语含义、长难句等方面的理解。

3.3 基于"应用"类的活动

此类活动主要用于检测学生在对课前所学内容的记忆、理解的基础上,能否正确运用知识进行表达,课堂上教师主要采取口头报告的形式进行考查。

对于生词来说,教师可以请学生用生词造句,说出学生自己想表达的意思,教师判断学生对词语的使用是否准确。如美国学生想表达出"Can you do me a favor"时，造的句子是"你能给我一个帮忙吗"，则说明虽然学生记住了"帮一个忙"这个短语，但是应用情况却不理想，这时教师要及时纠正，给出正确的句子"你能帮我一个忙吗"，并进行适当的分析和强化训练。

类似地，对于语法来说，教师可以请学生结合自身的实际情况进行成段表达。例如教师可以在课前学习材料的后面给学生布置一个任务——你做过什么有意思的事？考查学生对语言点"V+过"的应用情况。在学生课上的展示过程中，教师可以发现学生是否能在简单谓语句、连动句和带有离合词的句子中正确使用动态助词"过"。如果学生说出类似"我吃奶酪火锅过""我去过迪士尼乐园玩儿"或者"我跟明星照相过"等句子，教师要及时纠正，指出语法结构方面应该注意的问题，并给出更多句子进行强化练习。

对于课文来说，教师可以设计一些与课文内容有关的活动，使学生"跳出"课文，应用课文中的词汇、语言点和表达式进行表达，如学习完课文"北京的四季"之后，请学生仿造课文的结构说说自己家乡的气候。

3.4 基于"分析"类的活动

此类活动主要用于检测学生对语言知识的深层次掌握情况，能否正确分析语言内部之间的关系，课堂上教师主要采取展示、讲解、启发、提问、书面回答问题等形式进行考查。

对于生词来说，教师可以请学生进行词语辨析的活动。如学生学习了"刚才"和"刚刚"的差别，教师课上给出一些句子，请学生用这两个生词填空或者判断所给句子中这两个词用得是否正确。

对于语法来说，教师可以请学生对比分析两个相似或易混淆语法点的用法。如学习"是……的"句式时，教师可以先给出情景和例句，"大卫买了一件新衬衫""他是在太阳商场买的""他是昨天买的"等，引导学生分析出当首次描述一件过去发生的事情时用"V+了"，而知道了某事已发生后，具体涉及时间、地点、方式时用"是……的"句式。

对于课文来说，教师可以就内容方面请学生进行分析，如学完课文"北京的四合院"之后，教师请学生概括北京四合院的结构和功能，问学生为什么很多外国人或外地游客来北京旅游，都会专门去看看北京的胡同和四合院。

3.5 基于"综合类"的活动

此类活动主要用于检测学生能否综合运用所学的生词、语法、课文等进行正确、得体的语言表达，课堂上教师主要采取交际对话、角色扮演等形式进行考查，如教师设置商场、银行、邮局、医院、饭店、办公室、车站等情景，学生分组讨论，设计脚本，表演如何购物、换钱、寄包裹、看病、点菜、咨询、问路等。

3.6 基于"评价"类的活动

此类活动主要用于检测学生能否创造性地运用语言进行表达，不仅有助于学生综合语言能力的提高，也有利于其逻辑思维能力的发展。课堂上教师主要采取口头汇报、演讲、辩论等形式，为学生创造表达的机会，如请学生表达观点：环境污染会带来哪些危害？请学生进行分组辩论：住在学校宿舍好还是在校外租房好？教师在学生表达的过程中，发现学生在语音、语义、语法、语用等方面存在的问题，再进行反馈和个性化指导。

教师在开展以上活动时，要注意以下几个方面：

第一，课堂上的活动设计要与教学目标相一致，活动内容要基于学生课前学习的内容，这样课堂活动才更有针对性，能够检测出学生对内容的掌握情况，教师可以据此进行合理的教学安排，同时也能使学生更加重视课前学习的内容，督促并促进学生的课前学习，保障翻转课堂教学模式顺利进行。

第二，传统汉语课堂上主要进行的是布鲁姆教育目标分类法中较低层次的活动，即基于知道、领会、应用类的活动，没有时间开展较高层次的活动，即基于分析、综合、评价类的活动。即使开展，由于时间短，进行得并不充分，能够有效参与活动的学生较少。而在翻转课堂模式下，由于教师讲授语言知识的时间被节省下来了，课堂上可以有充分的时间进行活动，但教师应该注意六类活动并不是平均分配时间，而应该有所侧重。理论上教师应该利用较少时间迅速完成较低层次的活动，巩固学生课前所学，发现问题，解决问题，然后把更多的时间用在较高层次的活动上，使得学生在教师的指导下进行有意义的分析、综合和评价类的练习，这样才更有助于学生完成语言的内化，提高语言水平。当然，教师也要根据本班的实际情况进行调整，如果学生的水平稍差，那么可以提高知道、领会、应用类活动的比例。

第三，教师在设计活动时要考虑本班学生的水平，活动的难度应该是接近或略超过学生的水平，既有一定的挑战性，也能让学生顺利完成，给学生带来成就感。

第四，兴趣是最好的老师，活动内容要符合学生的兴趣点。一般来说，与学生的生活密切相关的活动能够调动起学生的积极性。

最后，教师开展教学活动时，各个活动要层次清楚，由易到难，循序渐进，由知道类的活动逐渐进行到评价类的活动。

四、结语

学习包括知识传授和知识内化两个阶段,在传统课堂上,教师在课堂上完成知识传授,学生在课下通过练习的方式完成知识内化,但由于课下缺少教师的指导和帮助,导致学生的学习效果不够理想。在翻转课堂上,知识传授是通过教育技术的方式在课前完成,学生通过课堂上的一系列活动完成知识的内化,由于课上能够借助教师的指导和帮助,因而有利于提高学生的学习效果。在翻转课堂模式下,教师的课堂活动设计对帮助学生顺利完成知识内化起到举足轻重的作用,应该引起汉语教师的重视,设计并安排好课堂活动。

参考文献

[1] 陈川、赵呈领、吴新全、叶阳梅(2015)学习生态视角下翻转课堂学习活动设计模型及应用研究,《电化教育研究》第 11 期。

[2] 陈明选、杨娟(2015)着重理解的翻转课堂学习活动设计,《开放教育研究》第 6 期。

[3] 胡耀春、姜庆(2016)基于电子书包的翻转课堂学习活动设计,《中国教育信息化》第 10 期。

[4] 姜艳玲、徐彤(2014)学习成效金字塔理论在翻转课堂中的应用与实践,《中国电化教育》第 7 期。

[5] 刘丹(2015)基于翻转课堂的大学英语课程活动设计探析,《高教学刊》第 18 期。

[6] 洛林·安德森(2009)《布卢姆教育目标分类学》(修订版),蒋小平、张琴美、罗晶晶译,北京:外语教学与研究出版社。

[7] 王海燕、张向梨、裴培、平步云（2017）基于 POGIL 的翻转课堂活动设计与应用研究——从"学习活动设计"的视角，《中国医学教育技术》第 1 期。

[8] 赵呈领、徐晶晶（2015）翻转课堂中学习适应性与学习能力发展研究——基于学习活动设计视角，《中国电化教育》第 6 期。

[9] 张艳、杜亮亮（2017）基于 WebQuest 和翻转课堂的软件类课程教学活动设计——以"Flash 二维动画"课程为例，《数字教育》第 6 期。

[10] Bergmann, J. & Sams, A. (2012) *Flip Your Classroom: Reach Every Student in Every Class Every Day*. Washington DC: International Society for Technology in Education.

[11] Talbert, Robert (2012) Inverting the Linear Algebra Classroom. http://prezi.com/dz0rbkpy6tam/inverting-the-linear- algebra-classroom, 2012-12-19.

基于移动端生词卡片的
"微翻转"课堂教学 *

管延增

一、引言

  长期以来,中文强化项目一直采用"教师引领进行大量听说操练,学生被动接受再进行受控输出"的教学方式。教师作为教学主体,是知识的传授者及课堂活动的组织者。学生通过教师的指导与大量具体语境下的反复操练,快速、集中、系统地获得语言知识,掌握语言技能,形成交际能力。然而,这种教学模式存在两个弊端:一是难以调动学习主体——学生的积极性,容易造成课堂教学气氛沉闷、乏味,从而影响学习效果,挫伤学生的学习兴趣;二是短期强化项目本身就容易使学生感到疲劳,而这种教学模式则会加重学生的疲劳感,甚至造成部分学生过早放弃学习。

  近年来,随着计算机和互联网技术的迅猛发展,一种新的课堂教学组织形式应运而生,这种新的课堂教学模式就是翻转课堂。

---

* 原文发表于《国际汉语教育(中英文)》2018 年第 1 期。

翻转课堂是指，教师在课前提供以教学视频为主要形式的学习资源，学生自主完成教学资源的学习，在真实课堂上，师生进行互动交流、合作探究并完成作业答疑等活动。这种新的教学模式颠覆了传统的教学观念和教学顺序，能够更好地激发学生的学习积极性，促进师生、生生互动，已经被越来越多国家的学校和教师应用到教学实践中。

但是，结合汉语课堂教学实践来看，翻转课堂的教学方式更适合知识学习型课程。在汉语强化项目中完全照搬翻转课堂会存在一些困难。第一，参加汉语强化项目的学生背景复杂，年龄跨度大，大多没有学历教育的学分要求，在项目中完全采用翻转课堂难以保证学生的参与度，未必适合所有学生的学习习惯与知识结构。第二，语言技能的获得需要不断输入与输出，但在课前的线上学习过程中，学生学习视频内容后的输出得不到教师的监控，输出效果无法保证，极有可能出现错误输出固化现象。第三，学生已经处在目的语的环境中，可能对参与翻转课堂缺乏足够的动力与兴趣。

既然在汉语强化项目中，采用传统的课堂教授和操练与完全照搬翻转课堂都存在明显的优势与不足，教师不妨采用部分翻转课堂、部分传统课堂的混合式教学，将传统课堂中的师生面对面操练与翻转课堂的线上课前学习相结合，这样既能保证语言操练过程中教师充分发挥引导、组织、监控等主导作用，又能利用线上学习便捷、自由的特点激发学生的学习积极性与主动性。同时，利用多媒体技术可以减少学生的疲劳感，帮助学生保持学习兴趣，从而提高教师的教学绩效。我们将这种混合式教学称为"微翻转"。

二、微翻转教学模式下初级综合课课程设计

2.1 课程设计方案

初级综合课是汉语教学初级阶段的主干课,主要进行听、说、读、写的综合训练,重点是汉字认读。初级综合课的教学内容多,教学时间紧张,贯穿整个学期的填鸭式教学往往会导致学生逐渐丢失学习兴趣或因无法跟上教学节奏而放弃学习。为解决这种教学困境,我们将以往传统课堂教学的预习环节、生词认读环节、汉字学习环节安排在课前进行,即充分利用现代教育技术,将需要学习的内容转换成移动端教学资源,帮助学生实现泛在学习,利用碎片化时间、随时随地完成教师布置的学习任务。

2.2 依托移动端流媒体技术

在初级综合课教学中采用微翻转教学模式的具体做法是,把传统教学常常使用的纸制生词卡片转化为用 HTML 语言编写的流媒体卡片,即转化为基于移动端的生词卡片,并配以图片、拼音、词义、词性、例句和发音示范等相关教学内容。这种视、听并用的输入方式能够有效提高学习者的记忆保持量,有助于学习者对所学内容进行回想。值得一提的是,生词卡片上的配图能够更加形象、直观地展示词义内涵,帮助学习者更快速地建立起母语与目的语之间的联系。

上课前,教师将生词卡片提前发送到班级的微信群中,并提出明确的预习要求,学生自行完成预习后,课堂教学直接进入生词听写与操练的环节。生词卡片涉及教学环节,以读、写为主,学生能够使用生词卡片自主进行学习,同时也不存在口头输出得不到教师监控的问题。在课后的复习环节中,教师也可以使用生

词卡片对学生进行认读及猜词活动，进一步巩固学生的学习效果。而语言点、课文、交际任务等教学环节的操练依然以传统教学方法为主，充分发挥教师的引导、组织、监控作用，从而保证学生语言技能的获得效果。因为有了能够保证效果的预习与汉字认读，更多的课堂教学时间被节省出来以开展课文讲练与交际化练习，从而提高教师的教学绩效。

三、教学实验及结果分析

为验证微翻转教学模式的实际效果，我们进行了以下教学实验。

我们以 A+ 班学生（掌握大约 150 个汉字）为实验样本，将全班 24 名学生分为两组进行生词预习。其中一组学生使用移动端生词卡片，另一组学生使用打印版纸质生词卡片。实验设定的预习时间是 30 分钟，生词量为 20 个。两组被试学生的语言水平相同，移动端与纸质生词卡片呈现内容也完全一致。预习结束后以看汉字写拼音和选词填空的方式进行测试，并对被试学生的得分与年龄、性别、国籍等背景信息进行汇总。

表 1 显示了对被试学生在看汉字写拼音测试中的成绩进行 SPSS 统计的结果。

在 SPSS 统计中，方差齐性检验的 *Sig.* 值大于 0.05 说明两组样本之间的总体方差没有显著差异，只需就 Equal variances assumed 一行数据进行分析。看汉字写拼音成绩独立样本 T 检验的 *Sig.* 值为 0.821，大于 0.05，不具有统计学的显著性差异，说明自主学习方式的不同对于机械记忆类学习没有影响。表 2 中对被试学生在选词填空测试中成绩的 SPSS 统计数据则显示了被试学生所采用的学习方式与学习效果之间存在着显著相关性，采用移动端自主学习的学生的测试成绩明显优于采用纸质版的学生。这说明多感官刺激能够帮助学生感知、注意、理解和记忆所学内容，并且有利于学习效果的保持，能够为学生回忆所学内容提供更多线索。

表 1　看汉字写拼音测试成绩独立样本 T 检验

		Levene's Test for Equality of Variances		t-test for Equality of Means			
		F	$Sig.$	t	df	$Sig.$ (2-tailed)	Mean Difference
看汉字写拼音测试成绩	Equal variances assumed	0.385	0.541	-0.229	22	0.821	-2.975%
	Equal variances not assumed			-0.229	21.891	0.821	-2.975%

表 2　选词填空测试成绩独立样本 T 检验

		Levene's Test for Equality of Variances		t-test for Equality of Means			
		F	$Sig.$	t	df	$Sig.$ (2-tailed)	Mean Difference
选词填空测试成绩	Equal variances assumed	0.002	0.967	-3.362	22	0.003	-31.947%
	Equal variances not assumed			-3.362	21.566	0.003	-31.947%

表3显示了被试学生在分别使用两种生词卡片进行预习后，在看汉字写拼音测试和选词填空测试中的平均分及标准差的对比数据。可以看到，在选词填空测试中，使用移动端生词卡片的被试学生的平均分比使用纸质生词卡片的被试学生高出近32分，说明这种学习方式能够明显地提高学生的学习绩效。心理学实验结果告诉我们，人类通过视觉获取的信息最多。但如果在教学中采用多种方式进行信息输入，学习者对教学内容的印象会明显加深，从而提高学习效率，改善长时记忆，更持久地保持学习效果。正是得益于移动端学习设备具有使用便利性和媒体丰富性，被试能够在更长时间内记住所学内容，为回想提供更多线索。

表3 看汉字写拼音测试与选词填空测试平均分及标准差

生词卡片类型	学生数量	看汉字写拼音测试 平均分	标准差	选词填空测试 平均分	标准差
纸质	12	60.12	30.68%	41.67	24.87%
移动端	12	63.10	32.92%	73.62	21.56%

四、微翻转教学模式特点分析

微翻转教学模式中，教师为学生准备的课前自主学习所需教学材料应该全面，提出的要求应清晰明确，同时应配有练习材料。多媒体的教学材料更能激发学生的学习兴趣，帮助学生保持学习效果。移动端的学习方式能够更好地利用碎片化的学习时间，更适应年轻学生的阅读习惯。在微翻转课堂自主学习后，教师应提供配套练习材料以帮助学生巩固学习效果。

教师对学生学习绩效的评估应采用形成性评价方式。微翻转与网络自主学习的教学模式，让教师与学生在认知模式、学习方式、教学模式等方面产生深刻变革。在评价学生的学习效果时，教师所采用的方式最好是形成性评价方式，这样才能更全面、客观地反映学生的投入度、努力度与进步程度。形成性评价包括学生出勤、平时作业、听写成绩、课堂表现、小测验、小作文及两次大考（期中、期末考试）。教师在教学中应注意及时做好记录并整理数据，考查学生课程学习的整体效果及在学习全过程中的努力程度。

微翻转教学模式能够有效克服学生在中文强化项目中必然会面对的学习疲劳问题。在每周学习 30 小时的强化项目中，学生出现学习疲劳或者学习倦怠是一个无法忽视的问题，这也导致在实际教学中往往存在学生的学习时间投入与学习水平提高不成正比的现象。我们对某大学的中文强化项目在 2008 年 9 月至 2013 年 9 月间不同学期内，共计 2,713 名学生的各科期中、期末考试成绩运用 SPSS2.0 进行了统计分析，结果如下：

从图 1 可以发现，学生的期中考试平均成绩好于期末考试，尤其是综合课与口语课的成绩。学生成绩并未随着学习时间的推移而在强化项目中持续取得进步，说明他们在目的语国家学习时间的增加并未对学习效果形成正面效应。图中的标准差波动曲线说明，在实际教学过程中，学生在期中考试后往往会出现明显的两极分化现象。学习能力和学习动机强的学生能够在整个学期内都保持良好的学习状态，在学习成绩上也会有所体现。而很多成绩处在班级中下游的学生会在期中考试后因为疲劳或接受能力的限制而出现成绩与学习时间长短呈现非正态分布的情况，有的学生甚至最终放弃学习或被班级"甩出"。我们认为，部分学生的期末成绩下降是由于长时间持续地进行学习后，他们在生理和心理方面产生了怠倦，致使学习效率下降，甚至出现厌学、弃学现象。

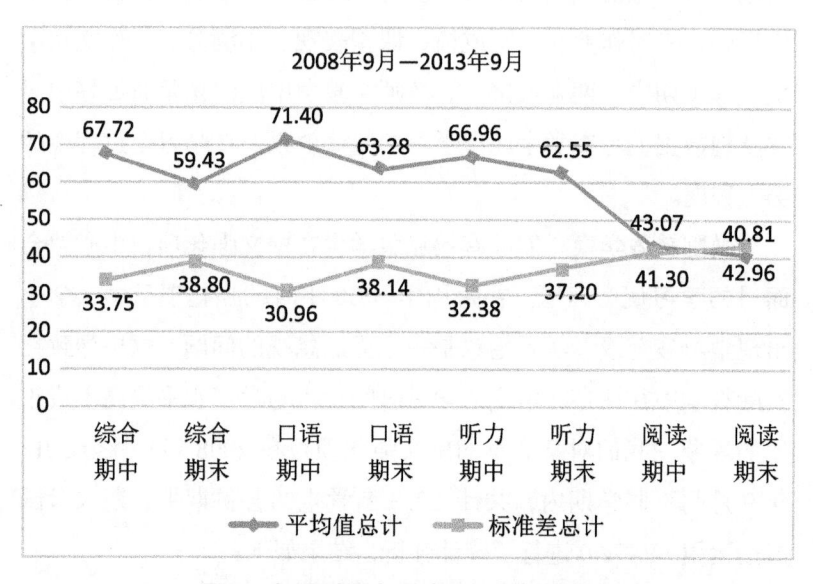

图1 各课型历次考试平均分与标准差

图2是以综合课期中与期末考试成绩为样本，采用SPSS制图功能中的散点制图功能对学生期中与期末考试成绩的变量进行统计。结果显示，总体上留学生的期中考试成绩与期末考试成绩显著相关，期中考试成绩高的学生在期末考试中也会取得相对较高的成绩。同时，学生期末考试成绩的离散度更高，成绩差距加大。

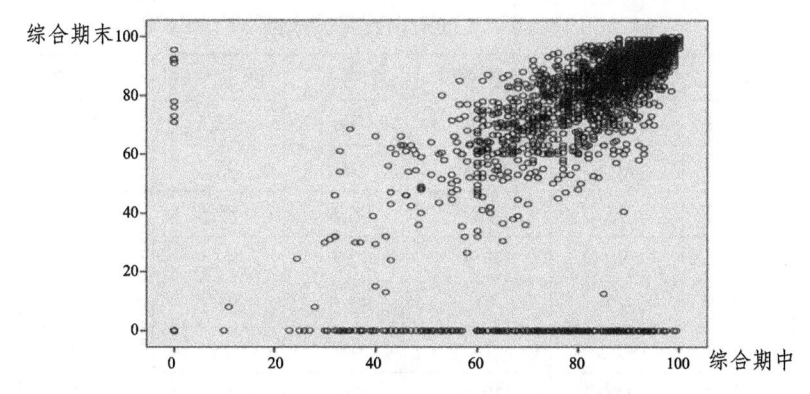

图 2 留学生期中考试与期末考试相关度分析

留学生在一个学期内学习状态存在波动，反映出他们在前半学期处于接受汉语与中国文化知识的新鲜期与兴奋期，学习效率非常高。具有强烈学习动机与积极学习态度的留学生，能够较长时间地保持高兴奋度与高效率的持续学习。但是，期中考试后，为数不少的学生表现出了明显的懈怠与疲劳现象。他们集中精力持续学习时间过长，新鲜感消退，疲劳感产生并增强，致使学习质量与效率受到影响。

在该强化项目的实验班中，接受微翻转教学模式的学生能够利用移动端学习资源与碎片化时间预习和自主学习，并以此分解学习压力。此外，学习资源采用多媒体的呈现方式，其所具有的视听结合输入、图片辅助生词及文字预习等特点不仅能分解学生的学习负担，还能更好地激发学生的学习兴趣，减少枯燥感，缩短学习疲劳期，从而帮助学生在强化项目中取得更好的学习效果。本实验班 11 名学生综合课的两次小考和期中、期末考试中取得的成绩如表 4。

表 4　实验班历次考试成绩

姓名	小考一	期中考试	小考二	期末考试	标准差
学生 1	95	95.5	92	85.5	4.6
学生 2	91.5	95.5	96	95.5	2.1
学生 3	95	98	95.5	85.5	5.5
学生 4	80	95.5	92.5	88.5	6.7
学生 5	83	91	85.5	85.5	3.4
学生 6	91.5	98	95	92	3.0
学生 7	100	98.5	98	98.5	0.9
学生 8	92	97.5	94	92.5	2.5
学生 9	77.5	81.5	83.5	86.5	3.8
学生 10	77.5	94.5	87.5	90	7.2
学生 11	99	99.5	97	95	2.1

整个学期共设有 4 次形成性评价测试，从表 4 可以清晰地看到实验班 11 名学生的测试情况。实验班的 11 名学生在历次测试中取得成绩的最大标准偏差仅为 7.2，表明全班学生在整个学期中能够保持持续、稳定的学习效果，较好地克服了强化项目所带来的学习疲劳的影响。

我们对数据进行更深入的研究，将实验班学生第一次小考和期中考试成绩的平均值称为"期中平均"，将第二次小考与期末考试成绩的平均值称为"期末平均"，具体数据如图 3 所示。通过学生期中平均与期末平均成绩的对比，我们发现学生在强化项目学习前期与后期的成绩差别极小。此外，从数据中可以发现，实验班期中平均成绩最低的两名学生的期末平均成绩有了较为明显的提升，说明他们在学习中取得了值得肯定的进步。

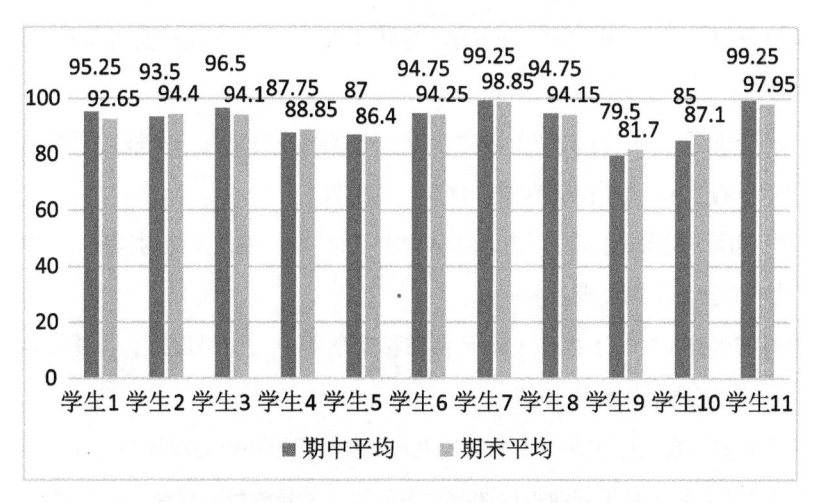

图 3　实验班期中平均和期末平均成绩对比

从上述实验结果可以看出，微翻转教学模式能够增强语言课堂教学的趣味性，有效激发学习者的学习热情，提高他们的学习绩效和学习效果，值得在中文强化项目中推广。

参考文献

[1] 白迪迪（2014）"翻转课堂"教学模式在对外汉语教学中的应用研究，《现代语文（语言研究版）》第 3 期。

[2] 陈家胜（2016）学习倦怠研究现状及展望，《中国健康心理学杂志》第 6 期。

[3] 高荣国（2012）网络教育的形态真谛——解析网络的学习、知识和教学形态，《中国远程教育》第 15 期。

[4] 傅健、杨雪（2009）国内移动学习理论研究与实践十年瞰览，《中国电化教育》第 7 期。

[5] 金陵（2013）用"学习任务单"翻转课堂教学，《中国信息技术教育》第 3 期。

[6] 李玉顺、马丁（2008）移动学习：拓宽学习的途径——移动学习的现状与趋势，《中国信息技术教育》第 3 期。

[7] 刘刚、胡水星、高辉（2014）移动学习的"微"变及其应对策略，《现代教育技术》第 2 期。

[8] 柳玉婷（2013）微信公众平台在移动学习中的应用研究，《软件导刊（教育技术）》第 10 期。

[9] 田嵩、魏启荣（2014）混合云模式下移动学习环境的设计与实现——以微信公共平台下阿拉伯语课程学习为例，《开放教育研究》第 6 期。

[10] 王萍（2013）微信移动学习的支持功能与设计原则分析，《远程教育杂志》第 6 期。

[11] 王萍（2014）微信移动学习平台建设与应用，《现代教育技术》第 5 期。

[12] 叶成林、徐福荫、许骏（2004）移动学习研究综述，《电化教育研究》第 3 期。

[13] 郑艳群（2012）《对外汉语教育技术概论》，北京：商务印书馆。

[14] 郑艳群（2015）新时期信息技术背景下汉语国际教育新思路，《国际汉语教学研究》第 2 期。

"北语模课"下初级汉语阅读教学模式的构建 *

王 磊

一、引言

  汉语阅读课重点训练学生的阅读理解能力，进而促进汉语水平的提高。它在对外汉语教学的课程设置中具有十分重要的地位（周健，2000；乔印伟，2001；陈子骄，2003；王辉，2004；徐子亮，2009；王尧美、张学广，2009）。然而，在初级汉语语法教学阶段，很多学校并未分技能设课，而是采取"主讲—复练"的教学模式。主讲课负责生词、课文的教学和新语言点的讲练，复练课负责课文的复述、语言点的操练、听力和阅读练习。在没有专门的阅读课，更没有阅读教材的情况下，阅读技能训练包含在复练课之中。由于教学时间有限，教师的基本做法为：选一篇让学生阅读的文章，把这篇文章介绍给学生，让学生阅读，然后向他们提问，检查他们是否了解掌握了这篇文章（吴平，

---

 * 原文发表于李晓琪、孙建荣、徐娟主编（2018）《第十一届中文教学现代化国际研讨会论文集》，北京：清华大学出版社，第 396—402 页。

1995）。这样的阅读教学一来阅读量较小，二来阅读材料缺乏实用性，难以满足学生的学习需求。在不改变课程设置和教学体系的原则下，教师需要并有可能进一步在认识上和实践上做某些改变，以促进阅读教学工作（吴平，1995）。

网络信息时代催生了基于互联网的汉语第二语言教学（陆俭明、苏丹洁，2010）。近年来，随着互联网技术的飞速发展，汉语教师计算机辅助汉语教学的能力不断提升以及人们对于语言教学的观念的转变，促使汉语网络教学越来越普及。"北语模课"正是信息技术与传统学习方式结合下所搭建起来的混合式汉语学习平台，为汉语学习者提供了一种全新的掌握知识的形式。本文将以"北语模课"为教学支撑，构建一种新型的初级汉语阅读教学模式。首先，在图式理论的指导下选编出适合阅读训练的材料；然后，在"北语模课"平台上创建初级汉语阅读教学板块，发布教学计划与学习要求，并提供自主阅读材料；最后，回归课堂，进行集体辅导或个性化指导，着力提升阅读能力。"北语模课"下的初级汉语阅读教学模式的目标是利用网络学习资源，突破面授教学和纸质工具书的局限，取得更为理想的教学效果。

二、图式理论指导下的阅读材料选编

2.1 图式理论简介

图式理论（Schema Theory）是德国心理学家巴尔利特（F.C. Bartlett，1932）最早提出来的。到 20 世纪 70 年代，美国人工智能专家鲁梅尔哈特（D.E.Rumelhart）等将其发展成了一种完整的理论，用于研究阅读理解等心理过程。

图式理论认为，读者的阅读能力主要由三种图式决定：语言图式、内容图式和结构图式。语言图式是指读者对构成阅读材料的语言的掌握程度；内容图式是指读者对文章的主题以及背景知识的熟悉程度；结构图式是指读者对文章体裁特点、逻辑结构、修辞方法的了解程度（王辉，2004）。因此，读者对阅读材料的理解程度取决于其大脑中上述三种图式与阅读材料的语言、内容和结构的相互作用。从这一点来看，图式理论对阅读材料的选编具有指导意义。

2.2 阅读材料选编的原则

2.2.1 按照语言图式，控制材料的语言难度

语言图式主要指一定数量的语法和词汇知识。对于初级阶段的大部分学生来说，其掌握的语法和词汇知识有限，阅读的困难主要表现在语言上。"太难的读物不适合作为训练材料"（高磊，2005），所以选编材料首先要注意控制好语言难度。控制语言难度最方便有效的办法是紧密结合主讲课所学，可以将对话体课文转写成叙述体，也可以运用该课的生词和语法，联系课文话题，结合学生实际，编写阅读材料。《高等学校外国留学生汉语教学大纲：长期进修》中要求初级阶段的学生在无词典条件下，能理解已学词汇占90%以上的文章的主要内容。语法教学阶段是初级阶段的前半段，因此，阅读材料的生词比例应控制在5%以内。来看下例。

例（1）：

这几天，丁老师病了。她感冒了，头疼，咳嗽，流鼻涕，

嗓子也很疼。今天，她觉得有点儿发烧，就去医院了。大夫让她量一下体温，37度8。大夫说不用打针，给她开了点儿药，让她回家多休息，多喝水。丁老师不能来上课，同学们很想她，就约好去丁老师家看她。他们给丁老师买了水果和鲜花，她很感谢同学们来看她。

例（1）是《成功之路·起步篇2》第21课《你怎么了》之后的阅读材料。从语言的角度看，课文生词的复现率达90%，新生词4个（约、水果、鲜花、感谢），占5%，难度适中。从内容的角度看，主题与已学课文保持一致，均为谈论生病看病、探望病人，学生对此十分熟悉。这样的阅读材料难易适中，能够有效训练学生的阅读能力。另外，"深浅、难易适度能保护阅读的积极性"（李如龙，2012）。

2.2.2 结合内容图式，把握材料的内容范围

内容图式主要指与阅读材料有关的背景知识。阅读过程中，读者已有的背景知识与材料内容相互作用，背景知识越丰富，对材料内容的理解越透彻。而背景知识与读者的人生阅历、知识水平、文化修养和日常积累等关系密切。因此，选编阅读材料时要注意以下几点。

第一，联系学生实际情况，激活已有内容图式。（1）初级汉语语法教学阶段"主讲—复练"的教学模式下，学生最为熟悉，并且已经掌握的内容是主讲课的课文及其话题。在阅读训练之前，它们已经成为学生已有的内容图式。因此，选编阅读材料时应重点参考课文内容和话题。（2）来华留学生中，大部分是成年人。他们的生活经验、社会阅历和文化知识等十分丰富，阅读材料的

内容应与之密切联系。对于初级阶段的学生而言,商品的说明书、街头的广告、路边的交通指南、广告宣传单、出租广告、招聘启事、宿舍规定等经过改编均可作为阅读材料。如朴贞姬、郭曙纶所言(2007:210—221)"学习材料越接近实际生活越有效度",经过背景知识与阅读材料的相互作用,这样的阅读材料理解难度有所降低,更适合阅读训练。

第二,增强阅读材料的实用性,激发阅读兴趣。吴平(1995)认为"当学生产生了阅读兴趣后,他们对文章的理解程度更高,而且敢于越过那些影响阅读的障碍词,敢于推测不熟悉的句法结构的意义",然而"兴趣的产生和发展是以需要为基础的"(景萍、石彩霞,2009)。阅读材料越能满足学生汉语生活的需要越能激发其阅读兴趣。因此,选编阅读材料时要考虑学生的实际需求,从生活中提取真实语料,让学生读后能学以致用,理解生活中的文字材料,甚至解决生活中的问题。

第三,融入中国文化知识,丰富学生的内容图式。外语阅读教学有两个目的:一个是练习从读物中获得信息;一个是通过阅读积累更多的语言文化知识(陈子骄,2003)。汉语阅读要向学生介绍中国文化知识,一方面完成通过阅读积累文化知识的教学目的,另一方面丰富学生的内容图式。学生了解的文化知识越多,内容图式越丰富,对理解新材料越有利。因此,在阅读材料中融入中国文化知识可以使阅读训练进入良性循环当中。来看下例。

例(2):

我叫大山,是美国纽约人。三个半月以前刚到中国,那个时候什么汉语都不会说。有一天，我买了饮料在收银台交钱的时候发现没带钱包，非常着急。旁边一个又高又瘦的女生对售货员说："我帮他交钱吧！"就这样，我认识了我的语伴田田。她是个地道的北京人。记得她第一次邀请我去家里做客。因为我不熟悉中国人的做客礼仪，就上网看了好久，最后了解中国人去做客时，喜欢送主人水果、糕点或者酒，所以我买了一些水果。

到了田田家，我看见她的父母就说："师傅、阿姨好！这是我的一点心意。"他们听了以后笑着让我坐下休息，不要客气，就像在自己家一样。他们去厨房做菜时，田田告诉我应该叫朋友的父母"叔叔阿姨"，不能叫"师傅"，可以对出租车司机或者水果店老板叫"师傅"。看来，上课学习的"师傅"不能随便用，我还要继续学习才行。

例（2）改编自学生的口头报告，是其亲身经历，属真实语料。作为成年学生，留学生都有做客的经历，文中"做客"的信息能够激活已有的内容图式，帮助阅读理解。材料具有一定的实用性，读后学生能了解中国人的做客习俗，可以激发阅读兴趣。材料不但介绍了中国人做客时的文化知识，还说明了汉语称呼语的特点，能够丰富学生的内容图式，为以后的阅读奠定基础。

2.2.3 根据结构图式，丰富材料的体裁

结构图式主要指读者对文章体裁和结构的了解程度，它对于读者对文章的整体和主题的把握具有较大影响。阅读材料涉及各种体裁，可以帮助学生了解不同体裁文章的结构特点、行文习惯和组织层次。只有这样，才能训练学生自上而下的处理技能、养

成整体把握的习惯和概括能力（王辉，2004）。在初级语法学习阶段，学生接触的教学内容基本都以对话体呈现，形式单一，阅读材料可以将对话体转写成叙述体。叙述体短文除了记事性强的以外，还应涉及描写人物的。另外，在以记叙文为主的情况下，还应适当增加说明文和应用文阅读，比如学生常见的通知、书信、广告和产品介绍等。到了后期，可以增加议论文阅读，比如选择某种运动方式并阐述理由的简单议论文。

三、基于"北语模课"的初级汉语阅读课教学模式

3.1 "北语模课"平台上初级汉语阅读课的教学界面设计

初级汉语阅读教学板块的设计遵循阅读的心理过程，并结合课堂阅读教学的组织顺序，一共由四个部分组成，分别为：主题选定、课文阅读理解、读后交流和拓展阅读，上述四个部分分别标记为选择、练习、互动和资源等不同领域。在"北语模课"平台上，这四个领域独立形成四个界面，学习者需要依次通过主题选定、课文阅读理解、读后交流和拓展阅读四个界面，才能完成一次自主阅读训练。

主题选定界面主要对教师自行选编的阅读材料进行主题分类。根据现有的阅读材料，我们将其设定为"日常小事""成语故事""名人趣闻""中国传说""课文改编"和"应用文摘录"六个主题。每个主题有一篇课文，该课文是严格根据初级学习者所掌握的语法和词汇改编而成的，其难度与学习者所用初级汉语综合课课本上的课文相当。

课文阅读理解界面主要对学习者进行阅读专项训练。首先，

将与课文主旨或内容相关的背景信息、相关资源等链接到平台上，供学生选看，以唤醒学生的背景知识，为阅读奠定基础；其次，利用网络平台的多媒体技术，将阅读前学习者需要了解的生词以图文并茂的形式呈现出来，帮助学生理解、掌握；第三，将阅读理解的问题逐个呈现在平台上，让学习者联系已有的背景知识，先行思考，带着自己的理解开始阅读，并从中寻找答案；第四，按照初级汉语学习者应该达到的阅读速度，在平台上逐句呈现阅读材料，即前一句呈现之后，根据句子的字数，按照阅读速度的要求，若干秒之后字体颜色变浅，后一句以深色字体呈现出来，以字体颜色的变化引导学生注意后续部分；最后，学习者读后作答，完成课后问题。

读后交流界面主要是引导学习者分享阅读感受，交流答题经验，促进合作学习、互通互鉴。学习者在阅读理解之后，进入读后互动专区，开展读后讨论。教师或者助教可以在这一阶段引导他们就阅读材料的主题进行讨论，还可以引导学生联想学习，说一说在什么地方、什么情况下，见到过类似的文字内容。学习者可以将自己见到过的类似的短文链接到平台上，供其他人阅读，以便巩固并扩大学生的背景知识。

拓展阅读界面主要是对阅读资源进行整合。我们将改编的阅读材料按照主题选定界面所确定的六大主题进行归类梳理，并将每个主题下的阅读材料按照字数多少进行编号。当学习者进入界面后，他们根据自己选定的主题，可以在该主题下按照编号依次阅读短文，也可以点击编号，任选一篇或几篇短文进行阅读。拓展阅读是为了扩大学习者的阅读量，同时帮助学习者更加熟悉这一类短文的体裁特点和常用词汇。

3.2 基于"北语模课"的初级汉语阅读教学的基本流程

根据"北语模课"平台所承载的信息特点，并参考课堂阅读教学与网络教学的互补性，本文在设计出了平台上的初级汉语阅读教学界面之后，构建了基于"北语模课"的线上与课堂相结合的教学模式，其基本流程如下（见图1）。

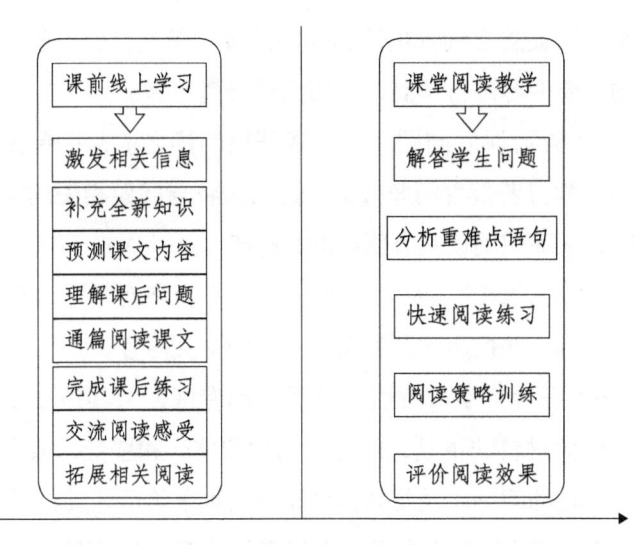

```
┌─────────────┐        ┌─────────────┐
│ 课前线上学习 │        │ 课堂阅读教学 │
└──────┬──────┘        └──────┬──────┘
       ↓                      ↓
│ 激发相关信息 │        │ 解答学生问题 │
│ 补充全新知识 │        │ 分析重难点语句│
│ 预测课文内容 │        │ 快速阅读练习 │
│ 理解课后问题 │        │ 阅读策略训练 │
│ 通篇阅读课文 │        │ 评价阅读效果 │
│ 完成课后练习 │        └─────────────┘
│ 交流阅读感受 │
│ 拓展相关阅读 │
└─────────────┘
```

图1 基于"北语模课"的初级汉语阅读教学模式的流程图

3.2.1 课前线上学习

（1）唤醒学生的背景知识。教师将与阅读课文相关的视频、音频、图片和文字等材料链接到学习平台之上，帮助学习者熟悉课文主题，并以此激活学习者已有的背景知识，为阅读进行热身。

（2）提供新的知识信息。教师将生词教学课件上传到平台之上，课件的设计与制作以直观呈现和例句解析为原则，帮助学习者自学课文的相关生词。遇到应用文、说明文等学习者不常见的新体裁的阅读材料，教师录制好介绍体裁特征和结构特点的教学短视频，并上传至平台，供学习者参考。

（3）引导学生大胆预测。对文章内容的预测是阅读理解的基础（李逞，2000）。在背景知识和新信息都具备的情况下，教师在平台上设置自动弹出读前预测的提示信息，引导学生对阅读材料的主要内容进行预测，为阅读理解奠定基础。

（4）弄清课后问题。学习者开始阅读之前，平台先呈现课后问题，学习者带着问题阅读，边读边将与问题相关的重要信息记下来，从而使阅读具有明确的目标感。

（5）通读课文，回答课后问题，平台将对学习者的作答情况进行评判，并提示问题答案所对应的课文内容。

（6）平台将学习者引入读后互动专区，与其他在线学习者或者就阅读材料的主题，或者就阅读的体会和感受，或者就阅读过程中存在的问题以及就如何调整阅读水平等话题进行讨论。

（7）在互动交流之后，学习者可以到达阅读练习界面，在课文相同主题下，选择其他阅读材料，进行拓展阅读，以巩固对这类阅读材料的阅读效果。

3.2.2 课堂阅读教学

（1）解答学习者的阅读问题。学习者针对线上学习的具体情况，提出仍未解决的阅读问题。然后，教师进行个别辅导，有针对性地解答问题。

（2）总结语言知识。教师帮助学习者重点学习阅读材料中的关键词和复杂的语法结构，并做适当练习。

（3）快速阅读练习。教师选择与学习者线上阅读的课文主题相似、长度一样、难度相当的阅读材料，并提出几个问题，要求学习者在给定时间内，进行泛读，将与问题相关的关键内容在阅读材料中标识出来。通过相关主题的快速阅读练习，一方面可以降低学习者的阅读焦虑，另一方面可以帮助学习者提升快速阅读的成就感，对于提高阅读速度较为有益。

（4）教师还要教会学生一些阅读策略和技巧。比如提取短文主题句；结合上下文跨越生词障碍；根据体裁特点，提高概括能力；根据汉字构形特点，猜测词义等。这些阅读策略和技巧是每次课堂教学的重点讲授内容，教师通过真实的阅读实例，帮助学习者提高阅读能力，提升阅读效率。

（5）总结评价。学习者根据线上阅读任务的完成情况和课堂阅读教学的实际收获，先做自我评价，然后班内同伴互相评价，最后教师对此进行评价。

四、结语

汉语阅读既是学习手段，又是学习目的。它是为了"使学习者广泛地接触言语实际，逐步建立语感并提高二语学习的兴趣和热情；同时，扩大词汇、巩固已经学习过的语法知识"（李如龙，2012）。基于图式理论的阅读材料的选编，源于真实语料，融汇了大量学过的生词和语法，并且体裁多样、文化知识丰富、实用性强，能够更好地达成阅读教学的目的。

实施过程中，基于"北语模课"提供的平台支持，将线上阅读与课堂教学相结合。线上以精读和泛读相结合的方式，提高学习者的阅读量，并通过线上互动的学习方式，将个人化程度较高的阅读练习导向合作式、动态化的模式；课堂教学以阅读微技能和策略训练为主，提高学习者的阅读能力，并通过线上线下的联通，将阅读教学推向混合式学习的新潮流。

不过，目前"北语慕课"平台上初级阅读教学的各个界面仍处于设计、修订和建设的过程之中，界面之间的友好链接还需要技术上的完善。因此，这种线上线下融通混合的初级汉语阅读教学新模式还没有正式实践，也没有进行相关的教学实验，其教学效果还有待考察。尽管如此，将课堂的阅读任务延伸到课外，通过慕课平台大幅提高学习者的阅读量，有利于量变的积累，为汉语阅读能力的提升奠定基础。

参考文献

[1] 陈子骄（2003）对外汉语阅读教学的新探索，《牡丹江师范学院学报（哲学社会科学版）》第5期。

[2] 高磊（2005）元认知技能训练在对外汉语阅读教学中的应用，《语言文字应用》第S1期。

[3] 景萍、石彩霞（2009）汉语阅读教学模式初探——兼谈大学预科汉语阅读教学，《新疆教育学院学报》第3期。

[4] 李如龙（2012）论对外汉语的阅读教学，《国际汉语学报》第3期。

[5] 李遐（2000）建构主义学习理论对汉语阅读教学的启示，《喀什师范学院学报》第2期。

[6] 陆俭明、苏丹洁（2010）汉语网络教学本体研究之管见，见张普、宋继华、徐娟主编《数字化对外汉语教学实践与反思》，北京：清华大学出版社。

[7] 朴贞姬、郭曙伦（2007）我看对外汉语阅读教学——"从留学生角度看对外汉语教学"系列研究之一，见中国语言学会编《第四届全国语言文字应用学术研讨会论文集》，成都：四川大学出版社。

[8] 乔印伟（2001）汉语阅读教学任务及其量化分析，《世界汉语教学》第 2 期。

[9] 王辉（2004）图式理论启发下的对外汉语阅读教学策略，《汉语学习》第 2 期。

[10] 王尧美、张学广（2009）图式理论与对外汉语阅读教学，《语言教学与研究》第 6 期。

[11] 吴平（1995）浅谈对外汉语阅读课教学，《北京第二外国语学院学报》第 3 期。

[12] 徐子亮（2010）回顾与探讨：近五年的对外汉语阅读教学研究，见《第九届国际汉语教学研讨会论文集》，北京：高等教育出版社。

[13] 周健（2000）探索汉语阅读的微技能，见《第六届国际汉语教学讨论会论文集》，北京：北京大学出版社。

商务汉语翻转课堂教学模型设计与实践*

朱世芳

一、引言

　　自 2000 年翻转课堂（Inverted Classroom）作为一个独立的概念被提出以来（Lage, M. J. et al., 2000），其在教育领域引起了极大的关注。钟晓流、宋述强、焦丽珍（2013）将"翻转课堂"定义为"在信息化环境中，课程教师提供以教学视频为主要形式的学习资源，学生在上课前完成对教学视频等学习资源的观看和学习，师生在课堂上一起完成作业答疑、协作探究和互动交流等活动的一种新型的教学模式"。根据该定义，我们需要明确的是，翻转课堂并不是课内活动和课外活动的简单颠倒，而是一种综合了多种因素的教学模式。在翻转课堂研究中，有几个关键要素是不容忽视的，包括外部信息环境、学习资源、学生课前准备、师生课上互动等。

　　商务汉语教学作为专门用途汉语教学的一个分支，近年来发

---

* 原文发表于北京语言大学对外汉语研究中心编（2018）《汉语应用语言学研究（第 7 辑）》，北京：商务印书馆，第 150—158 页。

展迅速，尤其是中国加入世界贸易组织以后以及"一带一路"合作发展的倡议提出以来，更是获得了前所未有的发展机遇。但是在发展的过程中，仍然存在对学生需求不明确、教学针对性不强等问题。而现有研究结果表明，翻转课堂延长了教学时间，扩展了教学空间，使课堂互动增加，提高了课堂效率，可以调动学生学习的积极性，有利于实施个性化教学（孙瑞、孟瑞森、文萱，2015；李雯静，2016；郑艳群、袁萍、赵笑笑，2016）。我们认为，将翻转课堂的理念应用于商务汉语教学是可行的。

目前，已有学者将翻转课堂具体应用于对外汉语各要素教学和技能训练，但在专门用途汉语教学领域应用翻转课堂的研究成果还不多，周思明（2016）尝试在旅游汉语教学中采用翻转课堂教学模式；张凯曼（2015）对具体的高级商务汉语会话课进行了翻转课堂教学设计。本文在此基础上，依托北语模课平台（BLCU-MOOC），结合现有商务汉语教学研究成果，总结翻转课堂应用于商务汉语的教学模型，对高级商务汉语综合课进行重新设计，希望能够细化相关研究。

二、翻转课堂应用于商务汉语的教学模型

建构主义学习理论强调以学生为中心，强调情境、协作学习对意义建构的重要作用，强调对学习环境的设计以及利用各种信息资源来支持"学"。这些学习设计理念能在翻转课堂中得到很好的应用。商务汉语教学实用性强，既包括言语信息、商务专业知识（即陈述性知识）的学习，也包括言语技能的操练，还需要融入相关的文化知识，这些特点都需要在翻转课堂的教学设计中

得以体现。因此，在具体实施教学方案之前，应该有一个可遵循的教学模型，以规范教学行为，提高教学效率。

目前有代表性的翻转课堂模型主要有 Gerstein（2011）构建的环形翻转课堂模型，他将翻转课堂分为体验参与、概念探索、意义建构和展示应用四个阶段。但该模型是从学生的角度出发设计的，实际上展现的是在翻转课堂中学生学习的过程。另外，Talbert（2011）结合自己"线性代数"课程的教学实践，将翻转课堂的实施过程明确区分为课前和课中两个阶段，提出了翻转课堂的系统结构，这对语言课堂教学模型的构建也有启发。国内，张金磊、王颖、张宝辉（2012：48）构建了包括课前学习和课堂学习两部分的翻转课堂教学模型。"在这两个过程之中，信息技术和活动学习是翻转课堂学习环境创设的两个有力杠杆。"钟晓流、宋述强、焦丽珍（2013）则构建了太极环式翻转课堂模型。这两个模型的共同特点是同时兼顾了"教"和"学"两方面，并重视信息化教学环境的作用。

在语言教学领域，也有很多学者先后设计了应用于汉语教学的翻转课堂模型，我们注意到，现有模型大多将翻转课堂分为课前、课中两个环节（徐娟、史艳岚，2014；龙藜，2015；张凯曼，2015），也有学者提出应该包括课后环节（关爽，2016：297—304；高晨，2017）。在如何表现教学过程方面，有的学者采用单向流程图的方式（徐娟、史艳岚，2014；高晨，2017），也有的学者采用循环流程图的方式（关爽，2016：297—304；马洪海、许嘉铧，2017）。

综合分析前人的研究成果，我们认为，设计翻转课堂教学模型要采用系统化的思想，将教学视为一个融合了环境、师生、资源等多种因素的动态化过程,再结合高级商务汉语教学实践性、综合性强,重视学习者需求的特点。我们尝试设计出翻转课堂应用于商务汉语的教学模型(见图1)。

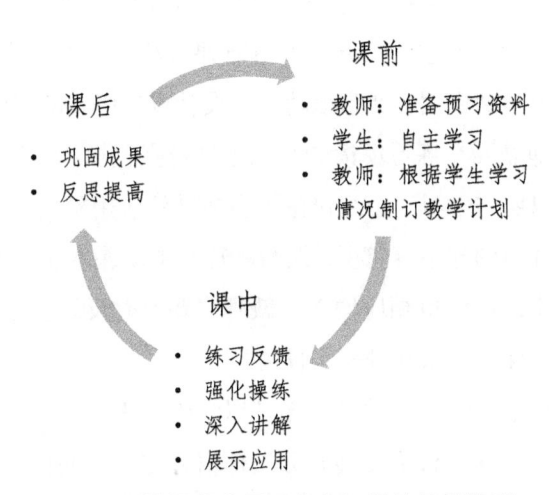

```
         课前
         • 教师:准备预习资料
课后      • 学生:自主学习
• 巩固成果  • 教师:根据学生学习
• 反思提高    情况制订教学计划

         课中
         • 练习反馈
         • 强化操练
         • 深入讲解
         • 展示应用
```

图 1　翻转课堂应用于商务汉语的教学模型

我们认为,课堂教学是一个周而复始、螺旋式提高的系统化过程,因此该模型将翻转课堂的过程总结为课前、课中、课后三个环节,并采用循环流程图的表现形式。具体到每一个环节,又细分为不同的子过程。

在课前环节这个阶段,教师需要根据教学内容提供学习资源。课型、学生水平、教学目标不同,相应的学习资源也不一样。商务汉语教学的目标是培养复合应用型人才,其教学内容包括一般语言知识、经贸专业知识和经贸文化知识等。因此,教师不仅需要拆分语言知识点,还需要根据专业知识准备相应资料并布置适量的练习题。学生则根据教师的要求完成练习,进行自主学习。

之后，我们强调教师还应该根据学生完成练习的情况确定教学的重难点，调整教学计划。这能使教师的教学更好地符合学生的需求，对整个翻转课堂能否高效完成非常关键。

在课中环节，教师首先应该对学生课前预习情况给予及时反馈。在这里我们不主张一开始就进行课堂活动，因为课前预习的成果如果得不到巩固，课堂活动的开展就没有坚实的基础。因此，在课上教师需要在练习反馈的基础上进行强化操练、深入讲解，然后进入以协作学习、小组讨论为主的展示应用阶段。

课后环节同样不容忽视，因为翻转课堂使课堂互动大大增加，因此，学生的反馈也相应增多，教师需要及时反思、布置作业帮助学生巩固课堂成果并进一步提高。

综上所述，该教学模型遵循"以学生为中心"的教学理念，重视师生的互动，希望能够充分发挥信息化时代的技术优势，调动学生的主动性，培养学生的综合能力，突破目前商务汉语教学针对性不强的瓶颈。

三、高级商务汉语综合课应用"翻转课堂"的实践

以下我们以北京语言大学汉语学院开设的高级商务汉语综合课为例，基于翻转课堂理念对《老外在中国》一课进行了完整的教学设计。

3.1 课前教学设计

课前教学设计包括提供学习资源、设计练习题和根据学生反馈调整教学内容。具体如下表所示。

表1 《老外在中国》课前学习资源

语言知识点（录制讲解视频）	生词	高管、合资、项目、业绩、贯彻、炒、感慨、决策、参与
	语言点	……，一个是……，再一个就是…… 不……，不……，怎么……呢？ 没有什么比……更……
提供跟课文相关的学习材料	视频（新闻、纪录片）	北语毕业生的自我介绍
		中央电视台《外国人在中国》栏目相关视频：食堂里的洋老板、从打工仔到董事长
布置适量的练习题	生词练习	意义连线、选词填空
	讨论题	请同学们回想自己来中国的经历，总结自己在中国的收获，想想未来是否想在中国发展并说明原因

3.1.1 提供学习资源

学习资源的准备需要遵循规范性、适量性、趣味性等原则。在选取重点生词时，我们以《经贸汉语本科教学词汇大纲》（沈庶英主编，北京语言大学出版社，2012年）、《BCT商务汉语考试词语手册》（刘德联、钱华编著，北京大学出版社，2007年）中的两个词表作为依据；在准备跟课文相关的预习材料时，我们尽量搜寻或制作跟学生实际情况相关的视频资料，视频的长度、难度、清晰度都需要达到一定的标准，一般都配有中文字幕，短时新闻类视频还配备有相应文本供学生阅读。本课的课文是《老外在中国》，我们选取的视频是北语毕业生自己的故事和中央电视台制作的《外国人在中国》，长度不超过30分钟，故事主题跟经贸相关，其中北语毕业生、《从打工仔到董事长》这个故事的主人公跟学生背景相似，年龄差距不大，更易引起共鸣。《食堂里的洋老板》这个故事的主人公跟课文里主人公的背景经历相似，可以作为学习课文之前的预习材料。

值得一提的是，就语言课堂而言，并非所有的教学内容都适合翻转，按照加涅等（2007：91）的分类，我们认为陈述性知识，即"能用言语陈述的事实、概括性知识和有组织的知识"更适合翻转，而技能操练这种需要大量互动的教学活动还是应该放在课上进行。总之，课前学习资源的准备需要与教学目标结合起来，力求有的放矢，避免贪多求全。

3.1.2 设计练习题

练习题的设计与预习材料紧密相关，体现教学的系统性。学生需要根据教师提供的资源进行自主学习后，才能完成相应练习。以本课为例，学生需要看完讲解生词的视频才能完成课后生词练习。讨论题需要学生进行深入的思考，完成该练习不但需要学生调动自己的言语信息知识，提高在数字时代将信息转换成可利用的知识的能力，还能让学生对自己的学习和生活进行总结和思考，完成情感领域的学习。

最后，所有的学习资源通过北语模课平台（http://blcumooc.fy.chaoxing.com/portal）发放（图2），学生可以统一观看学习，教师也可以及时看到学生学习情况并进行实时监督。

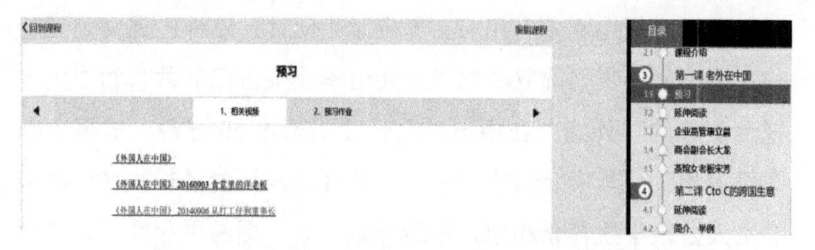

图2 北语模课平台学习资源及练习题发放页面

3.1.3 调整教学内容

学习资源发放完毕之后，课前阶段并未结束，教师需要根据学生反馈及时调整教学内容。学生反馈具体又包括：生词学习情况的反馈、视频观看情况的反馈、讨论题的完成情况等。利用网络平台的数据统计功能（图3），教师可以直观地看到学生预习的情况，根据生词练习的完成情况确定课上重点操练的生词；根据视频观看情况确定学生的兴趣点，调整课上讨论的话题；根据讨论发言了解学生的个人情况，便于课上进行个性化教学。

图3 北语模课平台数据统计页面

3.2 课上教学环节

我们主张对课堂内容进行部分翻转。这也就意味着，我们反对完全脱离传统的语言课堂，而要把绝大部分时间用在课堂活动上。因为课堂活动完成的质量取决于学生语言要素知识的掌握程度，所以我们仍然需要吸取传统语言课堂相对成熟的经验，并在此基础上进行调整。

3.2.1 传统商务汉语课堂教学环节

刘珣（2000：342）提出，一般语言课的五个主要环节是"组织教学、复习检查、讲练新内容、巩固新内容和布置课外作业"。我们以《老外在中国》一课为例进行具体说明，传统教学环节是：问题导入、预习题答案讲解、新课梳理、课文拓展、复习总结、布置作业。在实践中存在的问题是：在导入环节，学生的积极性不高，回答比较随意；在讲解预习题答案时，不管是集体回答还是个别回答，教师都无法准确掌握学生的预习情况和难点；如果学生预习得不好，就会影响新课梳理的进度和课文拓展的效果。而翻转课堂依托网络平台，通过对学生预习情况的及时监控，就能比较好地解决这些问题，提高课堂效率。

3.2.2 商务汉语翻转课堂教学环节

我们将语言翻转课堂分为练习反馈、强化操练、深入讲解、展示应用四个主要环节。在练习反馈阶段，教师根据学生课前做练习的情况进行有针对性的讲解，讲解重点是错误率高的练习；根据学生看视频的情况组织小组讨论并汇报讨论结果；让在课前线上讨论中表现突出的学生向全班同学做报告，将课前预习与课上教学紧密结合起来。这样做能有效地缓解学生在网络平台独立完成学习任务时产生的疏离感，通过集体展示预习成果使学生获得成就感，提高其学习的积极性。

在强化操练阶段，教师应合理安排未经翻转的教学内容和已经翻转的教学内容。以生词教学为例，非重点生词可以用串讲的方式帮助学生理解；重点生词直接进行难句操练，多提供一些相对复杂的情境，给学生提出挑战。在扫清学生语言障碍之后，进入深入讲解阶段，可以采用用指定词语缩写段落、根据关键词复述课文、画流程图等方法帮助学生更好地理解课文结构。最后是展示应用环节,学生在理解课文的基础上,灵活运用所学语言知识表达自己的观点,完成讨论、报告、访谈等任务。以本课为例,我们给学生布置的任务包括:表明自己对课文中主人公的看法;继续深入总结自己在中国的收获,想想未来是否想在中国发展并说明原因;课后分小组对在中国学习或生活的外国人进行访谈,然后把访谈过程录下来上传到网络平台。

3.3 课后教学总结

课上教学完成后要及时巩固成果,反思提高。教师需要根据学生课堂上的表现提供下次课前学习资源。以本课为例,学生在展示应用环节对课前布置的话题进行了深入讨论,因此我们要求学生对讨论的结果进行修改后再次提交到网络平台。从课前简单的思考到课上深入讨论再到课后成果总结,教师可以明显地看到学生的学习轨迹,学生也可以感觉到自己的进步。在此基础上,教师对个别学生进行单独访谈,将访谈视频发放到模课平台作为学生课后任务的参考,也作为第二次课堂讨论的学习资源。如此循环往复,螺旋上升。

以上,我们以《老外在中国》一课为例详细介绍了商务汉语翻转课堂的设计及实施过程。我们以北京语言大学汉语学院经贸系三年级的学生为研究对象,进行了为期一年的教学实践,仅从测试结果来看,差别并不显著,但从教学评估和学生反馈情况来看,评估结果保持优秀,学生的成就感也得到了明显的提升。

四、翻转课堂应用于商务汉语教学面临的挑战

通过实践,我们认为,在商务汉语教学领域,基于翻转课堂

理念设计的教学实践是有应用空间的，值得研究和推广，但是我们也清醒地认识到，任何一种新的教学模式，都有其适用条件，需要考虑教学环境、学生需求并与教学目标紧密结合。

首先，翻转课堂需要学生在课前观看视频并完成相应练习，这些活动均在线上完成，因此，线上学时和课堂教学学时是否需要重新分配是我们需要考虑的问题。网络平台能够提供学生学习时长的数据，学校主管部门也可以据此研究制定相关规定，将学生的学时按比例计入总课时，学生有学分和出勤的压力，这样一来，课前任务的完成质量也能够得到提高。

其次，实施翻转课堂，要求教师在课前提供各类学习资源，学习资源的质量直接决定了翻转课堂的效果，这是教师面临的一个很大的挑战。我们建议，条件许可的话，可以采取团队合作的方式，将拆分知识点、寻找相应多媒体资料、设计练习、录制视频等任务分开进行，最后统一协作完成，最好能够形成规范化的操作模式并遵循一定的标准流程。我们希望未来能针对翻转课堂建立相应的资源库，提高教学资源的利用率。

再次，翻转课堂改变了传统课堂的教学过程。翻转课堂充分利用信息技术，使课堂得到了延伸，其评价方式也应该随之发生改变，即由结果性评价转变为过程性评价，由单一化评价转变为多元化评价。所谓过程性评价，指的是对学生课前在线学习情况、课上互动情况、课后任务完成情况均进行量化统计，计入平时成绩，在最后总成绩中占相当的比例。而多元化评价，指的是不仅看学生的知识掌握情况，还将学生在讨论中是否积极、完成任务的态度、小组协作的情况等纳入评价范围，鼓励学生多元化发展，这和商务汉语专业培养复合应用型人才的教学目标是不谋而合的。

以上，经过一个学年的商务汉语翻转课堂教学实践后，我们总结了取得的成果和仍然面临的挑战。虽然我们认为学生在这个过程中的学习积极性得到了提高，综合能力得到了培养，但具体教学效果需要用问卷调查、教学实验、跟踪测量等方式进一步验证。另外，翻转课堂作为一种新的教学模式，刚开始实施时会带给师生一定的新鲜感，但经过相当一段时间以后，是否还能保持良好的教学效果值得进一步研究。本研究虽然进行了一个学年的实践，但由于部分教学视频没有录制完成，因此还需要进一步完善。期待经过全面深入的实践检验，我们能补充更丰富的数据来完善该教学模型并在更大范围内进行推广应用。

参考文献

[1] 成云（2015）《教育心理学》，成都：西南交通大学出版社。

[2] 高晨（2017）翻转课堂在美国大学中文课程中实施的行动研究报告，《国际汉语教学研究》第1期。

[3] 关爽（2016）基于翻转课堂的对外汉语语法教学设计，见李晓琪、金铉哲、徐娟主编《数字化汉语教学（2016）》，北京：清华大学出版社。

[4] 李雯静（2016）翻转课堂在对外汉语教学中应用的可行性研究，《现代语文（教学研究版）》第11期。

[5] 刘珣（2000）《对外汉语教育学引论》，北京：北京语言大学出版社。

[6] 龙黎（2015）"翻转课堂"教学模式与对外汉语口语教学，《海外华文教育》第4期。

[7] 马洪海、许嘉铧（2017）翻转课堂在海外初级汉语综合课教学中的实践研究，《海外华文教育》第4期。

[8] 孙瑞、孟瑞森、文萱（2015）"翻转课堂"教学模式在对外汉语教

学中的应用，《语言教学与研究》第 3 期。

[9] 徐娟、史艳岚（2014）翻转对外汉语课堂后的教学活动设计，《中文教学现代化学报》第 2 期。

[10] 张金磊、王颖、张宝辉（2012）翻转课堂教学模式研究，《远程教育杂志》第 4 期。

[11] 张凯曼（2015）基于翻转课堂教学模式的高级商务汉语会话课教学设计——以《招聘临时雇员》为例，安阳师范学院硕士学位论文。

[12] 郑艳群、袁萍、赵笑笑（2016）汉语语法翻转课堂教学模式的实施方案与实现条件，《汉语应用语言学研究》第 1 期。

[13] 钟晓流、宋述强、焦丽珍（2013）信息化环境中基于翻转课堂理念的教学设计研究，《开放教育研究》第 1 期。

[14] 周思明（2016）基于翻转课堂的旅游汉语教学设计——以西北师范大学 2013 级东干班为例，西北师范大学硕士学位论文。

[15] Gerstein, Jackie (2011) The Flipped Classroom Model: A Full Picture. Available at https://usergeneratededucation.wordpress.com/2011/06/13/the-flipped-classroom-model-a-full-picture/, 2011-6-13.

[16] Lage, M. J., Glenn J. Platt & Michael Treglia (2000) Inverting the Classroom: A Gateway to Creating an Inclusive Learning Environment. *Journal Of Economic Education 31* (1).

[17] Robert M. Gagné, Walter W. Wager, Katharine C. Golas & John M. Keller (2005) *Principles of Instructional Design, Fifth Edition*. Wadsworth. R·M·加涅等（2007）《教学设计原理（第五版）》，王小明、庞维国、陈保华、汪亚利译，上海：华东师范大学出版社。

[18] Talbert, Robert (2011) Inverting the Linear Algebra Classroom. Available at https://prezi.com/dz0rbkpy6tam/inverting-the-linear-algebra-classroom/, 2011-9-21.

基于北语模课平台的微课设计与应用研究 *

——以高级商务汉语综合课为例

冯传强

"翻转课堂"作为一种基于信息技术的新型教学模式，近年来在国内外颇受关注。"翻转课堂"是指学生在课前利用教师制作的数字材料（音视频、电子教材等）自主学习课程，然后在课堂上参与同伴和教师的互动活动（释疑、解惑、探究等）并完成练习的一种教学形态（张渝江，2012）。"翻转课堂"最早出现于2007年，美国人萨尔曼·可汗（Salman Khan）利用网络视频进行"翻转课堂"模式授课获得成功，以他命名的可汗学院"翻转课堂"教学被加拿大的《环球邮报》评为"2011年影响课堂教学的重大技术变革"。比尔·盖茨称他"预见了教育的未来""引领了一场革命"（顾雪林，2013）。之后，国内的教育者也对"翻转课堂"给予了高度重视，并在"翻转课堂"的理论研究和实践研究方面取得了可喜的进展。为了顺应时代的发展，北京语言

---

* 原文发表于李晓琪、孙建荣、徐娟主编（2018）《第十一届中文教学现代化国际研讨会论文集》，北京：清华大学出版社，第389—395页。

大学充分利用现代教育理念和技术手段，将大型开放式网络课程（MOOC）应用于教学实践中，积极在全校范围内大力推进"翻转课堂"的教学模式改革和创新。北语模课平台就是在这样的背景下应运而生。我们的研究就是基于北语模课平台进行的微课设计和教学实践展开的。

一、基于北语模课平台的翻转课堂教学模式

1.1 北语模课平台简介及优势

北语模课平台由北京语言大学与北京世纪超星公司合作研发，是符合北语办学特色和教学要求的网络资源共享平台。"北语模课"既有规模课程的含义，同时还是 BLCU-MOOC 的音译。该平台由视频公开课、微课程、学习空间、资源中心四个模块构成，其中视频公开课是真实课堂的网络呈现，展示了品牌课程和优秀教师的教学风采；微课程是以知识点和语言点为纲目的碎片化课程；学习空间则是整个平台的核心，该部分支撑视频公开课、微课程的学习，同时又是课堂教学的辅助学习平台，并起到整合各类资源的功能；资源中心则是根据学科专业建设的各类语料库、图片库、素材库的大数据中心，为学生学习和教师教学提供资料。

为了更好地利用北语模课平台并运用到教学实践中，北京语言大学积极推进翻转课堂教学模式改革与创新。2014 年在全校范围内开启了"北语模课"一期工程，全校共有 19 个教学改革项目、25 个视频课程建设项目、4 个资源中心建设项目、1 个现代教育技术与教育理念讲座项目和 1 个专题研讨与培训项目入围。一期

工程结束后，又于2016年启动了"北语模课"二期工程。而我们的高级商务汉语综合课就是入选"北语模课"三期工程的教学改革项目。结合我们的教学实践，我们认为北语模课平台有以下几个优势：

（1）适用于各种电子工具

北语模课平台具有强大的兼容性，它可以在电脑、手机、平板电脑等任何可以使用网络的电子设备登录并使用，非常方便。应该说，只要你的电子设备可以上网，那么你就可以使用北语模课平台。

（2）利于学生对学习的掌握，最大限度地利用碎片时间

美国心理学家布卢姆提出的"掌握学习理论"认为，只要提供最佳的教学并给以足够的时间，多数学习者能获得优良的学习成绩。北语模课平台为学生创建了一个舒适的信息化学习环境，使得学生不必像在课堂上听讲那样紧绷神经，同时摆脱了群体教学模式中教学进度的困扰，学习不再受时间限制，使得学生可以按他们自己的节奏学习，直至掌握所安排的内容。同时，随着时代的发展，人们的生活节奏越来越快。因此，如何利用碎片化的时间进行学习就成为一个迫切的时代需求。北语模课平台整合了精品课程、微课程、学习空间、资源中心等等，学生可以在任何时间、任何地点进行学习或完成作业，不受地域、空间和时间的限制，只要你想学习，何时、何地以何种方式都可以。

（3）便于学生知识的建构和内化，也便于师生、生生的互动交流

北语模课平台的使用，更有利于学生知识的建构和内化。建构主义学习理论认为知识不是通过教师传授得到，而是学生通过

意义建构的方式获得。基于北语模课平台的教学模式将传统的知识传递放在课堂前完成，课堂内增加了师生互动、生生协作等活动。教师成为协调者和指导者，从而更好地调动学生的主观能动性，激发学生学习的活力，更好地体现学生的主体地位，使得学生能更好地完成知识的建构和内化。

此外，北语模课平台的学习空间中有一个讨论区，在这里学生们可以提出任何有关学习的疑问或感兴趣的话题。看到这个问题或话题的老师或学生都可以进行回复并可以进行评价。它的功能与微信的朋友圈非常相似。看到的人可以点赞，也可以评论。讨论区的设置，极大地方便了师生、生生之间的互动交流，而且学习中困惑的解决也变得更为快捷高效，改变了之前只有见到老师才能解决疑问的弊端。

（4）利于学生之间的学习、借鉴

北语模课平台的很多栏目都非常有利于学生之间的学习和借鉴。比如作业栏目可以设置成互评作业，这样学生就可以看到其他同学的作业情况并可以对其他学生的作业进行评价。这对学生们而言，是一个很好的互相学习和借鉴的机会。它既可以激发学生的学习热情，也有利于学生之间的竞争。另外，在资料栏目，教师也可以把同学们的优秀作业或报告进行展示，所有的同学都可以参考和借鉴。

（5）海量的学习资源存储及利用

北语模课平台是一个非常好的资源存储平台，教师可以根据教学需要上传大量的学习资料、视频、网站链接等。丰富多样的资源存储和使用功能能够很好地满足学生课下自学或拓展的需求。这些学习资源也非常有利于开展分层和更有针对性的教学。

根据认知负荷理论，传统的课堂选取相同的教学内容，采取统一的教学组织，使得基础好的学生认知负荷过低，造成教学时间浪费，而基础差的学生认知负荷过高，阻碍了学习。因此在北语模课平台上要为学生提供足够的微视频和相关的学习资源，学生可以根据自身的基础，灵活选择学习资源、安排学习时间，不用担心是否影响其他同学进程；可以反复多次观看视频，不必担心知识点的遗漏，从而实现真正的分层教育、个性化学习。

（6）实时监控学生的学习动态

北语模课平台设置了一个统计的栏目，在这个栏目可以统计学生访问平台的次数、时间和观看视频的时间等。该功能可以让教师掌握学生的具体学习情况，便于及时进行干预和指导。另外，这个统计功能还可以与学生的学习成绩挂钩。教师可以设置每一项学习活动在总成绩中的占比，从而可以非常准确及时地计算出学生的总成绩。对学生而言，这样的统计数据也比较科学公正，可以起到督促学生学习的作用。

1.2 基于北语模课平台的翻转课堂教学模式

北语模课平台非常利于翻转课堂的开展，能够更好地把线上教学和线下教学结合起来。在长期的教学实践中，我们利用北语模课平台，形成了基于北语模课平台的翻转课堂教学模式。该模式的教学流程如下图所示。

我们通过对使用北语模课平台进行学习的学生的调查结果，发现学生们对基于北语模课平台的翻转课堂教学模式比较满意，满意度达到了 90% 以上。但结合国内外对翻转课堂的研究结果来看，微课或微视频是翻转课堂成功与否的关键，它间接决定而且可以影响课堂前知识传递效果，影响课堂内教学活动的设计，从而影响最后的教学效果。下面我们就谈谈基于北语慕课平台的微课的设计和应用问题。

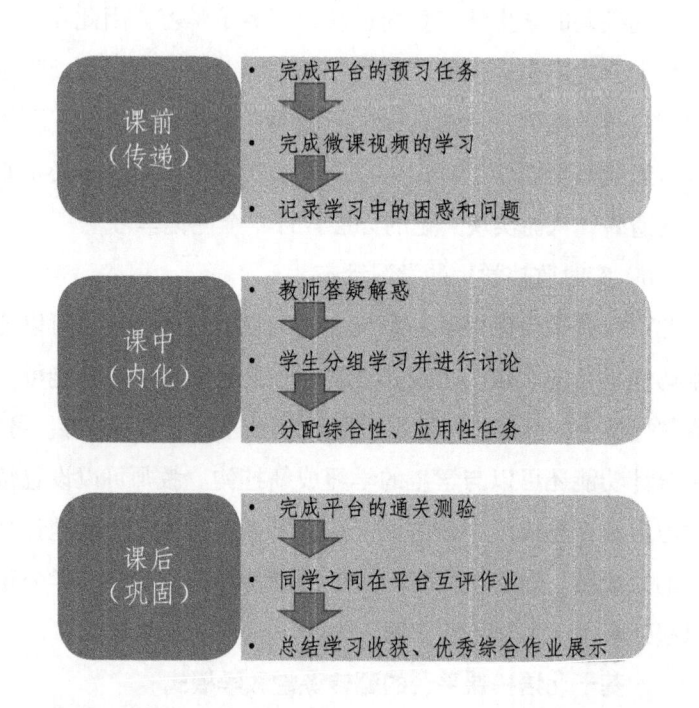

```
课前      • 完成平台的预习任务
(传递)    • 完成微课视频的学习
          • 记录学习中的困惑和问题

课中      • 教师答疑解惑
(内化)    • 学生分组学习并进行讨论
          • 分配综合性、应用性任务

课后      • 完成平台的通关测验
(巩固)    • 同学之间在平台互评作业
          • 总结学习收获、优秀综合作业展示
```

二、微课的概念及设计原则

"微课"一词伴随着微博、微信、微电影等出现，与智能手机和移动互联网的普及分不开。微课之"微"指的是内容少、时长短，微课之"课"指的是以教学为目的，可以指一堂课亦可指一门课。国内较早提出和实践微课的是广东省的胡铁生，他把人们对微课概念的认识分成"微资源构成""微教学过程""微网络课程"三个阶段（胡铁生、黄明燕、李民，2013）。国外也有很多经过教学实践验证有效的、类似微课的网络资源，如 Khan

Academy、TED-Ed，以及 Udacity、edX、Coursera 等 MOOC 平台上的视频资源。尽管目前关于微课还没有统一的定义，但我们认为，微课应该具备以下几个特点：（1）满足自主学习和移动学习需求；（2）以教学视频为主，辅以其他学习资源；（3）教学视频的时长在 15 分钟以内，学生在 30 分钟内完成全部学习任务；（4）教学内容主题突出，设计合理。下面我们就具体来说说基于北语模课平台教学模式的微课设计和建设方法。

三、基于北语模课平台的商务汉语综合课微课设计

　　基于北语模课平台的微课，可以很好地满足上述的前两个特点。北语模课平台完全可以满足学生自主学习和移动学习的需求，我们也可以方便快捷地向平台上传大量的学习资源。因此，微课长度的控制和主题的突出就成为高级商务汉语综合课基于北语模课平台进行教学成功与否的关键。我们知道，高级商务汉语综合课作为一门专门用途的高级汉语课，课程内容比较复杂，语言点、知识点都比较多，一课的内容往往需要至少 10 个课时才能完成。因此，我们的微课绝对不能是一个完整的课堂，而是服务于课堂的一个环节或者几个教学活动的集合。而且短短 15 分钟的微课又不能仅仅是教师的讲解，而是以教师讲解、演示的"微视频"为主，辅以课件、案例、素材等学习资源，同时要以微"作业练习"为主，同时还要有在线答疑、在线测试、在线调查等自主学习活动的学习反馈。总之，15 分钟的微课对学生来说，应该是一个基本完整的学习过程，既要有新语言点、知识点的学习，又要有语言点、知识点的练习、巩固和拓展运用。那么我们具体来谈谈基

于北语慕课平台的高级商务汉语综合课的微课设计情况。

3.1 教学内容科学切分

为了做到每一个微课都在 15 分钟以内，保证每一个微课的独立性，同时又不破坏每一课内容，甚至是一门课程的完整性，我们主要根据每一课课文的内容来切分，即根据课文逻辑关系把课文分成几个部分。比如我们的高级商务汉语综合课第二课《中国经济的十年之痒》的主要内容是中国改革开放以来的三次经济大萧条。我们就把课文分为了五次微课。五次微课的内容分别为：（1）三次大萧条概说；（2）第一次大萧条的原因和表现；（3）第二次大萧条的原因和表现；（4）第三次大萧条的原因和表现；（5）走出萧条的解决办法。五次微课的切分从内容来看，既可以相对独立，保证微课的主题也能比较科学地照顾到语言点和知识点的分布，从而保证了每个微课内容的均衡性。这样我们的每一个微课有 6—8 个生词，2—4 个成段表达结构式，1—2 个经济知识点。但我们知道，高级阶段的汉语，成段表达和对文章的整体把握及写作能力变得越发重要。因此，我们每一课会专门设计一次微课或者穿插在已经切分好的微课中，专门对课文的整体篇章结构和写作特点进行讲解和分析，从而保证课文的整体性，也利于学生提高对汉语文章的整体理解，并进一步提高写作能力。

3.2 微课录制优质专业

为了保证学生观看微课视频的效果，我们对微课视频的录制颇费了一番心思。微课首先是一个专门的视觉艺术，微课的录制必须由专业的团队来完成，才能保证微课的质量和视频的播放效果。因此，我们的所有微课视频均由北京语言大学慕课中心的老师录制并完成后期的制作。专业团队的制作，是我们视频质量的有力保障。作为商务汉语的授课教师，我们则为视频的一些细节提出要求和建议。比如视频的背景和色调等方面都要体现商务汉语或课文主题的特色。例如，第一课的主题是电影产业，我们的视频背景就是电影产业、票房等元素；第四课的主题是中国的房地产业，我们则专门选择了房地产业图片作为视频的背景。同时，为了增加视频的观赏性，还应该穿插使用与课程内容相关的动画、图片、动图等等。总之，授课教师与视频制作团体的高效合作是视频质量的基础。

3.3 脚本撰写精益求精

脚本是视频质量优劣的关键。没有好的脚本，再完美的技术和制作也只能是徒有其表的形式。因此，我们特别重视微课视频的脚本撰写和设计。由于微课视频毕竟不同于传统的与学生面对面的授课方式，所以视频的脚本既要做到深入浅出、引人入胜，又要让学生有在真实课堂上课的感觉，绝对不能是传统课堂教学的讲义的照本宣科。因此，微课的教学效果在很大程度上取决于教师视频脚本的设计和撰写。我们在视频脚本的设计上，尽量做到简单精练，同时为学生营造身在课堂的感觉。为了达到这样的效果，高级商务汉语微课主要从以下几点来实现：（1）请几个学生和授课教师一起录制视频。教师的讲解主要采用师生问答的形式来进行。学生的参与和互动，大大增强了学生观看视频时的真实感，同时，学生的参与也能帮助授课教师调整和把握授课的内容和节奏。（2）注重商务语境的创设。商务汉语课程与普通汉语课程最大的不同就在于使用的环境不同，是一种专门用途的语言。因此，在微课中，教师要尽量创设相对真实的商务语境。

比如，讲解生词时，教师会创设商务语境，启发引导学生说出正确规范的句子；成段表达的操练时，也尽量引导学生完成商务语境下的语段。（3）经济知识强调应用。每一个微课均有2—3个经济知识点，关于知识的讲解以教师和学生的讨论为主，然后教师要求学生运用所学知识对某些经济现象或案例进行分析或提出解决方案。

3.4 练习设计丰富精准

微课除了教师的讲授，一定要有相应的练习帮助学生理解、巩固并掌握所学知识。微课中练习的设计变得非常重要。在高级商务综合课微课的练习设计上，我们首先要做到练习形式丰富多样。北语模课平台，为我们的练习设计提供了更多的便利，很多综合性、应用性、合作性的练习形式，我们都可以在北语模课平台上使用。比如填空、选择、判断正误、连线、回答问题、讨论等。除了练习形式的丰富多样，练习更重要的是要做到与所讲知识精准配合，这样才能真正巩固学生自主学习的成果，做到所学知识的构建与内化。每一次微课共15分钟左右，教师的讲解大概只有8分钟，其他的都是练习时间，真正体现语言课精讲多练、讲练结合的特点。因此，练习设计的精准尤其值得授课教师的重视。

四、基于北语模课平台的微课教学实践

为了检验基于北语模课平台的教学模式的教学效果，我们于2017年3月实施了对比试验。笔者在所教授的某平行班采用了基于北语模课平台的教学模式，而在另一个班则仍然使用传统的教学方式。在学期结束时，笔者对该班的20名学生进行了问卷调

查和访谈，结果显示，95% 以上的学生满意这种新的教学模式，很多学生表示，这样的教学模式比较轻松，也非常方便。大约有 85% 以上的同学认为，观看教学视频，学习效果很好，可以反复观看，也比与老师面对面更轻松。同时，我们也对这两个试验班的期末成绩进行了对比，结果显示，使用北语模课平台教学模式班的平均分比另一个班的平均分高 5 分左右。由于我们并没有对学期初两个平行班的期末成绩平均分进行统计，两个平行班的学生也没有进行严格的筛选，可能这个结果并不能完全说明该教学模式在教学效果上的优越性，我们将继续做进一步的研究。

另外，我们的教学实践也发现一些不尽人意的地方。有个别学生表示，这样的教学模式不太方便。他们认为使用网络对他们来说是一种负担。这些学生主要来自经济比较落后的地区或本身不喜欢使用网络。还有一些学生表示，这种教学模式的使用，让他们大大减少了写汉字的时间。关于这个问题，一方面教师可以适当增加一些书面的作业，另一方面，可能主要还得依靠学生的自觉性了。最后，有学生反映，北语模课平台在互动性和及时反馈上没有那么好。的确，就目前的使用情况来看，平台在师生、生生互动及学习反馈方面的功能还需要进一步提高。我们也强烈建议学校强化互动和学习反馈方面的功能。我们认为，开发基于北语模课平台的 APP 是一个不错的思路。我们也将撰写相关的论文进行研究。

参考文献

[1] 曹晓君（2018）"互联网+"时代的外语课堂创新：微课、慕课及翻转课堂三位一体的教学整合，《英语广场》第 3 期。

[2] 顾雪林（2013）一个人的网络教学震动了世界，《中国教育报》2013-7-20。

[3] 郭丽莉（2018）基于 Focusky 软件的《商务英语综合》翻转课堂微课设计，《教育教学论坛》第 9 期。

[4] 胡铁生、黄明燕、李民（2013）我国微课发展的三个阶段及其启示，《远程教育杂志》第 4 期。

[5] 黄建军、郭绍青（2013）论微课程的设计与开发，《现代教育技术》第 5 期。

[6] 黄燕青（2013）翻转课堂中微课程教学设计模式研究，《软件导刊》第 6 期。

[7] 梁乐明、曹俏俏、张宝辉（2013）微课程设计模式研究——基于国内外微课程的对比分析，《开放教育研究》第 1 期。

[8] 张渝江（2012）翻转课堂变革，《中国信息技术教育》第 10 期。

"翻转课堂"方法在海外本土教师培训"口语训练与教法"案例中的运用 *

王治敏　王小梦

一、前言

随着海外汉语教学的快速发展，截至 2015 年底，我国已在 134 个国家和地区建立了 500 所孔子学院、1000 所孔子课堂，注册学员人数超过 190 万人，初步形成了多层次、多样化、广覆盖的格局①。如此大的规模不可避免地带来海外师资的缺乏，而解决海外师资的关键在于教师的本土化、技能化和专业化。北京语言大学国际汉语教学与研究基地以培养海外本土师资为目标，通过设计系列培训培养课程提高本土教师的从业水平。每年教学研究基地都会接收来自世界各地不同国家的本土教师，会根据不同的班级设计针对性的课程，教学内容由主讲教师自由设计。笔者曾设计了面向中小学教师的"口语训练与教法"10 个小时的讲座

---

* 原文发表于《云南师范大学学报（对外汉语教学与研究版）》2016 年第 1 期。

① 第十届全球孔子学院大会发布的最新统计数据。http://www.qdqss.cn/edu/20151210/21321.shtml。

课程，本研究以此为基础，通过各种教学实验，探索适应本土教师的培训模式。

关于教师培训，刘珣（1996）认为在确定总培训目标的前提下，应更充分体现以学员为中心，为学员服务的原则，考虑其不同的特点，满足其特殊需要。吴勇毅（2007）指出采用多元化的教师培养及培训模式是应对多元化教师需求的有效策略。郭风岚（2012）提出以问题为导向，以任务型培训模式为核心，以学员为中心，加大学员参与、体验的力度，使学员能够在短时间的培训中获益最大化。李凌艳（2006）提出在加强对外汉语教学教师资格认证的同时，应该高度重视持证人员的岗前或上岗培训。根据持证人员不同的工作经验和能力素养，对人员进行分层分流的培训指导。同时也有专门针对海外本土教师培训的研究（张和生，2006；杨子菁，2003；徐子亮，2002；周健，1998）。上述研究对培训课程的宏观把握具有一定借鉴作用。但是对于具体的课程，还缺有针对性的培训模式设计。

"翻转课堂"作为教育教学改革的新浪潮，被越来越多的学校所接受并推崇。"翻转课堂"是一种混合使用了技术和学生亲自动手活动的教学环境，同时"翻转课堂"改变了学生仅仅作为知识接收者的身份，让学生走上讲台，成为知识的讲授者，这种改变大大促进了学生的主动思考与创造。

翻转课堂能否在培训课程中使用，做何种翻转能够激发学员的教学设计与创造是值得探索的问题。因此笔者以"口语训练与教法"课程为目标，运用角色翻转与真实案例相结合的方式，实现了汉语口语培训课堂到真实汉语课堂的切换，让本土教师在口语培训课中时时体验汉语课堂教师、学生等角色的功能。

二、学生情况调查与背景分析

教学的主体是学生，对于培训课程而言，教学对象的分析是课程讲授成功与否的关键因素。因为一般情况下，培训班级的学员背景复杂，程度千差万别。本次"口语训练与教法"课程的教学主体来自不同国家（地区）的中小学老师、大学老师，共计14人，来自包括瑞士（1）、意大利（2）、乌兹别克斯坦（1）、俄罗斯（2）、巴基斯坦（3）、以色列（1）、法国（1）、波兰（1）、马来西亚（2）中国台湾（1）等10个国家和地区。他们的年龄分布如图1：

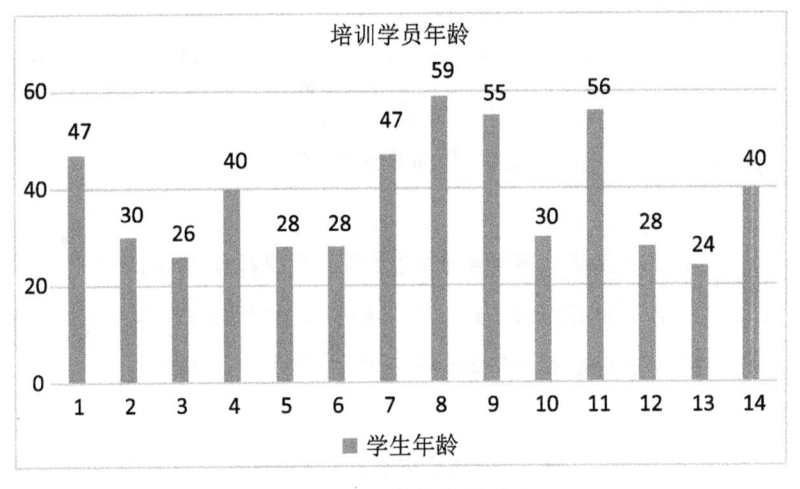

图1 培训学员年龄分布

学员年龄跨越20、30、40、50四个年代，不同年龄段上的人数相对均匀，其中50岁以上的老师有3位，40岁以上（不含

50岁以上）的老师有4位，30岁以上（不含40岁以上）的有2位，20岁以上（不含30岁以上）的老师有5位。年龄最大的为59岁，最小的只有24岁。在这种年龄跨度下，他们的汉语水平和从教时间也有明显的差距。具体如图2：

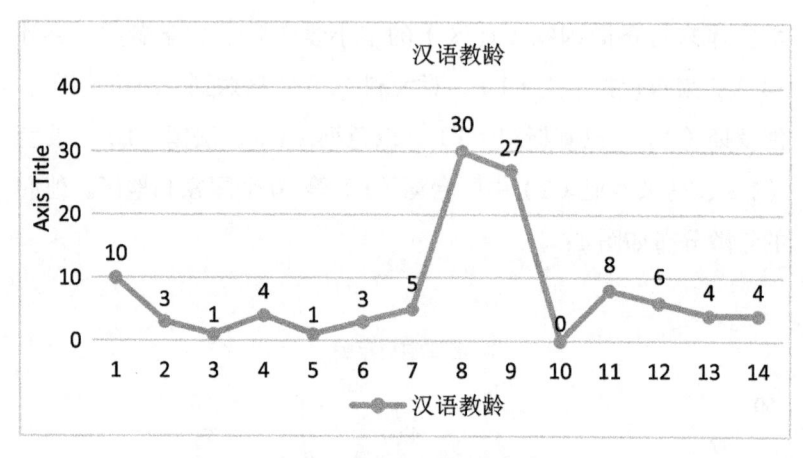

图2　培训学员教龄分布

在全部学员中，随着年龄的升高，从事汉语教学的时间相对较长，从教时间最长的为30年，最少的没有教学经验，本文也对学员的职称水平和来华研修情况做了统计，具体如表1。

表1　学员职称及语言背景分布

职称水平	人数	占比	曾来华培训人数	占比	汉语背景	人数	占比
大学助理教授	2	14%	2	100%	华裔母语	3	21%
大学讲师	4	29%	3	75%	非华裔	11	79%
中小学老师	8	57%	4	50%			

在所有的学员中，比例最高的是中小学教师，所占比例达到57%，除此之外也有大学助理教授和讲师，所占比例分别为14%和29%。其中绝大多数教师有来华研修经历。除此之外，学员们的汉语水平也是考察的重点，因为不同的汉语水平决定教师采用的方法及策略。该班有华裔3人，非华裔11人，其中绝大多数非华裔本土教师的汉语水平达到新HSK4级以上水平。这些年龄层次、汉语水平、教学经验、研修背景差距如此之大的群体被编排在一个班里，如何能够在短时间内让他们在教学中有所收获是对培训主讲教师的最大挑战，如何实施教学是摆在当前的最大难题。

三、"口语训练与教法"课程设计

邓恩明（1991）提出培训班的教学，一方面重视传授理论和知识，另一方面重视教学能力的培养，尤其重视解决教学中的实际问题。对于年龄，教龄，汉语水平差距如此之大的学员，我们的重点应该放在教学理论及方法的实践方面，因为班里绝大多数本土教师有3年以上的教学经验，而且也有来华培训经历，但是缺乏第二语言理论和方法的训练。因此我们的设计中要加入第二语言教学的理论介绍。本课程的目标内容设计如下：

（1）通过系列讲座和实际案例相结合的方式，使本土教师学习并掌握口语教学的过程与原则，熟悉当前第二语言教学中重要的教学方法；

（2）学习精准定位口语教学的重点、难点；

（3）熟悉上课流程，熟练掌握口语教学环节的全部内容；

（4）如何进行课堂设计，编写教案；

（5）口语课堂教学技巧及课堂控制技巧；

（6）口语课的课堂教学实施，实验课观摩讨论；

（7）如何上好口语课，教学实践，教师点评。

本文通过这些内容的实践，最终使本土教师能够熟练把握口语教学目标及教学重点，学会运用适合本土的教学方法，顺利开展教学。

根据前文的教师背景分析，笔者充分调动学员积极性，在课堂中也有意穿插海外课堂中的问题，通过大家的讨论，互相学习，获得解决的办法。比如：需要你去孔子课堂下面的教学点拓展教学，如何让孩子在30分钟的时间喜欢上你，喜欢上汉语课，你的设计是什么？这时每位本土教师都会根据问题，提出自己的设计，然后在课堂上讨论分享。在这个过程中，每一位学员除了分享自己的观点之外，还可以学习其他人的教学设计。这种分享教学远远胜于传统培训课堂主讲教师满堂传授的单一方法。除此之外，我们还分享了海外课堂游戏的方法。比如：你在课堂上使用成功的游戏是什么？请展示出来。通过每一位学员的展示，大家丰富了自己的经验，这是来自学员的鲜活案例，是完全可以直接用于课堂的好方法。

四、翻转课堂理念下的课堂设计

翻转课堂与传统课堂的最大不同在于，典型传统课堂的讲解时间由实验和课内讨论等活动代替，而课堂讲解则以视频等其他媒介形式由学生在课外活动时间完成。课堂讲解时实现了教师和学生的角色翻转。学生主讲，教师则在下面主听，并兼专家指导。翻转课堂主要通过教学流程翻转，分解知识内化的难度，增加知识内化的次数，促进学习者知识获得（赵兴龙，2014）。受翻转课堂的启发，本文直接在培训课堂中实现多次角色翻转，具体见图3。

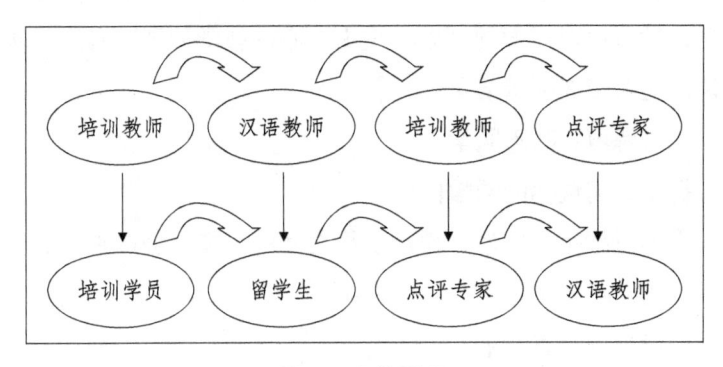

```
培训教师 → 汉语教师 → 培训教师 → 点评专家
   ↓          ↓          ↓          ↓
培训学员    留学生      点评专家    汉语教师
```

图3　翻转图示

这里的培训教师可以翻转成汉语教师、留学生、点评专家，而培训学员可以翻转成留学生、点评专家和汉语教师。各种角色变化下，课堂气氛异常活跃。在培训课堂中，我们经常会实施各种角色的翻转，让培训学员在多次的角色转换中获得不同的体验，通过变化学员的角色，一方面可以让他们体验以学生身份参与口语课的感受，另一方面又让他们以教师的身份参与教学环节的设计，同时还能通过观看视频的方式，让他们亲自点评课堂设计的得失。

在"口语训练与教法"的课程中，为了让培训学员更好地体会"口语课怎么上"，最好最直接的方法就是让他们直接参与课堂，让他们作为留学生，直接将培训课堂翻转成对外汉语口语课堂。

具体的设计流程如下：

培训课堂翻转成汉语课堂：语言输入环节（提问）

教师：口语课怎么教？我要带大家体验一下：

【在第一堂课就让学生体验口语课怎么上，是因为很多学员自己没有上过口语课，对口语课没有清晰的认识，如果真正体验之后，就可以对后面的"以学生为中心的教学原则"有进一步的认识，能够跟老师思维同步。】

热身练习：熟悉同学

握手，问候你的同学！

【通过握手，问候，拉近学员之间的距离，创造更好的学习氛围，选择问候功能体验，也是为了在第一次培训课上熟悉学员，和学员们拉近距离。】

教师：不熟悉人之间的问候语，怎么说呢？快速抢答。

【快速抢答，让学生搜索记忆空间，让学生快速反应，脱口而出，其目的是为了让学生增加竞争意识。】

学员：学生讨论，见到你很高兴，请多关照……

教师：如果你们很熟悉，不是第一次见面，说什么呢？

学员：学生讨论，好久不见，你还好吗？你怎么样？你漂亮了……

这个过程中，老师通过提问的方式，让学生自己发现见面可能的问候语，这当中穿插了功能问候的两种场景，陌生人见面和熟人见面。展示PPT。熟悉人问候，陌生人问候。

活动设计（任务设计）

学生两人一组，和同学一起互相介绍3分钟。之后上台来介绍对方。

学生上台表演（10分钟）

【这是语言输出的过程，学生会根据之前学过的东西，两人互相问候，学生在台下亲密交流，但是台上互相介绍对方，难度有了升级，这要求学生在台下互相问候的过程中不仅要介绍自己，还要能记住对方的个人信息，上台来脱口介绍对方，这种输出是创造性输出。培训课只是为了展示教师的设计，可根据需要提问个别小组。】

汉语课堂翻转成培训课堂

教师总结：这个过程我说得多吗？

学生：不多。

教师：我是怎么做的？

展示PPT。笔者的目标是让学生说！说！说！语言输入。设计一个任务。让大家来完成。笔者会设计一些真实交际的场景，让笔者的学生去实践。这个过程中，笔者会对他们做出评价。

【在体验阶段学员以学生的身份参与活动，体验结束后，培训老师应该及时翻转，把汉语课堂翻转成培训课堂，让学员了解培训老师的设计理念，输入设计，输出设计，教师的角色功能，学生的参与，时时体验口语课是以"说"为主的课型。】

通过这种活动的参与，成功实现了第一次角色翻转，让学生亲身感受口语课教师和学生的话语分配比例，体验以学生为中心，以实践为主的方法。

本文一共设计了三种课堂翻转形式，具体见表2。

表2　课堂翻转类型与角色转换方式

课堂翻转类型	角色翻转	体验设计
培训课堂—汉语课堂	培训教师→汉语老师	体验口语课怎么上
	培训学员→留学生	
培训课堂—视频课堂	培训教师→培训教师	观看视频，引发问题，点评教学环节运用的教学方法
	培训学员→点评专家	
培训课堂—汉语课堂	培训教师→留学生	让学员展示比较好的课堂游戏
	培训学员→汉语教师	

　　第一种和第三种虽然都是培训课堂翻转成汉语课堂，但是角色翻转完全相反。第一种是正常翻转，直接转化成汉语课堂中教师和学生的关系；第三种是反常翻转，翻转成学生和老师的关系。此时，培训教师也像学生一样参与到学员们设计的游戏中。通过各种互动、体验的实际训练，本土教师熟悉教学课堂环节，明确教学目标及教学重点，熟练运用第二语言教学理论指导自己的口语教学实践。

五、"口语训练与教法"课程的效果跟踪

　　教师在课堂上所选择的教学方式在某种程度上决定了学生的学习效果，通过10学时的教学，顺利完成了前面提到的多项目标，让不同年龄、不同背景、不同汉语水平的学员同堂上课，共同探讨了汉语口语教学中的棘手问题，让我们在不同程度上提高了自己的教学水平。任何教学的最终评价权在学生，此次学员共计培训了10门课程，包括语音、汉字、语法、听力、口语、读写、教材、

中国文化等多个专题,在所有的课程中,"汉语口语训练与教法"在本土教师的全部培训课程评价中获得了最高分,并获得了最好的评价,具体见表3。

表3 学生课程反馈情况统计表

课程类型	学员1	学员2	学员3	学员4	学员5	学员6	学员7	学员8	学员9	学员10	学员11	学员12	平均分值
汉语语音训练及教法	5	3	5	5	5	5	5	5	5	4	5	5	4.75
汉语口语训练及教法	5	5	4	5	5	5	5	5	5	5	4	5	4.83
汉字训练及教法	5	3	5	5	5	5	5	4	5	5	4	4	4.58
书法课	5	3	3	4	5	5	5	5	5	5	5	4	4.5
汉语听力训练及教法	3	3	3	4	5	5	无	5	5	5	4	3	4.09
汉语语法训练及教法	2	3	3	5	5	5	5	5	5	4	5	3	4
教材介绍与培训;HSK/YCT介绍;网络孔子学院介绍	5	4	3	5	5	5	无	5	5	5	5	5	4.73
茶艺课	5	5	3	5	5	5	4	5	5	4	4	5	4.58
汉语读写训练及教法	3	3	3	4	5	5	4	5	5	4	5	5	4.25
国际汉语教材编写指南	无	3	5	5	5	5	4	5	5	4	4	5	4.45
中国文化	2	3	3	5	5	5	4	5	5	5	4	4	4.17

由表3可见,学员的评价最高分为5分,而"汉语口语训练与教法"课程的学员评价几乎都为满分,这证明之前实施的教学是有效的。学员们给出了对课程的文字评价,笔者在课程完成之后专门对全部听完培训课程的志愿者研究生进行了访谈,他们给出了相关评价。具体如表4。

表 4　学员及研究生听课者文字评价

本土培训学员评价	老师教了很多教学方法，很不错，获益不浅；讲得非常有意思，报告的内容丰富，且有许多有益的建议。
国内研究生听课者评价	1. 做示范很重要，虽然巴基斯坦老师有多年的经验，但是可能她的教学方法不见得好，所以示范很重要。 2. 课堂讨论，体现了合作学习的观点，课堂上提出一个问题，大家都会参与，这提供一个和大家交流的机会。 3. 讲习班，有个别老师互动比较少，很多时候，都是老师灌东西，没有同行的感觉。

六、结语

本文通过"口语训练与教法"的真实课堂，运用角色翻转课堂与真实案例相结合的方式，实现了汉语口语培训课堂到真实汉语课堂的切换，让本土教师在口语培训课中时时体验汉语课堂教师、学生等角色的功能。通过各种互动、体验的实际训练，使本土教师熟悉口语教学的全部流程，在教学理论实践方面得到全面提升。最后本文也对该课程进行了跟踪，"口语训练与教法"课程取得了满意的课堂效果，在培训学员的全部培训课程评价中获得了最高分。

参考文献

[1] 邓恩明（1991）谈教师培训的课程设置，《世界汉语教学》第 1 期。

[2] 郭凤岚（2012）关于海外汉语教师培训的几点思考，《语言教学与研究》第 2 期。

[3] 李凌艳（2006）汉语国际推广背景下海外汉语教学师资问题的分析与思考，《语言文字应用》（增刊）。

[4] 刘珣（1996）关于汉语教师培训的几个问题，《世界汉语教学》第 2 期。

[5] 吴勇毅（2007）海外汉语教师来华培养及培训模式探讨，《云南师范大学学报（对外汉语教学与研究版）》第 3 期。

[6] 徐子亮（2002）略议菲律宾华教的师资培训——兼谈华文教材的编写，《海外华文教育》第 4 期。

[7] 杨子菁（2003）关于东南亚华文师资培训工作的思考，《海外华文教育》第 1 期。

[8] 张和生（2006）对外汉语教师素质与培训研究的回顾与展望，《北京师范大学学报（社会科学版）》第 3 期。

[9] 赵兴龙（2014）翻转课堂中知识内化过程及教学模式设计，《现代远程教育研究》第 2 期。

[10] 周健（1998）浅议东南亚华文教师的培训，《暨南学报（哲学社会科学）》第 4 期。

慕课（MOOC）背景下三种常见混合式教学模式的比较研究*

李 炜

一、引言

从 2001 年开始，混合式教学成为教育技术界和培训界的研究热点之一。混合式教学模式把传统的课堂教学优势与网络学习优势进行有机整合，包括教学理论、教学模式、教学方式、学习评价等所有教学要素的深度混合，采用多种方式去改善教学，达到"最优化"的教学效果。混合式教学模式具有资源丰富、教学方法多样、交流渠道多样等特点，既能发挥教师引导、启发、监控学生学习过程的作用，又能体现学生的学习主体能动性和创造性，促进学生自主学习与协作学习，达到最佳的教学和学习效果。

混合式教学的一种普遍定义是传统面授教学和在线教学的混合，然而广义上的混合式教学却不局限于此。由于教学内容、教学目标、教学环境以及学生需求等方面的原因，多种教学模式或教学形式的混合都可称作是混合式教学。通过对文献和实践的调

---

* 原文发表于《现代教育技术》2018 年第 S1 期。原题为"MOOC 背景下三种常见混合式教学模式的比较研究"。

研，特别是目前北京语言大学网络教育学院正在进行的混合教学实践，从教学形式混合的角度，总结了三种比较常见的混合教学模式，主要为传统混合式教学（即面授形式和在线形式的混合）、混合同步教学、混合在线教学三种形式。

二、传统混合式教学

传统混合式教学就是在线学习和面授教学的混合，关注度最高的一种形式是翻转课堂。翻转课堂的核心理念就是翻转了传统的教学模式，课前，学生在家利用教师提供的视频和相关材料进行学习；课堂时间则用来解决问题，概念深化，参与合作性学习。此模式将最宝贵的学习资源——时间最大化。翻转课堂不同于网络课程，网络视频课程是翻转课堂实施过程中的一个重要部分，视频可以替代教师的部分工作，但是并不能完全替代教师，翻转课堂中有教师和学生真实的互动环节（宋艳玲、孟昭鹏、闫雅娟，2014）。

2.1 优势

2.1.1 更符合人类的认知规律

田爱丽（2014）认为，"翻转课堂更加符合学生的学习规律，是先学后教的一种形式；相对于一般导学形式的先学后教，微视频学习更加生动活泼……视频学习可以取代教师的知识讲解；而学生最需要教师帮助的时候，是做作业遇到困难和迷惑的时候，翻转课堂更能实现这一点"。张新民、何文涛（2013）则进一步指出："翻转课堂的'课前传授+课上内化'的教学形式与传统教学过程正好相反，这是大多数人理解的传统意义上的翻转课堂，但却忽视了翻转课堂的两个关键点：第一，课外真正发生了深入的学习；第二，高效利用课堂时间进行学习经验的交流与观点的相互碰撞能够深化学生的认知。"

2.1.2 有助于构建新型师生关系

传统的面对面教学过程中，不管是教师讲授还是与学生对话，都是"以教师为中心"的一对多的形式。而翻转课堂则完全改变了这种形式：不管是学生在家观看教学视频，还是在课堂上师生面对面地互动交流，都是围绕着以"学生为中心"展开；学生可以掌控自己看教学视频的进度，可以提出自己的问题、想法，与教师或同伴交流，从而获得了学习上的主动权——这是从新型师生关系角度来看待"翻转课堂"的作用与效果的一种代表性观点。东北师范大学的王红、赵蔚、孙立会等人（2013）就认为，翻转课堂之所以"有利于重构和谐的师生关系"，是因为"首先，教师让学生根据自己的兴趣自主选择探究题目进行独立解决，指导学生通过真实的任务来建构知识体系，真正做到'以学生为中心'；其次，教师根据学生的特点进行异质分组，并分配探究题目，用于组织该小组的探究活动……小组成员通过交流、协作共同完成学习任务"。

2.1.3 促进资源的有效利用与研发

学术界普遍认为，"翻转课堂"对于促进教学资源的有效利用与研发是非常有利的，因为它既是促进教学资源利用的理想平台，又是推动教学资源进一步研究与发展的强大动力。就以教学视频为例，有专家指出：传统的这类视频"大多是对课堂实况的简单录制，没有对教学信息进行二次深层加工，无关信息较多，容易分散学生的注意力"（张新明、何文涛，2013）；为克服传统教学视频的这类缺点，以便更有效地利用视频资源，对于课前所用教学视频的录制与开发，"翻转课堂"从两个方面做了改进。一是采用了一种"用录屏软件+PPT进行录制"的全新方式，这样录制的教学视频，除了教学内容和语音讲解之外，没有其他冗余信息。与传统教学视频的呈现方式相比，更有利于集中学生注意力，从而提高课前自主学习的效率；二是将知识单元的粒度细化，在翻转课堂中，它将一课时的内容进一步细化为若干个知识点，对每个知识点用一个"微视频"进行讲解，并配有相应的针对性练习，加以巩固；这些微视频的时长，一般是在5—10分钟左右（张新明、何文涛，2013）。

2.2 实施难点

2.2.1 各学科优质教学资源的研制与开发

翻转课堂要求学生在课前观看教师的视频讲解——这类视频材料早期是按传统方式录制的教学视频，后来则发展成为与一个个知识点相结合、并配有针对性练习的"微视频"；每个学科的教学内容、知识体系、知识点组合等情况均有很大差异，要想在多个学科中推行翻转课堂这种全新教学模式，并且要力争做到"常态化"的话，所需要的微视频的数量是巨大的（何克抗，2014）。

2.2.2 教师的教育思想、教学观念亟须更新

翻转课堂采用"混合式"学习方式，它包括课前的在线学习和课堂面对面教学这两部分。前者是以学生自主学习为主，后者是在教师指导下由学生围绕作业中的问题、实验中的问题或教师提出的某个专题进行自主探究或小组协作探究。显然，要把这两部分的教学都开展好，达到预定的教学目标要求，教师的教育思想和教学观念必须更新。也就是要把传统教与学方式的优势和

E-Learning 的优势结合起来。既要发挥教师启发、引导、监控教学过程的主导作用，又要充分体现学生作为学习过程主体的主动性、积极性与创造性。

2.2.3 适合情境

翻转课堂一般适用于学校以面授为基础的教学。翻转课堂最早起源于"高中的化学"，由于确实能取得较显著的教学效果，受到广大师生和家长们的热烈欢迎，所以在得到"可汗学院"的支持和吸纳了慕课的特点与优势以后，便力图向其他学科以及其他的学习阶段（包括高端的"大学"与"职业学院"，低端的"初中"和"小学"）扩展。在这个过程中，大量的实践证明：翻转课堂的实施在扩展到其他学科的课程（不管是人文科学或是自然科学的课程）以后，虽然由于学科特点不同，在实施内容、实施方式上会有一些差异，但基本上没有原则性的障碍。而翻转课堂向其他学习阶段的扩展则有所不同。在小学阶段，由于学生年龄还小，知识与能力的基础以及学习的自觉性还不够强。所以翻转课堂可以在学习阶段的高端（即大学或职业教育阶段）扩展，甚至大范围实施。

基于以上分析，目前北语网院辅助学校面向校内本科生开设的相关课程以及面向成教夜大学生采取的就是在线和面授教学相结合的混合式教学模式，有效提升了教学质量和学习效果。

三、混合同步教学

根据 Bower 等人（2000）的观点，混合同步教学可以被定义为一种让在线学生也能通过信息技术（如视频会议）同步参与到课堂学习活动的教学方式。也就是说，在校的学生可以在教室里接受面对面的教学，而远程在线学生则可以通过视频会议的方式实时地参与到一种等同课堂学习的活动中。

3.1 优势

混合同步教学可以将传统混合教学的优点和同步教学的优点相融合，并且弥补传统混合教学的一些不足之处。然而，混合同步教学也有其缺点，笔者将在以下部分对其进行阐述。

混合同步教学的优点可以从以下三个方面进行阐述，即实际运用方面、提高教学效果方面和节省成本的角度方面（Bower et al., 2015）。在实际运用中，随着信息技术的不断发展，混合同步教学所需的设备和软件都是易得的。教师可以非常方便地建立一个混合同步教学的环境。对于学生来说，混合同步学习为他们提供了很多灵活性和便捷性，通过这种形式他们可以选择是参加课堂学习还是在线学习。从提高教学效果的角度看，混合同步教学可以提供丰富的教学临场感，社会临场感和认知临场感（Garrison et al., 2000）。混合同步教学可以提供一个模拟的课堂环境，学生在此环境中可以直接接受老师的指导和教学，因此教学临场感得以建立。同样，混合同步教学让在线学生能够观察到课堂中的学生和老师，并且可以通过视频会议和他们进行双向交互，因此社会临场感得以建立。此外，在课堂中的学生和在线学生通过参加学习活动和持续的交互，可以共同构建，更多地分享观点，因此认知临场感得到了提升。在节省成本方面，由于混合同步教学更少地依赖于教室的使用，所以可以运用到更大规模的教学当中，并且减少机构的成本。同时也能减少学生的金钱和时间成本。对于不能参加面授的学生，教师不用再针对他们重复讲授课堂上的教学内容，从而节省了教师的时间和精力。

3.2 实施难点

对于教师来说，在实施混合同步教学的过程中通常会出现认知负荷超载的现象，因为教师在其中要扮演多个角色，例如内容呈现者和学习促进者等（Szeto E., 2015），并且还需要同时对课堂中的学生和在线学生给予关注（Lisa C., 2014）。如果在线学生通过文本交互方式提出问题，教师就很难在教学进程当中给予及时的反馈。不仅如此，教师很多时候还不得不帮助在线学生解决各种技术问题，这就要求其具备一定的技术能力（Bower M. et al., 2015）。另外，一些研究指出机构并没有给予混合同步教学这种方式相应的重视，教师在探索和实践混合同步教学的过程中付出的努力并没有得到应有的认可和奖励。对于学生来说，在线学生与课堂学生的交互和合作会存在一定的困难并且在碰到技术问题的时候，如果旁边没有人提供及时的支持，在线学生会有较强的挫败感，学习效果会受到影响。此外，如果教师给予过多的精力解决在线学生提出的问题或遇到的技术问题，课堂学生会感到被忽视，这也会影响他们的学习效果（Szeto, 2015）。

3.3 适用情境

混合同步教学是面授和同步在线教学的混合，因此适用于在面授基础上开展的在线教学。在高校中，若有其他高校的学生选修某高校面授课程，则可采取此种方式进行。对学校来说，不需要支出额外花费来开发针对此课程的线上课程；对教师来说，不需要花费额外精力专门针对此课程进行在线教学的课程设计和教学资源的准备，准备的教学活动和教学资源可同时供校内学生和校外学生使用；对于校外学生来说，不需要亲自去学校也能获得类似面授课堂的学习体验。在培训机构中，某些高端培训项目是以面授的形式进行，若在此基础上采取混合同步教学的方式，也会带来诸多好处。对机构来说，在最低限度的投入下扩大了招生规模，收益得到提升；对于学生来说，没有条件参加面授课程的学生或者更倾向于采取在线学习方式进行学习的学生，也可以获得较高质量的学习机会，满足了学生的个性化需求。目前北语网院正在开展的 ACCA 高端培训项目就是在以上分析的基础上，采取了此种混合同步教学，取得了很好的效果。

四、混合在线教学

混合在线教学是同步在线教学和异步在线教学的混合。在传统的定义中，在线教学大多指的是异步在线教学，很少有关于同步在线教学的探讨。事实上，在早年有很多文献都是探讨与面授教学相比视频会议的教学效果如何，以及如何利用视频会议工具为偏远地区无法参加面授的学生提供学习机会。在实施混合在线教学的过程中，学生在约定的时间段内进行每周或几周一次的同步在线学习，教师在同步在线教学过程中使用视频会议等工具为学生讲解并组织经过精心设计的教学活动（如小组讨论等），在其他时间里，学生可进行观看视频、阅读学习资料、参加论坛等异步在线学习活动。异步在线学习为下一次的同步在线活动做准备和铺垫，而同步在线学习则是对之前异步在线学习成果的运用，并且指导接下来的异步学习活动。

4.1 优势

混合在线教学的优势也可从实际运用、提高教学效果和节省成本这三个方面进行阐述。

在实际运用方面，随着技术的发展，教师可以很方便快捷地搭建自己的混合在线教学环境。例如学习管理平台 Blackboard 中就既有供异步学习活动使用的论坛功能和供同步学习活动使用的同步会议平台。对于学生而言，这种灵活的学习方式更能满足学习者的个性化需求，学生可以通过参加同步教学而更好地完成异步学习活动。随着在线教育的发展，学生已不再满足于只有异步交互活动，对同步交互的需求逐渐增强，也越来越习惯于同步交互这种方式。

从提高教学效果来说，在异步教学中加入同步教学，可以在一定程度上减小学习者之间的交互距离，这也是远程教育中最重要的问题之一。此外，学生参加异步学习活动时，能够有更多的时间思考更有深度的观点并且组织表达语言，而参加同步学习活动时，学生更容易持续关注学习任务的完成，有更强的参与感，并且学习完成度也更高，在线同步和异步的混合能最大程度上加强学生之间的交互频率和质量，碰撞出更多的思维火花，构建出更多的新观点，从而在最大程度上增强学生的社会临场感和认知临场感。

从节省成本的角度来说，混合同步教学能支持较大规模的教学，减小师生比。与传统的混合式教学相比，混合同步教学不需要依赖实体教室等基础设施，让远程教育机构在不需要额外创建实体教室的情况下也能开展混合式教学，在一定程度上达到面授效果。

4.2 实施难点

对于学生来说，有研究案例表明学生在进行同步学习初期可能会产生焦虑的情绪，这种焦虑的情绪主要来源于两个方面：一方面的原因是以往的在线学习大多是以异步交互为主，学习者习惯于使用异步交互工具进行交流，对于使用同步交互工具进行学习需要一段时间的适应期；另一方面的原因是同步学习对学习者使用同步工具的熟练程度有一定的要求。学习者在使用同步工具时经常会碰见技术障碍，且不能得到及时的解决。

对于教师来说，在实施混合在线教学的过程中也存在两方面的困难：一方面是技术，实施混合在线教学对教师的技术能力有一定的要求，且在教学过程中需要及时帮助学生解决技术难题；另一方面是同步教学活动的设计，在设计同步教学活动时需要平衡好其灵活性和结构性之间的关系，例如在设计小组协作讨论活动时，需要设计一个基本的结构框架来规定活动的步骤和流程，同时还需要分配小组人员的角色，并且在进行过程中给予关注和引导，以提升协作学习的效率，保证协作学习的顺利进行，避免过程中产生混乱而达不到应有的效果。

4.3 适用情境

混合在线教学适合在现代远程教学的基础上开展。网院、电大等的教学都是以异步在线教学为主，主要学习活动包括观看录制好的教学视频，完成课后作业及考试，真正发生的异步交互是非常少的。这种教学模式下，学生的学习都很被动，学习的主动性和参与度不高，互动程度也很低。在这种情况下，若能将同步在线学习混合到异步在线学习当中，则可以在很大程度上提升学习者的主动性和参与度，此外，同步交互和异步交互之间可以相互补充、相互促进，从而加强学生之间的交互，真正实现观点的分享和知识的共同建构。

五、总结

随着信息技术的发展，教育的形式越来越丰富多样，"互联网+"时代的到来也对教育改革提出了新的要求，尤其是在现代远程教育领域，以高校网络学院为例，为响应政策、适应时代的发展，进行教学改革的任务迫在眉睫。本研究总结了三种目前较常见的混合教学形式——传统混合教学、混合同步教学和混合在线教学，并分别对其优势、实施难点和使用情境做了相应阐述。对高校网络学院来说，以上三种形式的混合教学都可以被运用到其实践当中。翻转课堂可用于网院参与协助建设的高校课程，通过网院建设的学习平台或者软件进行课前的在线学习，在高校面授课堂教学中则主要进行探索讨论和知识建构活动，此外对于一些学历教育项目和非学历培训项目，也可通过学习中心定期举办一些面授辅导活动，这也是传统混合式教学的体现；混合同步教学可用于高校网络教育开展的一些高端培训项目，这些高端培训项目本来就是以面授教学为基础，通过开展混合同步教学可以在不降低教学质量的基础上，扩大学生规模、获取更多收益，学生也有更多的学习方式可以选择，学生们个性化的学习需求可以得到满足。

混合在线教学则可用于高校网络教育开展的学历教育和一些非学历培训项目。如果学生规模较大，又不方便开展有面授部分的教学形式，这类项目可以以异步在线教学为主，同步在线教学为辅。通过开展混合在线教学，在保证不缩减招生规模的前提下，促进学生的互动交流和知识共建，增强教学临场感、社会临场感和认知临场感，从而提升教学质量，改善学习效果；如果学生规模不大，可以以同步在线教学为主，异步在线教学为辅助，通过开展混合在线教学实现小班授课的效果，保证教学质量和学习效果。

目前，北语网院针对国外一对一或一对多的汉语定制培训项目就是在以上分析的基础上，采取了以同步在线教学为主，异步在线教学为辅的混合在线教学；而高起专和专升本英语专业、对外汉语专业以及其他专业核心课程采取的是以异步在线教学为主，同步在线教学为辅的混合在线教学。上述两类混合在线教学模式的确定均充分考虑了项目的实际状况和要求，得到了学习者和相关专家的高度认可。

参考文献

[1] 何克抗（2014）从"翻转课堂"的本质，看"翻转课堂"在我国的未来发展，《电化教育研究》第 7 期。

[2] 宋艳玲、孟昭鹏、闫雅娟（2014）从认知负荷视角探究翻转课堂——兼及翻转课堂的典型模式分析，《远程教育杂志》第 1 期。

[3] 田爱丽（2014）借助慕课改善人才培养模式，《中小学信息技术教育》第 2 期。

[4] 王红、赵蔚、孙立会、刘红霞（2013）翻转课堂教学模型的设计——基于国内外典型案例分析，《现代教育技术》第 8 期。

[5] 张新明、何文涛（2013）支持翻转课堂的网络教学系统模型研究，《现代教育技术》第 8 期。

[6] Bower M., Dalgamo B., Kennedy G. E. *et al.* (2015) Design and implementation factors in blended synchronous learning environments: outcomes from across-case analysis. *Computers & Education* 86.

[7] Garrison, D. R., Anderson *et al.* (2000) Critical inquiry in a text-based environment:Computer conferencing in higher education. *Internet and Higher Education* (2-3).

[8] Kear K., Chetwynd F., Williams J. *et al.* (2015) Web conferencing for synchronous online tutorials: Perspectives of tutors using a new medium. *Computers & Education* 58.

[9] Lisa C., Yamagata-Lynch (2014) Blending online asynchronous and synchronous learning. *The International Review of Research in Open and Distance Learning* 2.

[10] Szeto, E. (2015) Community of inquiry as an instructional approach: What effects of teaching, social and cognitive presences are there in blended synchronous learning and teaching. *Computers & Education* 81.